宋庆龄往事

[续编]

何鲁丽 题

原全国人大常委会副委员长、
民革中央主席何鲁丽为本书题写书名

宋庆龄往事 [续编]

何大章／著

人民文学出版社

图书在版编目（CIP）数据

宋庆龄往事续编/何大章著. —北京：人民文学出版社，2019
ISBN 978-7-02-014765-6

Ⅰ.①宋… Ⅱ.①何… Ⅲ.①宋庆龄（1893—1981）—生平事迹 Ⅳ.①K827=7

中国版本图书馆 CIP 数据核字(2018)第 279247 号

责任编辑　王一珂
装帧设计　刘　静
责任印制　徐　冉

出版发行　人民文学出版社
社　　址　北京市朝内大街 166 号
邮政编码　100705
网　　址　http://www.rw-cn.com

印　　刷　北京盛通印刷股份有限公司
经　　销　全国新华书店等

字　　数　193 千字
开　　本　720 毫米×1020 毫米　1/16
印　　张　25.5
印　　数　1—8000
版　　次　2019 年 5 月北京第 1 版
印　　次　2019 年 5 月第 1 次印刷

书　　号　978-7-02-014765-6
定　　价　66.00 元

如有印装质量问题，请与本社图书销售中心调换。电话:010-65233595

宋庆龄

1912年，宋庆龄摄于美国

Soong Ching Ling

1910年代，宋庆龄与宋蔼龄（左）、宋美龄（右）摄于上海

1910年代，宋庆龄与宋蔼龄（中）、宋美龄（右）摄于上海

Soong Ching Ling

1920年代，宋庆龄与妹妹宋美龄（立者）

Soong Ching Ling

1924年11月30日，宋庆龄与孙中山在由神户驶往天津的轮船上

Soong Ching Ling

1927年，宋庆龄赴莫斯科前摄于上海

Soong Ching Ling

1920年代的宋庆龄

Soong Ching Ling

1929年末，宋庆龄与与宋蔼龄（中）、宋美龄（右）摄于上海

1930年代，宋庆龄在上海莫利爱路二十九号寓所

1940年2月,宋庆龄与宋蔼龄(左)、宋美龄(右)相聚

Soong Ching Ling

1940年4月7日，宋庆龄与宋蔼龄（左）出席宋美龄在私宅为她们举行的欢迎会

1942年，宋庆龄在香港

Soong Ching Ling

1946年3月，宋庆龄在重庆

工作中的宋庆龄

1950年代，宋庆龄在孙中山像下留影

晚年宋庆龄在孙中山像下留影

晚年宋庆龄和孩子们

沉思中的宋庆龄

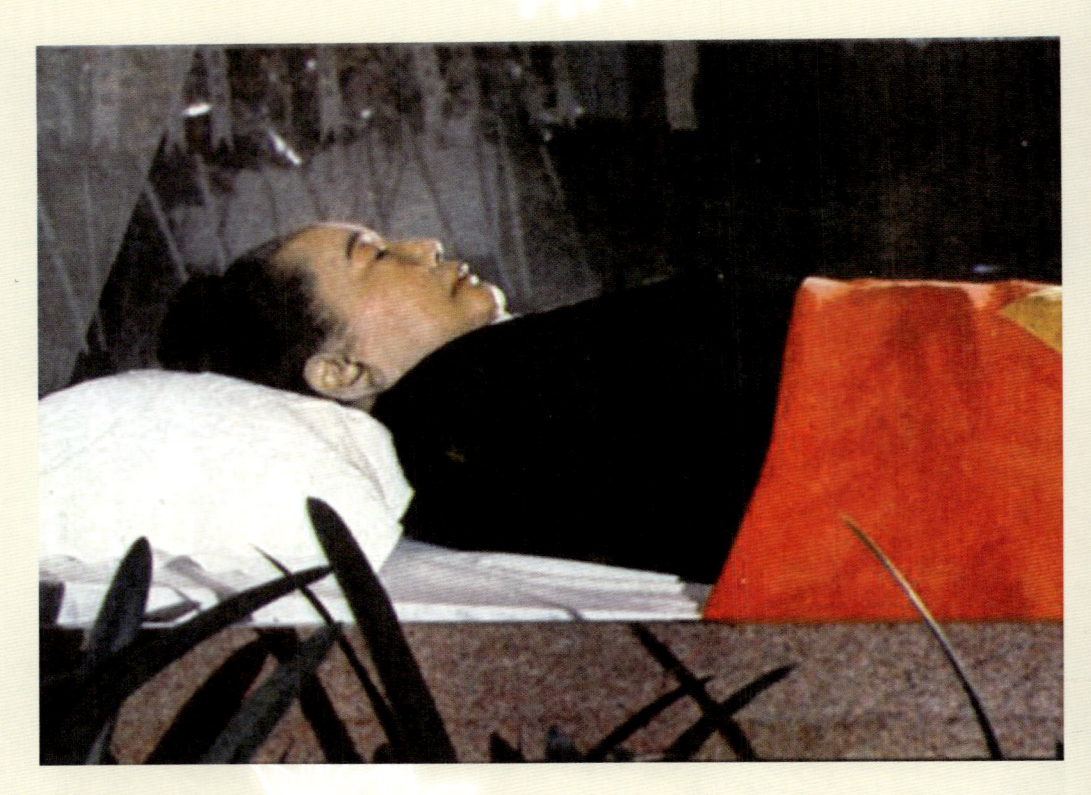

宋庆龄遗容

目 录

宋慶齡

1／革命的"隐君子"宋耀如
24／不平凡的母亲倪桂珍
45／宋庆龄与基督教
59／精诚无间同忧乐
69／温馨的港湾
80／相伴最后旅程
100／绵绵不尽的思念
111／难以消磨的记忆
120／他们从未分离
133／忠贞不渝
139／三姐妹携手抗日
157／宋庆龄与"一碗饭运动"

171 / 宋庆龄与"小先生"
184 / 照片中透出的平等
189 / 为陈毅送行
200 / 1974年国庆招待会
207 / 宋庆龄与宋子安
223 / 宋庆龄与毛泽东
239 / 宋庆龄眼中的江青
252 / 宋庆龄与陈赓
267 / 宋庆龄与叶恭绰
280 / 宋庆龄与中国共产党
290 / 宋庆龄与常熟
299 / 刻在石头上的宣言
308 / 后海寓所的"影事"
321 / 手摇蒲扇送清风
330 / 与严寒抗争
336 / 关于洗澡的那些事

343／宋庆龄的绘画
351／晚年隔海相望的宋氏姐妹
368／宋庆龄在中国政坛上的定位

378／跋

Soong Ching Ling

* 革命的"隐君子"宋耀如 *

* 宋耀如

* 宋氏家族的奠基人宋耀如

革命的"隐君子"宋耀如

20世纪上半叶，在中国的政坛上，宋氏家族横空出世并迅速崛起，成为现代史上的奇迹。这个家族对世界文明古国——中国产生了长达一个世纪的重要影响。

宋氏家族的创始人是海南文昌一个农民家的孩子，名叫韩教准（也就是后来的宋耀如）。

韩家有着显赫的过去，它的鼎盛时期在北宋，距今已经千年。八百多年前迁居海南这一支的韩氏始祖韩显卿也曾担任南宋的廉州知州。俗语说"富不过三代"，而韩教准已经是韩氏迁琼后的第二十三代了。

韩教准出生时，韩家早已贫困潦倒。他没有读过书，从小在家里仅有的那一小块薄田上劳动，艰难地帮助父母维持生计。

十四岁时，韩教准和哥哥韩政准到爪哇做工。十七岁时，韩教准过继给堂舅，并因此改姓宋。他与哥哥分手，到美国波士顿帮助养父

* 左：迁居海南的韩氏始祖韩显卿

* 右：韩显卿墓碑

* 宋耀如之父韩鸿翼墓

* 宋耀如之母王氏墓

打理丝茶店。养父希望这个孩子将来可以继承他的事业。宋教准却不愿一辈子平静而庸碌地当丝茶店的老板。他提出了求学的要求，但遭到拒绝。于是他逃离丝茶店，悄悄登上了一艘美国的缉私船。

此后，韩教准皈依了基督教，依靠富商朱利安·卡尔的资助，在美国读了大学。1885年5月，宋教准（后改称宋查理、宋嘉树，字耀如）

* 海南文昌宋氏祖居

* 宋耀如出生的房间内景

大学毕业。教会拒绝了他留在美国学医的请求,派他回上海充当传教士。

宋耀如的这些经历已为很多人熟知。但人们不禁要问:为什么偌大的中国、众多的人口,历史却偏偏眷顾了他?

宋耀如对于生命价值选择的变化发生在1879年。那时他十八岁,正在养父的丝茶店里当店员。他结识了中国官派留学生牛尚周和温秉忠。他们之间的交谈使宋耀如了解了世界大势,了解了中国在世界中的处境。这些年轻人在一起,不可能不谈到中国的贫穷落后、外国侵略者强加给中国的屈辱以及中国人在海外遭受的歧视。宋耀如的视野离开了自己得到的暂时的温饱。他有了更高的人生追求,并最终逃离了丝茶店。

对于引路人,宋耀如念念不忘。1881年在写给美国在华传教士林乐知的信中,他说:"我前年在马萨诸塞州波士顿市见到了一些中国学生。他们都是官费留学生,他们已在去年夏天返回中国。"

这时,宋耀如所关心的已经是能为中国做些什么的问题。他说:"我急于接受教育,以使我可以回到中国,告诉人们关于我们救世主的事。""我们都在为中国而祷告。我希望能看到有朝一日所有的中国人都能够支持上帝,坐在上帝的右边。"他还特别关注中国的进步,反复地向林乐知询问:中国有没有邮票,有没有铁路。

宋耀如对中国的热情没有引起林乐知的兴趣。直到1883年，宋耀如还在致林乐知的信中询问同一个问题："博士，您（知道）在中国有铁路吗？我听有人说他们有，而又听其他人说他们没有，哪一个不对？我无法判断谁对谁错。对我来说，唯一的办法就是通过您来找到答案。如果您能这么做的话请告诉我。"

到了这年7月，宋耀如已经明确地表达了自己对于人生目标的选择："我希望我能把光明带给中国人。我活着的目的是行善、敬人、赞美上帝；为别人做好事，将他们从无尽的惩罚中拯救出来。"

宋耀如是一个执着、坚定的人，当确定了自己的人生目标后，就再也没有考虑过改变。他曾表示："我的愿望是在我的有生之年做上帝的仆人。"终其一生，宋耀如都是一个虔诚的基督徒，他的所作所为从未违背过基督教的教义。同时，他也恪守着"把光明带给中国人"的承诺，一直为实现这个理想而奋斗。

1886年1月，宋耀如回到中国。他的上级林乐知是一个骄横的美国人。林乐知看不起中国本土的传教士，甚至曾想把他们全部解散。对于宋耀如，他更是从一开始就充满歧视。林乐知不批准宋耀如回海

* 在美国留学时的宋耀如

* 在美国留学时的宋耀如

南探望父母，仅发给他极低的薪金，在他的工作安排上也改变了原来的计划。宋耀如说："我对这种权势感到极度不悦，但我必须耐心地忍受。"他不愿让教会中人怀疑他对基督教的忠诚，所以"不得不像耗子一样保持沉默"。

1887年，宋耀如在艰难的处境中建立了家庭。林乐知飞扬跋扈的"一言堂"，使宋耀如依靠传教启发民智并进而改变中国的想法变得十分渺茫。他已经在考虑通过其他途径实现自己的理想。

1888年春，他曾向朋友表示："有时候我认为如果我要是真的摆脱布道任务，我能为我的人民做更多的事情。"

1890年，宋耀如开始经营实业，为美国圣经协会代理印刷《圣经》的业务；但他仍在同时履行着牧师的职务。

1892年，宋耀如退出了布道团。他郑重声明，这绝不意味着他改

* 宋耀如的大学毕业证书

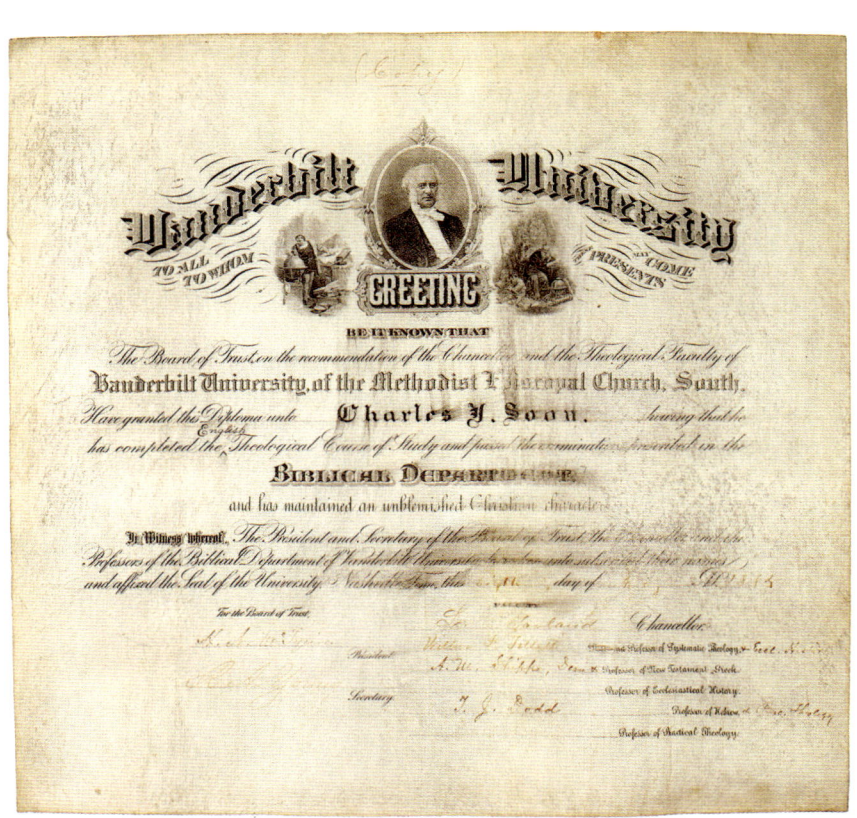

变了对基督教的忠诚。他说："我现在是我们南方卫理公会布道团的一名独立工作人员，或者说是一位尽其所能为布道团工作而又不依赖美国国内的教会来维持生计的工作人员。"这也是他在1902年11月参与发起创立上海最早的基督教自立会——中国基督徒会的前奏。林乐知的所作所为已经使他意识到，中国的基督教必须逐步摆脱西方教会的控制。

经营实业之后，宋耀如在经济上宽裕了，但他的内心并不平静。他总在想怎样才能"把光明带给中国人"，使民族复兴、人民幸福。他在寻找一条路径，寻找一个合作者。

* 1886年自美返国途中，宋耀如着和服摄于日本横滨

似乎是上苍的安排，不久他便结识了孙中山。在宋耀如的眼中，孙中山是一个诚实的、无私的、爱国的革命者。宋耀如说："我可以断言，我所知道的中国人中，没有哪一个人比您更高尚、更仁厚、更爱国。"孙中山"致力于缔造一个伟大的中国"，而这也正是宋耀如的人生目标。基于共同的理想，宋耀如无条件服从孙中山事业大局的需要。他们在所有问题上都保持高度一致，成为紧紧拧在一起的两股线。

1894年春，孙中山带着他的《上李傅相书》，与陆皓东结伴北上。正像《宋家王朝》的作者西格雷夫所说："他此时投身革命并非全心全意，还想作最后一次尝试，力图挤进清廷的官僚机构。"孙中山确实是想通过说服中堂大人李鸿章接受他的主张，然后在清廷统治的框架下进行和平改良，使中国摆脱落后挨打的困境。

抵达上海后，孙中山停了下来。他要争取在这里找到更多、更有分量的推荐者，以使上书增加成功的砝码。在这里结识宋耀如是他意外的收获。

孙中山究竟通过谁知道了宋耀如,对此有着不同的说法。西格雷夫认为:"孙中山和宋耀如的第一次接触是在卫理公会穆尔教堂,他们做完礼拜后经人介绍相识。"这种可能性是存在的。穆尔堂一直是宋耀如的重要活动场所。1892年他曾说:"我现在负责我们卫理公会的新教堂,那是由堪萨斯城穆尔兄弟捐赠的,是中国最好的一座教堂。"

这次在上海,孙中山与陆皓东住在位于三洋泾桥的名利客栈。有记载说,见面时宋耀如对孙中山改良的主张不以为然。然而,以后的事实证明,他们彼此引为同道,建立了信任。

6月,孙中山与陆皓东离开上海抵达天津。满怀激情的上书失败得悄无声息,李鸿章根本没有接见孙中山的打算。孙中山只得放弃改良的幻想。他说:"吾党于是怃然长叹,知和平之法无可复施,然望治之心愈坚,要求之念愈切,积渐而知和平之手段不能不稍易以强迫。"他和陆皓东"北游京津,以窥清廷之虚实;深入武汉,以窥长江之形势","因知清廷腐败无可救药,遂决意赴檀香山,拟向亲戚故旧募集资金,归国大举革命"。

* 刊登在《万国公报》上的《上李傅相书》

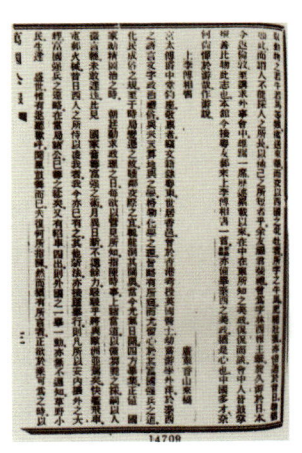

孙中山和陆皓东一番游历之后,再次回到上海。此时,出现在宋耀如面前的已经是两位坚定的革命者。他们住到宋耀如家,"三人屡作终夕谈"。1912年,孙中山曾写道:"宋君嘉树者,二十年前曾与陆烈士皓东及弟初谈革命者。"这里特别应当注意的是"初谈"二字。"初"是"刚刚开始"的意思。这是孙中山第一次认真地探讨革命,当然也是中国民主革命首次被提上日程。

这次的上海之行极具重要意义。三个人的会谈显然商定了日后中国民主革命的方向、步骤和分工。在《宋氏家族第一人》中，作者描述了孙中山"将自己关在宋耀如的书房里，整整三天三夜，拟出了兴中会章程的初稿"。"宋耀如拿过章程，立即驾车赶到华美印书馆，自己排字，自己付印，连夜印出了几千份"等等情节。当然，孙中山恐怕不至傻到一定要随身带着几千份印好的兴中会章程去檀香山。但是，对于革命宗旨、组建革命团体、筹措经费、发动武装起义等等问题，三人当时无疑是商定了的。这在之后三人的默契配合中可以看得很清楚。所以，应该说中国民主革命的大计就诞生在上海虹口的宋宅。

＊上海虹口宋宅

离开宋家，孙中山直接去了檀香山。他的目的十分明确：一是组建革命团体，二是为发动"反清复汉"的起义筹款。然而，两项任务进展都不顺利。11月24日，兴中会成立。这是中国第一个民主革命团体，意义重大，但"闻总理有作乱谋反言论，咸谓足以破家灭族，虽亲戚故旧亦多掩耳却走。经总理多方游说，奔走逾月，仅得同志数十人"。筹款更是困难重重。孙中山只从哥哥孙眉那里得到了实实在在的支持。由于"应者寥寥"，孙中山准备奔赴美洲筹款。

此时，孙中山收到上海的来信。宋耀如告诉他，甲午战争"清兵屡败，高丽既失，旅、威继陷，京津亦岌岌可危，清廷之腐败尽露，人心激愤"，要他抓住时机，迅速发动起义。

接信后，孙中山决定放弃美洲之行立即回国，可是筹到手的资金实在太少。虽然在最后关头，他的哥哥孙眉和兴中会成员邓松盛（荫南）"倾家相助"——孙眉贱价出售了自己的牲畜，邓松盛变卖了自己所有的商店和农场，但他们提供的资金与发动一次武装起义的所需仍相距

10

* 陆皓东

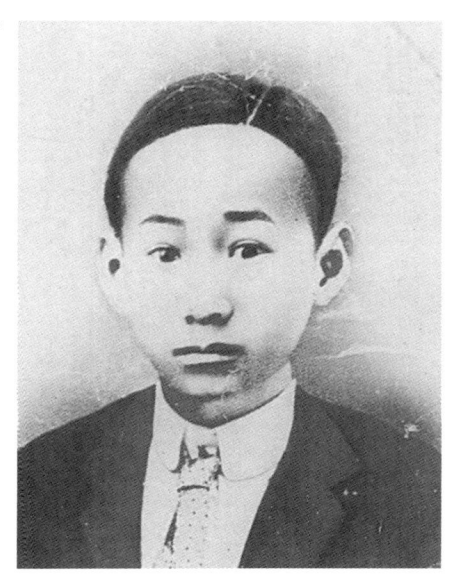

甚远。次年1月初，孙中山离开檀香山去香港策划暴动。宋耀如仍留在上海，为其筹措经费。

经过数月准备，第一次武装起义定于1895年10月27日（重阳节）举行。由于举措失当，消息泄露，起义于发动前夕即告失败。孙中山逃往香港，随即出国。陆皓东被捕，壮烈牺牲。

这次起义虽然以失败告终，但意义重大。孙中山领导的革命党人第一次以暴力革命的姿态站到历史舞台上。孙中山也因这次流产的起义而一夜成名。宋耀如对此功不可没。

广州起义失败后，由于势单力薄，兴中会仅在1900年发动了惠州三洲田起义，此后便再难有所作为。为了整合革命力量，孙中山在日本成立了同盟会，这是中国第一个民主革命政党。同盟会成立后，面临的最大难题仍是资金的筹措。

《宋家王朝》一书曾披露："1905年7月30日，在东京召开同盟会筹备会议。宋查理专程从上海赶来。这是一次讨论政治战略的秘密会议。讨论的中心自然是经费问题。孙要求宋查理负起这一重任。为了有成功的希望，不能只靠那么一点点捐赠，所需要的是数目相当大的款项。他们清楚，查理同美国的富豪有不同寻常的联系，这是他们所不及的，因此，一致同意派他去筹措几百万资金。"

西格雷夫的这些叙述恐怕只是臆测。首先，出席同盟会筹备会的共计七十九人，这在名单上是有明确记录的；其次，至今也没有发现宋耀如在1905年前往日本的任何记载。宋耀如为孙中山的革命事业筹款，本是他们之间的约定。宋耀如自会为此全力以赴，用不着在会议上专门讨论、提出要求。

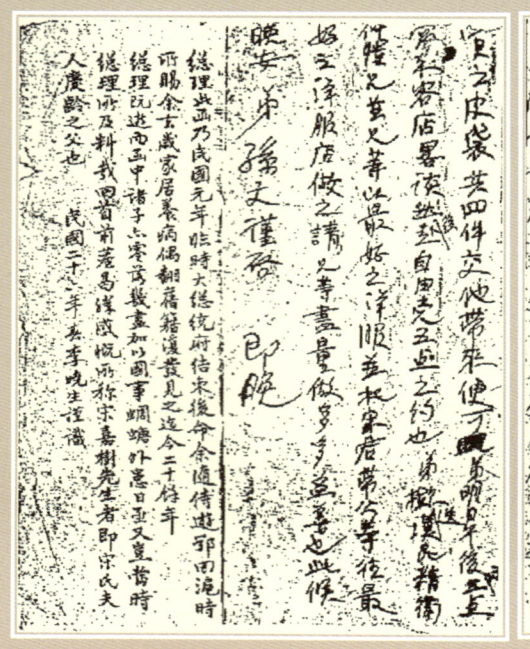

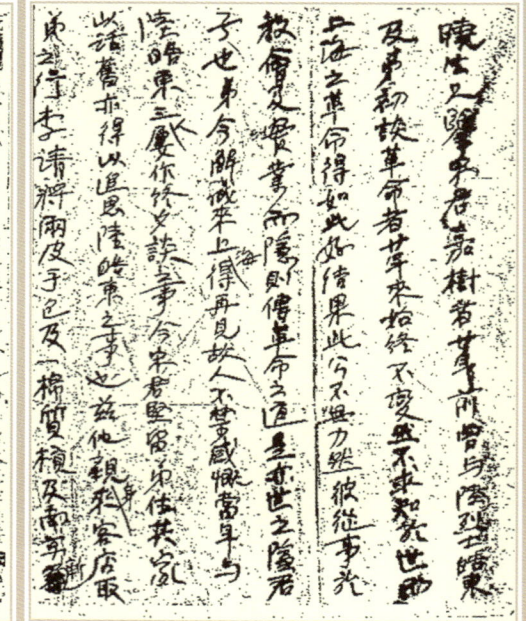

* 孙中山致李晓生信

晓生兄鉴：

  宋君嘉树者廿年前曾与陆烈士皓东及弟初谈革命者。廿年来始终不变，然不求知于世。而上海之革命得如此好结果，此公不无力。然彼从事于教会及实业，而隐则传革命之道，是亦世之隐君子也。弟今解职来上海，得再见故人，不禁感慨当年与陆皓东三人屡作终夕谈之事。今宋君坚留弟住其家以话旧，亦得以追思陆皓东之事也。兹他亲身来客店取弟之行李，请将两皮手包及一棉质杠及南京新买之皮袋共四件交他带来便可。弟明日午后两三点来店略谈，然后赴自由党五点之约也。弟拟送汉民、精卫、仲恺兄并兄等以最好之洋服，并托宋君带公等往最好之洋服店做之。请兄等尽量做，多多益善也。此候

  晓安

弟孙文谨启
即晚

  总理此函乃民国元年临时大总统府结束后，命余随侍游鄂回沪时所赐。余去岁家居养病，偶翻旧籍复发见之，迄今二十余年。

  总理既逝，而函中诸子亦零落几尽。加以国事蜩螗，外患日亟，又岂当时总理所及料哉！回首前尘，曷胜感慨。所称宋嘉树先生者即宋氏夫人庆龄之父也。

民国二十六年春 李晓生识

据西格雷夫描述，宋耀如1905年的美国之行，曾在旧金山停留了几周。他在致公堂总部同华人银行家、商业界人士见了面，在为同盟会筹集资金上收获颇丰。紧接着，宋耀如来到达勒姆与他的恩人朱利安·卡尔见面。二人在萨默西特大厦密谈了几周后，宋耀如从卡尔那里为同盟会争取到了一笔为数可观的捐赠。

回到上海，宋耀如即把二百多万美元转到同盟会的账上。对于同盟会来说，这绝对是雪中送炭的援助。于是，同盟会有力量在1907年发动了四次起义，1908年又发动了两次起义。那时的武装起义依靠的是雇佣军，所以每次都要大量地烧钱。

辛亥革命成功后，中华民国成立，孙中山就任临时大总统。宋耀如与孙中山的关系也公开了。可是，仅仅过了几十天，总统就换成了袁世凯。一年之后，宋教仁被害，"二次革命"爆发，孙中山成了通缉犯，被迫流亡日本。宋耀如抛家舍业，提前携妻子儿女逃到日本，为孙中山打前站。孙中山抵达日本后，第一个约见的人就是宋耀如。

自1913年8月9日抵达日本，宋耀如和他的女儿几乎是孙中山每天都要见面的人。当时宋耀如已经五十多岁，患有严重的肾病，仍然每天长时间地蜷坐在日本的榻榻米上的矮桌边，帮助孙中山处理英文函件。他的大女儿宋蔼龄是孙中山的秘书。蔼龄即将结婚时，宋耀如又将刚刚从美国大学毕业的二女儿宋庆龄召唤到日本，让她接替姐姐的工作。

通过以上叙述，我们可以清楚地看到宋耀如在中国革命史中的作用。其一，宋耀如是中国"初谈革命"的三位民主革命家之一。另外两人，一位是中华民国的第一任总统，一位是"中国有史以来为共和革命牺牲者之第一人"。其二，宋耀如是第一次武装起义的倡议者，而这次起义具有里程碑的意义。其三，宋耀如是中国第一个民主革命政党——同盟会最重要的资助者。其四，在孙中山最艰难的时刻，宋耀如与孙中山站在一起，坚定地、无保留地支持他，成为孙中山最亲密的战友。

与孙中山相比，宋耀如对中国革命的贡献毫不逊色，区别只在于一个在台前一个在幕后。遗憾的是，一百多年来，我们从来没有把宋

*1912年4月6日，孙中山等在上海哈同花园合影。此时宋蔼龄已开始正式担任孙中山的英文秘书。前排左起：孙娫、孙中山、孙婉、哈同；后排左起：黄宗仰、端纳、宋蔼龄

耀如摆到一个恰当的历史位置上。关于他的记载少之又少。在相当长的一段时间里，他几乎完全被忽视。后来人们重新注意到他是因为他的子女，特别是著名的宋氏三姐妹。而且，人们主要是从三姐妹父亲的角度去介绍他。

1912年4月，刚刚辞去临时大总统职务的孙中山这样评价宋耀如。他说："彼从事于教会及实业，隐则传革命之道，是亦世之隐君子也。"从此"革命的隐君子"就成为人们对宋耀如最常使用的一个评价。所谓"隐君子"，就是说宋耀如投身革命工作，但没有革命者的名分。

说到革命资历，宋耀如与孙中山同时，是从"初谈革命"开始的，其他人都难以望其项背。

说到对革命必要性的认识，宋耀如甚至超越了孙中山。孙中山与陆皓东第一次找到宋耀如时，还徘徊于改良与革命之间。上书失败后回到上海，他们与宋耀如"初谈革命"，三人便一拍即合。这说明宋耀如始终没有考虑过改良的可能。试想，哪怕有一丝改良的念头，突然

革命的"隐君子"宋耀如

* 1913年3月11日，孙中山出席大阪经济会举行的欢迎宴会后留影。前排左起：宋耀如、孙中山、本上彦一、戴季陶；后排左起：山田纯三郎、对马健之助、菊池良一

面对革命，他也绝不可能做到毫不犹豫。做出这样的决定是要准备付出生命代价的。所以，我对有些学者在谈到宋耀如时，动辄加上"在孙中山革命思想的影响下"的前缀有所保留。应该倒过来说，宋耀如曾给予孙中山以重要影响，如"初谈革命"，如广州起义。

为了支持孙中山的革命事业，宋耀如贡献出了自己和家庭的一切。从三十三岁与孙中山结盟到五十七岁病逝，他忠心耿耿，无怨无悔。值得注意的是，这个为了革命付出所有的人，竟然从未列名于任何革命组织。

1894年，"初谈革命"商定了组建革命团体以推动武装起义的计划，孙中山随即赴檀香山将其付诸实施，兴中会就此成立。而作为决策者之一的宋耀如却不是兴中会成员。

在《兴中会初期孙总理之友好及同志》中，登记了孙中山从肄业于广州博济医院至第一次广州起义失败九年间的友好及兴中会同志的姓名事略，共录一百九十五人（包括兴中会成员七十二人）。其中关于陆皓东的记录是"与总理为总角交，后同创兴中会，为乙未九月广州

革命流血之第一人"；区凤墀，职业为"传教师"，党派及宗教一栏中填写的是"兴中会"。而在宋嘉树名下，记录的职业为"传教师"，党派及宗教一栏中填写的是"基督教"，其事略仅为"总理于甲午冬北上过上海时识之"。"识之"而已！陆皓东、区凤墀与宋耀如同为基督徒，三人中唯独宋耀如没有参加兴中会。

有的著作中写道："1905年，孙中山和黄兴、宋教仁等人以兴中会、华兴会为基础，并联合光复会等反清团体，组织成立了中国第一个资产阶级革命政党——中国同盟会。宋嘉树被孙中山吸收为会员。"这个说法被以后的著述者不断引用。但不知其根据何在？《中国同盟会最初三年会员人名册》保存至今，其中共录会员九百六十人。在名册中还做了如下说明："乙巳、丙申、丁未三年（即1905至1907年）在东京本部加盟者什九在此册内，在香港加盟者，只有总理亲自主盟之陈白等八人，其余盟书皆由香港分会自行保存。此外国内各省及海外各埠因邮寄不便，亦多各自保存，未缴呈本部。故上列名单以本部所收到盟书为限。"宋耀如在同盟会组建的当年就专程赴美国为同盟会筹得巨款，他要参加同盟会应该是毫无障碍的。即使他没有机会去东京，也可以就近在上海参加。上海不会存在"邮寄不便"的问题，况且上海的同盟会会员都已登记在册，只是列在了"江苏省"的省别之下。

1978年5月23日，宋庆龄在致仁木富美子的信中写道："我父亲是老同盟会员，在1912年参加了革命，帮助孙先生从事财务工作和负责英文信件的答复等等。"关于"老同盟会员"一节，显然是宋庆龄的误记。宋耀如参加革命不可能迟至1912年。而且就在这年的8月25日，国民党成立大会在北京湖广会馆举行，同盟会与统一共和党、国民共进会、国民公党、共和实进会实施了五党联合，中国同盟会至此就不复存在了。

1913年8月初，因"二次革命"失败，孙中山离开中国大陆，经台湾赴日本。9日，孙中山在日本神户登陆，当晚即与宋耀如在住所密谈。从9日至15日，孙中山除宋耀如、宋蔼龄和胡汉民外，未与任何中国人见面。此后，与孙中山见面最多、密谈最多的也是宋家父女。9月27

革命的"隐君子"宋耀如

*1913年3月14日，宋耀如陪同孙中山访问日本时在移情阁前留影。前排左起：李文权、郑祝三、戴季陶、马君武、孙中山、吴锦堂、宋耀如、何天炯、泷川弁三、山巨纯三郎

日，孙中山在东京组建中华革命党，发展了第一批党员。此后，又陆续发展多批党员。但是，参与了建党时期最核心工作且近在孙中山身边的宋耀如仍不在册。显然，宋耀如不列名于革命组织是有意为之的。

宋耀如甘当"隐君子"，他只想为革命无尽地付出，而根本没打算寻求丝毫的回报。他把个体完全融入理想之中。他的所有作为都只是为了实现自己心中的目标——振兴中华，"把光明带给中国人"。

宋耀如对于革命无保留的付出体现在方方面面，所谓"佐总理孙先生擘划革命，昕夕不遑"。

其中常常被人们提起的有：位于上海虹口的宋宅曾多次充当孙中山在上海的住所和会议场所；宋耀如在住宅地下室为兴中会和同盟会印刷小册子和文件，进行革命宣传等等。这里，我还想着重谈谈宋耀如在财力上对革命的支持以及因从事革命而承担的安全压力。

倪家是沪上的名门望族。长久以来，人们普遍认为宋耀如从与倪桂珍的婚姻中得到了可观的经济利益。学者中这类议论也不在少数。

如西格雷夫就写道:"根据习俗,有钱的娘家给了一笔为数颇大但金额不详的嫁妆,这才着实补贴了收入的不足。这是用来实现各种计划的老本钱啊!新娘家还送给查理一笔相当于加入限制很严的英国上层贵族小圈子活动所需破费的钱。"这种推测与实际情况相去甚远。

倪家在经济上并不宽裕,宋耀如一家的生活也很窘迫。所以,在刚刚接触到革命时,宋耀如并不是大富翁,他支援革命的钱都是从有限的资金中挤出来的。后来随着经营实业的成功,宋耀如的事业迅速发展,他将越来越多的流动资产投入了革命运动,而宋家的生活仍维持在一个较低的水平。由此可见,宋耀如为革命提供的资金援助,并不像人们想象的那样,是一个大富翁从口袋里掏出几个小钱那样轻而易举。

1912年中华民国成立,宋耀如与孙中山的关系公诸于世,他身不由己地卷入了公开的政治斗争。此后,他陪伴孙中山东奔西走、流亡海外,完全无暇关照自己的实业。1918年宋耀如病逝后,宋美龄曾感慨地说:"外界关于父亲去世时是一名百万富翁抑或仅仅是中产人士的推测在任何时间都引人发笑。因为过去七年中,父亲已是'有闲绅士',家人之外没人知道他是如何看待财富的。"

对于宋家来说,比为革命贡献资金更有压力的是随时可能袭来的灭顶之灾,而且这种威胁持续了二十多年。偶有不慎,宋耀如就会像陆皓东、徐锡麟那样死得很惨!

宋庆龄曾回忆:"孙先生每次回国必然住在我家。我父亲在住宅地下室秘密设印刷厂为兴中会和同盟会印刷小册子和文件,同时为了掩护也印刷基督教的书籍。正由于此,秘密工作给母亲两肩一副重担,而且也使她精神上承受很大的压力。外祖母多次严厉地警告和提醒过她,如果这些秘密工作被人发现,将意味着全家人和亲戚们的死亡。母亲不听外祖母的警告,继续进行爱国任务,结果是她的健康每况愈下。"

起义失败后,孙中山被清廷悬赏缉拿。为了保住自己和家人的性命,宋耀如买了葡萄牙护照。这也印证了他们面临的危险。为了避免受到牵连,亲友们都远远躲开宋家的人,就像是逃离致命的传染病患者一般。

"二次革命"失败后，宋耀如一家人终于被迫放弃了自己舒适的家，流亡到日本。而此时，宋耀如的头也被袁世凯标价五万大洋悬赏收购。

1911年辛亥革命成功。11月4日，在宋耀如的帮助下，革命军光复上海。这使宋耀如喜不自禁。习惯于守口如瓶的他，兴奋地向一位外国朋友讲起了自己和孙中山长久以来结下的深厚友谊及其对孙中山的帮助。宋耀如说："我从不操心我给他的援助是否会得到回报。"他问那位朋友："也许你想知道我们为什么会住在如此简朴的地方？"对方答道："除了感到您和宋夫人不在乎家里的陈设之外，我还知道您为教会工作做了很多慷慨的捐赠。而且您在孩子的教育方面也投入很多。""的确如此，"宋耀如说，"但是我还是尽我所能地攒钱来帮助孙中山的事业，因为我觉得那是我帮助我的祖国的最好方式。"

当年的12月25日，孙中山回到上海。他刚在码头上露面，便立刻被蜂拥而至的欢迎人群包围起来。

以往的十几年间，孙中山每次来沪，只是悄悄地住进唯一的安全之所——东有恒路的宋宅。对于孙中山来说，这里像他的家一样。而这一次，孙中山住进了宝昌路四〇八号。

"孙中山抵沪后，中外人士皆以望见颜色为快，投刺相访者络绎不绝。"孙中山在上海停留了七天。在频繁的会议、采访、邀请、接待中，孙中山还抽出时间到伍廷芳、庞青城、赵凤昌等人的家中做客。但是，他没有再到宋耀如的家里看一看。

一个新的政权即将诞生，分享胜利果实的时刻终于到来了。革命党人弹冠相庆。而为革命出了大力的宋耀如却好像人间蒸发，被人们丢到脑后。

1912年1月1日，孙中山风风光光地从上海启程，赴南京就任中国首任临时大总统。从对革命的贡献而言，宋耀如无疑是一位开国元勋，但他并没有随行。直到政府组建完成，各部总长、次长和大小官员纷纷走马上任，权力分配尘埃落定之后，宋耀如才在1月12日写了一封信，告诉孙中山，自己准备带着女儿宋蔼龄去南京看他。话说得淡淡的，只是探访老朋友，绝无寻求回报或心怀抱怨的意思。似乎

他过去为革命做的一切都是分内之事，如果此时把一顶官帽加到他的头上，他会像介之推那样认为是对自己的侮辱。

4月3日，孙中山从南京回到上海。这时，他已经解除了临时大总统的职务。在宋耀如的"坚留"下，失去了权力的孙中山重又住进宋家"话旧"。

孙宋交往中的规律是异乎常人的。孙中山如日中天时，宋耀如躲得远远的；孙中山失势时，宋耀如对他关怀备至；孙中山逃亡时，宋耀如几乎与他形影不离。这就是"隐君子"的本色！

宋耀如一生在政界没有担任过任何职务。1913年4月初，为筹备中国兴业公司，孙中山在中国铁路总公司办事处连续召开会议，宋耀如都是以上海地区实业家的身份参会。晚年追随流亡中的孙中山时，人们曾说宋耀如是孙中山的秘书。然而，孙中山怎么会任命他为秘书？他又何尝仅仅是一个秘书？在年届半百、重病缠身的情况下，他还在兢兢业业地为孙中山处理文字工作，只是因为老朋友孙中山需要他的帮助。他从不求报酬，反而常常为革命贴钱。所以，即使是这个微不足道的"秘书"头衔，宋耀如也是有其实无其名的。

宋耀如被历史忽视，其实是他自己的选择。他无意为自己贴上一个革命家的标签，而只想做一个基督徒。他是以基督救世的精神投入革命事业的。

人们都知道，宋耀如与孙中山发生过一次严重冲突。这次仅有的冲突，起源于孙中山与宋庆龄的婚姻。

1913年8月，刚刚获得文学学士学位的宋庆龄，应父亲的召唤来到日本。不久，宋庆龄便接替姐姐宋蔼龄成为孙中山的英文秘书。1915年，宋庆龄回到上海，向父母提出与孙中山结婚的请求。她的提议遭到了父母的坚决反对。为此，宋庆龄毅然离开上海，在抵达东京的第二天即与孙中山登记结婚。宋耀如夫妇随后追往日本，却未能阻止这桩婚事。

一向与孙中山亲密无间的宋耀如，为什么在这个问题上持激烈的

* 1914年9月，宋蔼龄、孔祥熙结婚，当月20日，宋家在日本横滨合影留念

反对态度呢？我认为，他仍然是为了自己心中至高无上的理想。

正如前文所述，宋耀如始终是虔诚的基督徒，同时也是一个坚定不移的爱国者。他与孙中山结盟，是因为他坚信孙中山能实现他的振兴中华梦。

宋耀如夫妇反对孙中山与宋庆龄的婚姻，人们通常给出的理由是：孙中山原本有家庭、有子女；孙中山与宋庆龄有着二十七岁的年龄差距；孙中山是宋耀如的老朋友，宋家的孩子们一直称呼他"孙叔叔"；孙中山当时处境很不好，宋耀如夫妇担心宋庆龄以后的生活受到影响，等等。这些理由都是成立的。作为父母，为某个理想他们自己可以付出一切，但要因此付出子女的幸福与前途，他们却不能不有所顾虑。

除此之外，宋耀如的反对还应有以下几个含义：

一、孙中山原是有家庭的，而且宋耀如全家都与卢夫人有过交往。孙中山离婚再娶，违反了基督教的教规。宋耀如说："我们是一个基督教家庭，我们的女儿不会给任何人做妾，无论他是这世上最伟大的国王、君主抑或总统。也许我们贫于'世俗之物'，但我们既无贪心，也无野心，更不会低贱到去做违背基督教教义之事。"

二、这桩婚姻可能对孙中山的革命事业造成负面影响。如果由于宋家的不慎，给"致力于缔造一个伟大的中国"的事业造成不良影响，

宋耀如是无法容忍的。事实证明，他的预判没有错。孙中山与宋庆龄的婚姻，的确在革命党内部遭到了强烈反对，同志们一致认为这会影响领袖的形象。

为了革命，宋耀如要竭力保护孙中山的形象。他曾对孙中山说："我们不会做任何有损您及您事业的事情。""作为您的朋友，我认为我有责任维护您的清白并支持您的事业，无论结果如何。""这世上没有任何力量足以引诱我们以任何方式去伤害您及您所珍视之并近乎全心全意奉献之事业，我不会容许此等事情发生。"

三、宋耀如是有政治"洁癖"的人。他绝不允许自己留给别人动机不纯的印象。他说："对我们而言，一个好的名声比一切现世之光环和特权都来得重要。"而孙中山与宋庆龄的婚姻有可能影响世人对宋耀如的看法，认为他在与孙中山的合作中另有所图。宋耀如的这一担心不无道理。尽管他百般防范，在他身后，他担心的某些"以小人之心度君子之腹"的议论仍然不可避免地出现了。

孙中山和宋庆龄的婚姻严重地违背了宋耀如的意愿，而且给他造成了难以抚平的伤害。但是，这件事所以能够发生，确是宋耀如本人长期以来实施的教育所造成的。

宋家的朋友路易斯·罗伯特夫人曾写道："宋先生认为，只要接受了恰当的教育，有了好的领导，中国人完全有能力成就伟大的事业。""宋先生自然会经常谈论起他在美国的岁月，以及他在中国结交的朋友，还有他回国时所怀有的梦想。……我很快就了解了他的兴致所在，除了他的家庭，他还要帮助自己的祖国得到本应具备的大国地位。他希望能为他的孩子做适当的准备，以便在时机成熟时，他们可以更好地为他们的祖国服务。"

宋耀如民族至上的情怀，会在有意无意间随时流露出来，从而在宋家形成与其他家庭迥然不同的氛围。倪桂珍在宋家是一个发挥着重要作用的人物。宋耀如有些怕老婆，倪桂珍在家里几乎是说一不二。但在爱国、革命这件大事上，倪桂珍却无条件地支持宋耀如。在宋家，自己的生活要精打细算，但大笔的钱可以不动声色地捐给革命；宋家是革命宣传品的印刷所、革命同志的避难所、秘密集会的处所，虽然"脑袋系在裤带上"，但连小孩子也懂得，宋家的安全要服从革命的需要；为了革命，全家人可以背井离乡流亡海外而毫无怨言。在宋家，爱国是每个人的天职，家庭的利益永远服从于国家的利益。这种家庭氛围对孩子起到了早期教育的作用，决定了他们一生不可逆转的走向。宋庆龄的成长过程，最好地体现了宋耀如实施的这种爱国主义教育的效果。

宋庆龄与孙中山走到了一起，宋耀如为此愤怒得几乎和孙中山彻底绝交；他没有意识到，正是他自己把宋庆龄带上了这样一条道路。

宋庆龄是宋耀如最完美的结晶。无论是炽热的爱国情怀、对理想的执着、处事坦率直言不讳的性格、不务虚名的踏实肯干、视名利如粪土的洒脱、甚至政治"洁癖"，她和宋耀如都无二致。

孙中山与宋耀如是最好的搭档，当遇到宋庆龄的时候，他立刻感受到彼此合作的愉快。宋庆龄则是通过宋耀如才对孙中山充满了崇拜。为了拯救中国，宋庆龄以身相许，这难道不是顺理成章的事吗？

1929年5月，宋庆龄回国参加孙中山的奉安大典。她一路上不断公开发表对蒋介石控制下的国民党的措辞严厉的批评，宣布绝不与国民党合作。前来迎接她的宋子良担心姐姐因此引起政府的恼怒和家庭中的不快，劝她把态度放得缓和些。宋庆龄斩钉截铁地说："是宋家为中国而存，而不是中国为宋家而存。"这句话，最准确地体现了宋耀如的精神。

* 不平凡的母亲倪桂珍 *

* 倪桂珍

宋庆龄的母亲倪桂珍，生于1869年6月3日，祖籍浙江余姚。倪桂珍的父亲倪蕴山是上海伦敦会天安堂牧师，母亲徐氏是明代著名科学家徐光启的后裔。

倪蕴山夫妇生了十个孩子，但半数夭折。长大成人的只有二男三女。倪桂珍居中，上有一兄一姐，下有一弟一妹。由于出生于基督教家庭，倪桂珍从小就受洗成为新教徒，四五岁时进私塾，九岁入学校，十五岁升入美国基督教圣公会创办的上海西门裨文女学。她擅长数学，尤其喜爱弹钢琴。十八岁毕业后留校任教员。

在倪桂珍幼年时，中国汉族的女孩儿都要裹小脚。倪桂珍对此抵触极大，只要一裹脚她就发高烧，父母最终只得放弃了为她打造"三寸金莲"的努力。到了谈婚论嫁的时候，她的一双天足却成了劣势。这时，恰巧宋耀如从美国来到上海做传教士。宋耀如个子不高、相貌平平。他英语很好但中国话完全是南腔北调，生活上的美国习惯也让一般人难以接受，被看作是"假洋鬼子"。早在美国时就与宋耀如相识的留学生牛尚周见到宋耀如不被欣赏的窘境，就为他介绍了自己的小姨子倪桂珍。宋耀如看不惯小脚，倪桂珍对西方文化又不陌生，这真是天赐良缘。于是，1887年仲夏，十八岁的倪桂珍与二十六岁的宋耀如在教堂举行了婚礼，名扬中外的"宋氏家族"开始起锚。

＊　新婚时的宋耀如与倪桂珍

许多记载都想当然地把倪家描述成家底厚实的世家，而事实却并非如此。徐光启从一个穷书生起家，官至礼部尚书兼文渊阁大学士、内阁次辅、太子太保，可谓位极人臣。徐家世代居住于上海徐家汇，也确实被人们看作

*　徐光启

"沪西望族"。但倪桂珍已是徐光启的第十七代后裔。几乎没有一个"望族"可以把富贵持续到这么久。世家的文化传统和规矩还在,但经济上早就衰败了。同时,作为传教士,宋耀如当时的月薪仅有十五美元,还不够养家糊口。

据倪桂珍的侄女倪爱珍(倪桂珍的哥哥倪锡令的女儿)回忆,宋耀如婚后住在虹口区朱家木桥一带,是处面积不大的平房,家里很穷。倪桂珍的母亲买不起围巾,早晨买菜时脖子上就围一条旧的洗脸毛巾。倪桂珍的姐姐倪桂金一次回娘家,母亲问她想吃什么?倪桂金说要吃咸菜肉丝汤面。而平时,他们家里是很难得买肉的。作为传道的牧师,倪蕴山平常上街只穿几毛钱一双的草鞋,要上台讲道时才换上妻子手做的布鞋。倪爱珍特别提到:"当时穷人生小孩是在家里生,宋庆龄生在家里,我也是老娘婆接生,只几毛钱就可以了。"

尽管生活十分拮据,作为这个家庭的女主人,倪桂珍是非常称职的。她心肠好,出门总是向穷人施舍财物。但她个性很强,在许多事情上"要男人听她的"。海伦·斯诺在倪桂珍去世后不久到达上海,听到过许多关于倪桂珍的事。概括起来,倪桂珍是一个"严格的、品德好的、自奉俭朴而又不屈不挠的模范妻子"。

1892年,宋耀如辞去了牧师职务,转而从事工商业。他在经营上十分成功,家庭的经济状况也有了改善。

1894年,宋耀如结识孙中山,二人开始为"光明的中国"而奋斗。孙中山不管什么时候来到上海,总是住在宋耀如家里,孩子也把他视为自家人。倪桂珍并不知道孙中山在做什么,仅仅把他看作是丈夫的一个很亲密的朋友。直到"广州起义"失败后清政府悬赏通缉孙文,倪桂珍才大吃一惊。但她依然支持宋耀如的选择，并且自己也义无反顾地投身到革命之中。一位与倪桂珍相熟的美国友人说："当我进一步了解她以后，我发现她是一个很聪明而且很有思想的人。宋先生总是同她商谈他的事务中的每一个细节，他们是一对意气相投的夫妻。"

他们在自家住宅的地下室里设了一个印刷厂，秘密为兴中会和同盟会印刷小册子和文件。宋庆龄说："那时我们年纪都小，记得父母当时告诉我们切不可向任何人提及此事，也禁止我们拿宣传革命的小册子。"在革命遭到挫折时，宋耀如两次流亡日本，倪桂珍都毫无怨言地带着孩子与丈夫一起流亡，"料理家务，教子女琴书，均以一身任之，备尝艰苦，处之怡然"。几十年间，宋家都处于险境之中。倪桂珍随时准备着逃亡。《宋氏家族》的作者埃米莉·哈恩曾生动地表述："以后的年代里，他们一直处于险境中。形象一点说，美龄和她的两个弟弟子良和子安，就诞生在那所箱子从未关上和收放好的房子里。"

革命也使许多人疏远了他们。甚至他们的大媒人、倪桂珍的姐姐倪桂金和姐夫牛尚周也一再写信嘱咐自己的孩子，千万不要与宋家有任何接触。信中写道："如果我或我家庭中的任何一个成员与叛党有瓜葛，人们会说我和我的家人也是叛匪。"

宋耀如夫妇在经济上尽力地帮助孙中山，而且绝不图回报。作为一位通情达理的贤妻，倪桂珍全力支持丈夫的事业。她"主持家政，量入为出，节衣缩食，资助革命事业"，也常以余资接济穷人，周恤贫苦，捐助学校、教堂。这些善举都赢得了人们的尊重。

倪桂珍与宋耀如在1887年结婚后，十四年之中生了七个孩子。第一个是男孩，但不幸夭折。此后，蔼龄、庆龄、子文、美龄、子良、子安相继出生，其中三个女孩、三个男孩。

作为母亲，倪桂珍在生活方面对子女的照顾可谓无微不至。正如宋氏兄弟姐妹所说：我们的母亲"即使在最困难的时候仍给我们以快乐而舒适的生活"。"我们的母亲是世界上最伟大的母亲。"

然而，与一般家庭"严父慈母"不同，倪桂珍是家里的"一把手"。在宋家，父亲亲切、热诚、随和；母亲却不苟言笑。宋美龄曾回忆："母

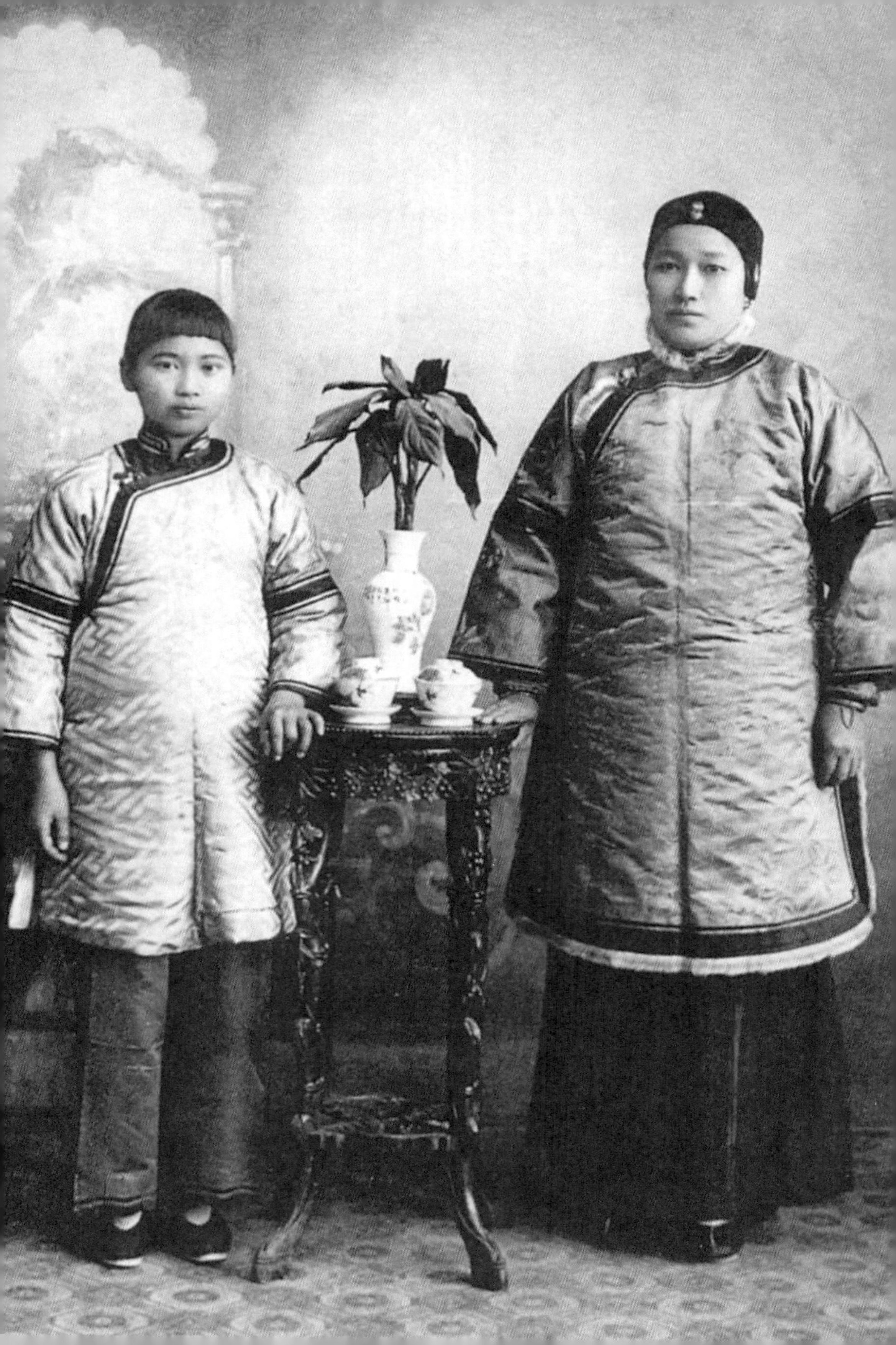

← 少年时期的宋庆龄与母亲

亲的个性，处处表示出她的严厉刚强，而绝对不是优柔善感的。"

倪桂珍对家庭、对孩子们有着强烈的责任感。她对子女严加管束，对他们进行礼貌规矩的训练，从不放纵孩子们的任何越轨行为。宋家不准打牌、不准跳舞，每个人都要按时祈祷。

教育孩子是他们夫妻双方的义务。孩子入学前，夫妇俩轮流教孩子们读写。1908年，路易斯·罗伯特夫人曾在宋家租住了一间房，与倪桂珍有过密切的接触。她说："宋夫人是我所见过的最可爱的中国女人。她的脸上呈现着一种个性的魅力，她神情安详，这使她显得更加美丽。我第一次见到她的时候，她的英文水平和我的汉语水平差不多，所以我们主要的交流方式就是互相微笑。……'小弟弟'是这个家庭的小宝宝，当时大约六岁，经常在我们隔壁的屋子里'唱'他的功课。我喜欢听他妈妈用她甜美的声音教他汉字，'教导'他。"

倪桂珍"教养子女的标准是使他们有文化、靠自己，做有用、有德的人"。所以，他们夫妻二人尽力培养孩子们多方面的素质和能力。他们带领孩子们锻炼身体、磨炼意志；在家里开孩子的作品展览；与孩子一起办家庭报纸；举行家庭演讲会；尽早让孩子上寄宿学校，过集体生活；培养孩子的独立性和训练他们的沟通能力。倪桂珍还亲自教女儿们操持家务、做西餐，让她们学习针线活，以增强生活能力。

宋耀如和倪桂珍都有着男女平等的观念，认为儿女都应成为有作为的公民，为国家作出贡献。他们共同决定把子女都送到美国去读书，这在当时的中国是空前的创举。倪桂珍"以努力革命之余，处颠沛流离之际，为子女等筹措学费，鞭策进取，未尝一日稍懈"。

在宋耀如和倪桂珍的精心培育下，宋家的六个子女都成为出色的人才：

宋蔼龄曾是孙中山的第一任英文秘书，后嫁给孔祥熙（中华民国行政院院长）。

宋庆龄嫁给孙中山（中华民国第一任临时大总统、中国国民党总理）；曾任中华人民共和国副主席、全国人大常委会副委员长、中华人民共和国名誉主席。

宋子文曾任中华民国行政院院长。

宋美龄嫁给蒋介石（中华民国总统、中国国民党总裁）。

宋子良曾任广东省政府委员兼财政厅厅长。

宋子安曾任广东银行董事会主席、西南运输公司总经理。

在宋家的六个子女和三个女婿中，出现了两位总统、一位国家名誉主席、两位总理。一家六个子女中有四个成为一度影响国家政坛的著名人物，这在世界历史上也是前所未有的。

长期的精神压力和颠沛流离的流亡生活损害了宋耀如的健康。1915年，他偶然发现自己的右眼几乎失明了。他去看眼科，经检查确认患了慢性肾病。医生警告他，必须好好保重身体，否则他会被这个病击垮。三年后，宋耀如的肾病愈发严重，他变得很瘦，皮肤很干燥，脾气也越来越烦躁。

宋耀如住进了医院，医生们说他痊愈的几率很小。倪桂珍不顾宋子文、宋美龄和医生的反对，坚持要接丈夫出院。

倪桂珍是虔诚的教徒，个人生活中宗教气氛很浓厚。她一生笃信祷告的力量，常常把自己关在楼上的一间屋子里，一跪就是几个小时，有时天没亮就开始了。

* 宋蔼龄（左）、宋庆龄（右）与母亲

* 宋子文与母亲

* 宋子安与母亲

子女向她问到什么问题,她都说:"我必须先问问主。"宋美龄曾说:"在母亲看来,祷告上帝不仅是请求他祝福她的子女,乃是等候他的旨意。对于她,宗教不是单行道。"

这一次,倪桂珍表示:自己不相信医生,除了上帝没人能救治宋耀如。她不让护士来护理,因为她认为这违背了上帝的旨意。

宋耀如的病情日益严重,大多数时间他都在昏睡,病毒已侵至大脑。他的脸庞深陷了下去,并开始吐血。

宋美龄绝望地说:"母亲是使徒信心会的成员,他们不相信医学。除了祷告,他们什么都不信。家中有许多使徒会信徒。他们一直在为他祷告,尽管我不相信他们做的任何事情,我仍然钦佩并感激他们自

* 宋氏家族部分成员合影。前排左起:宋美龄、倪桂珍、宋蔼龄;后排左起:宋子良、蒋介石、孔祥熙、宋子安

我克制的美好精神。现在，我信仰祷告，但我也信仰医学。"

在宋耀如病危时，同样笃信基督教的宋美龄说："以前我渴望着父亲的身体能好起来，可是现在，我开始更关心他的灵魂救赎，因为他这样的脾气，因为他不想承认自己是个罪人，我害怕他是否会被救赎。我猜我也要疯了。"宋美龄的这个判断应该符合宋耀如的想法，他一生所为无愧于人，怎么会承认自己是罪人呢？（当然，基督教教义认为每个人生下来就是罪人，即"原罪"。）

1918年5月3日，宋耀如在上海去世。关于他的死因，我翻阅了多部著作，说法有肝癌、胃癌、血癌等。但根据宋美龄对病情的描述，宋耀如应当是死于肾病。他被安葬于沪西的万国公墓，葬礼安静而简朴，只通知了他的知己朋友。

"母亲勇敢地挺住了。"宋美龄说，"父亲身后的一切都井然有序，因为母亲知晓他的所有事务。"

宋耀如的逝世，使倪桂珍很受刺激，她离开了原来的住所，搬往位于西摩路的一所房子里。她开始放弃自己的爱好，忙碌于教会工作。后来，她虽然看上去比以前丰腴了，但健康状况时好时坏。

1930年冬，医生建议倪桂珍离开上海易地疗治。10月，宋子安陪她前往日本养病。第二年春天，

* 宋庆龄保存的西摩路老太太衣架

* 晚年倪桂珍

* 1918年5月宋耀如去世后，宋家迁居上海西摩路三十号（今陕西北路三百六十九号）

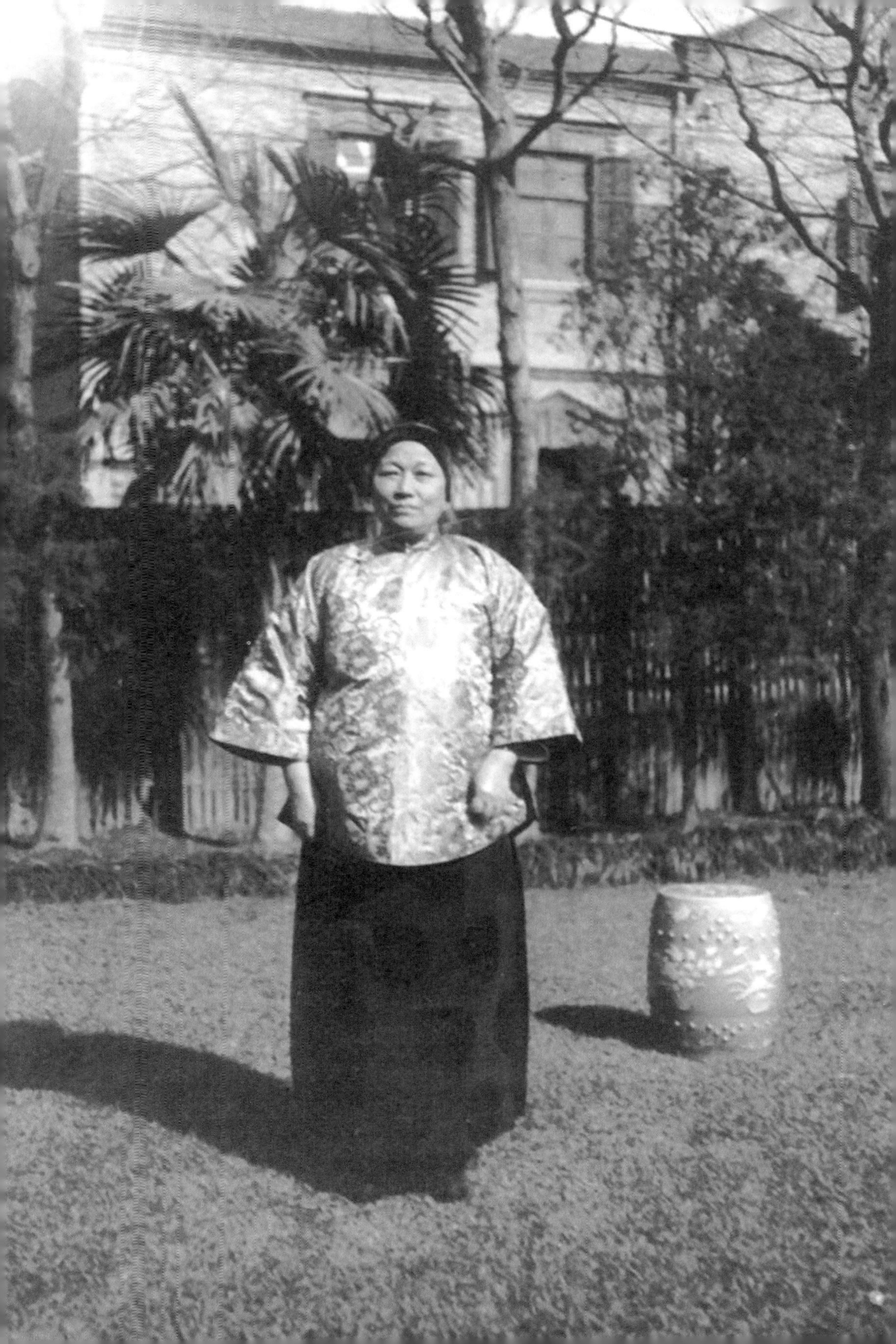

* 1931年8月13日，宋庆龄自欧洲奔母丧抵达上海

倪桂珍到杭州西湖游览，结果引发旧疾。回到上海后天气湿热，她便又在宋美龄和宋子良的陪同下到青岛避暑。

7月23日早晨，倪桂珍突然大量吐血，医生诊断为肠癌破裂，无可挽救。下午十四时四十分，倪桂珍在青岛别墅去世。

* "教忠报国"匾

关于倪桂珍的去世，另有一种说法，是因为"突然传来宋子文在上海北站遇刺的消息。倪桂珍本已患病，闻此噩耗，血压顿时升高，倒身而亡"。

当时，因国民党内的"反蒋派"和蒋介石矛盾加剧，委托号称"暗杀大王"的王亚樵暗杀蒋介石，没想到暗杀行动失败，蒋介石之后加强了警戒。于是，王亚樵便把蒋介石的干将、财政部部长宋子文列为暗杀对象。7月23日，宋子文乘夜车由南京赴上海，晨七时左右抵达上海北站。当他即将出站时，早已埋伏的暗杀小组同时从两侧向他开枪。

* 倪桂珍葬礼上众人抬着"教忠报国"匾前行

与宋子文并肩而行的秘书唐腴胪，和宋子文一样都身穿白色西装，头戴白色太阳帽。他手里拿着宋子文的公文包，被刺客们错认为暗杀对象。听到枪响，宋子文立即将头上的帽子摘下扔

*　宋庆龄上海寓所餐厅墙上悬挂的倪太夫人油画像

掉，伏倒在地。结果唐腴庐多处中弹，伤及要害，不治身亡；宋子文虚惊一场，毫发无损。

倪桂珍的去世是否与此事有关呢？按照常理，即使得到消息，身边人也不会将宋子文遇刺的消息立即告诉病中的倪桂珍。何况宋子文本人并未因此受到伤害。宋家成员也没有任何与此相关的记述。当然，在一个家庭里，几个小时内发生这样两件大事，也确实非常离奇。

听到倪桂珍逝世的消息，宋子文、宋子安赶赴青岛，于29日护送母亲遗体回到上海。旅居柏林的宋庆龄，接到母亲逝世的电报后泣不成声，立即动身回国奔丧。

1931年8月13日，南京国民政府颁令褒扬倪桂珍，题颁"教忠报国"匾悬挂于灵堂外。

1931年8月18日，倪桂珍葬礼在上海举行。参加葬礼的亲属有宋蔼龄、宋庆龄、宋子文、宋美龄、宋子良、宋子安、孔祥熙、蒋介石以及于凤至。九时三十分，倪桂珍的灵柩与宋耀如合葬于上海万国公墓宋氏墓地。

宋庆龄对倪桂珍怀有深厚的情感，母亲的照片始终挂在她的家中。她同倪家的亲戚一直保持着联系。在生命的最后时刻，她留下遗嘱，要将自己葬在上海宋家墓园。她要永远陪伴在父母身边。

附：
关于"倪桂珍"与"倪珪贞"的辨析

在宋氏家族的研究中，宋耀如的夫人倪桂珍是一个非常重要的人物。她对宋家的六个孩子都有着深刻的影响。

2004年以前，所有出版物和展览中，宋耀如夫人的名字都被写作"倪桂珍"。

2004年，《孙中山宋庆龄研究动态》第二期发表了一篇文章，题为《〈宋母倪太夫人讣告〉记载宋庆龄母亲的名字是"倪珪贞"》。文章指出："长期以来，学术界各种相关论著一直将宋庆龄母亲的名字写作'倪桂珍'，不疑有误。最近，上海市孙中山宋庆龄文物管理委员会在编辑出版《上海孙中山宋庆龄文物图录》过程中，在考订宋庆龄母亲去世时发布的《宋母倪太夫人讣告》时发现，宋庆龄母亲的名字并非'倪桂珍'，而应为'倪珪贞'。"其根据是上海孙中山故居和上海宋庆龄故居均藏有的《宋母倪太夫人讣告》。其中，介绍宋母生平的"行述"一节称："先妣姓倪氏讳珪贞，先外王父蕴山公之次女。"文章的作者认为：

* 宋母倪太夫人讣告

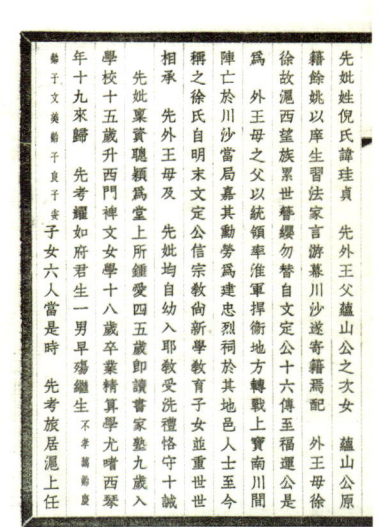

"《宋母倪太夫人讣告》即使不是宋氏家人自己所编，亦必定经其审核允准，所以其母亲的名字'倪珪贞'，绝对不会出错。"

此后，中国大陆出版的书籍、文章绝大多数都以此为根据，将宋耀如夫人的名字写为"倪珪贞"。就我本人来说，自此凡撰文涉及宋耀如夫人，也均改用了"倪珪贞"。包括2006年主编的《国之瑰宝——宋庆龄伟大光荣的一生》；2009年主持策划、设计的北京宋庆龄故居《宋庆龄生平展》基本陈列和其他展览，都无一例外地使用了"倪珪贞"这个名字。

我这样做的原因有三：一、《讣告》是重要的文件，以此为根据是我可以接受的。二、自2004年以后，"倪珪贞"几乎被所有大陆学者默认，我采取从众的态度。三、我对这个问题重视度不够；因为我觉得，名字只是一个代号，大家都知道所指是哪一个人，就达到目的了。

2013年1月，为纪念宋庆龄诞辰一百二十周年，海南文昌宋氏祖居对"宋庆龄纪念馆"陈列进行改造。在主持陈列方案的起草时，我也循例将原展览中的"倪桂珍"都改成了"倪珪贞"。

但这次的改动，受到了当地部分同志的反对。几次到海南开会，都有一些与会同志就此向我提出质问。特别是宋庆龄的亲属，对此提

* 2013年，作者夫妇与黄守炳、韩秀华夫妇

出了很尖锐的批评。宋庆龄的侄女韩秀华夫妇为此几次找到我。2013年12月8日，韩秀华的爱人黄守炳先生还撰写了题为《人们最熟悉的宋太夫人名字是倪桂珍》的书面意见。2014年4月8日，他们夫妇二人把这份意见当面交给我，要求我给出答复。

在这篇文章中，韩秀华夫妇写道："近日我们获悉，原陈列在宋氏祖居的图片中，宋太夫人倪桂珍的名字要改为倪珪贞，我们认为，这是很不必要的，提出了意见但不被采纳。……宋氏家族成员的姓名是宋氏家族文化的组成部分，倪桂珍的名字，出生伊始已由父母命取，并且已写入了倪氏家谱，公开使用了几十年，为众所周知认可，为什么要随个别人的意志去改动人家的家谱认定了的祖宗名字呢？"

这种认真的态度，使我很受震动。为了答复他们的意见，我对这一问题做了认真的考虑。结论是，我选择改用"倪珪贞"是过于草率了。理由如下：

一、民国时期和中华人民共和国时期（其中包括台湾地区）出版的所有书籍和公开的展览中，都将宋耀如的夫人写作"倪桂珍"，至今没有发现任何一例使用"倪珪贞"的。

为了证实这一点，我查看了所有能够找到的出版物。担心自己未免孤陋寡闻，我还特意请教了资深专家尚明轩先生。尚先生证实，他在2004年之前也从未见过"倪珪贞"的写法。

主张改为"倪珪贞"的专家认为："将倪珪贞的姓名误为'倪桂珍'当来自埃米莉·哈恩《宋氏家族》英文原版中译时，译者并不知倪珪贞的真实姓名而取的音译，自是流传。"这种说法也值得商榷。在民国时期出版的关于宋氏家族的书籍中，确实有一些是外文著作翻译成中文的。但这些作者大多与宋氏三姐妹关系很近。译作出版时，宋氏三姐妹也都在世，如果人名的翻译出现不确，她们自会提出异议。何况，倪桂珍还是孙中山、蒋介石、孔祥熙的岳母、宋子文的母亲，谁敢在这上面犯糊涂？

1949年后，台湾出版的相关著作，也无一例外地使用了倪桂珍的名字。

* "文革"中宋家墓地被捣毁，这是修复后的墓碑照片

二、"文革"中，位于上海万国公墓的宋耀如与倪桂珍的合葬墓被农民造反派破坏。宋墓修复后，曾拍照片送呈宋庆龄。照片上显示：重建的墓碑，刻着"宋嘉树　倪桂珍之墓"，下款刻"宋庆龄敬立"字样。其中"宋""倪""宋庆龄敬立"按习俗应填成红色，但在"文革"中，这样使用红色会遭质疑，所以刻字后未填色，其余字则填成黑色。在当时的情况下，肯定不宜再用"公""府君""太夫人"之类的称谓，只能直接镌刻墓主的名字。下款也不便把宋蔼龄、宋子文、宋美龄等人的姓名刻上，否则会造成新的政治上的麻烦。这次重建宋墓，是依据宋庆龄的要求、在周恩来总理亲自关照下完成的。以周恩来的谨慎和周到，既然有"宋庆龄敬立"的字样，一定征询过宋庆龄本人的意见。如果连母亲的名字都刻错了，宋庆龄绝不会漠然置之。

三、牛恩安曾为上海提供倪家1891年拍摄的照片。在照片中，每个人的身上都直接写了名字。其中有倪锡令、倪锡令夫人、牛尚周、牛倪桂金、宋耀如、宋倪桂珍、倪锡纯、温秉忠夫人（即倪秀珍）、牛惠霖、宋蔼龄。牛恩安是牛尚周和倪桂金的孙辈，绝不会把自己祖母

* 1891年，倪家成员合影照

的名字写错。所以，为了改倪桂珍为倪珪贞，而将她的姐姐改称"倪珪金"、妹妹改称"倪秀贞"的做法也是没有根据的。

四、1984年2月29日，倪冰应上海宋庆龄故居管理处的请求，就相关情况询问过她的母亲倪爱珍，并将倪爱珍的叙述记录成文字。倪爱珍是倪桂珍胞兄倪锡令之女。在叙述中，她写到的父亲及姑姑、叔叔的名字是：倪锡令、倪桂金、倪桂珍、倪锡纯、倪秀芳和小娘娘（倪秀珍）。

五、1907年，孔祥熙借助美国欧伯林大学中国同学会的捐款和美国著名科学家、欧伯林大学前期校友霍尔·查理马丁的部分遗产，在家乡创办了铭贤学校。（如今铭贤学校的旧址已属山西农业大学管理和使用。）

1935年7月，为纪念双方父母，孔祥熙和夫人宋蔼龄，在铭贤学校捐建了两座形制相同的建筑，分别命名为"亭兰图书馆"和"嘉桂科学楼"。这两座建筑东西相向，都为地上两层、地下一层。建筑中西合璧，内部为西式，顶部则采用中国式的琉璃瓦大屋顶。

孔祥熙父亲孔繁慈，字和亭；母亲庞三奴，又名玉兰。"亭兰图书馆"取其中"亭""兰"二字。宋蔼龄父亲宋嘉树，字耀如；母亲倪桂珍，故"嘉桂科学楼"取其中"嘉""桂"二字。

这两座建筑的命名，似乎也可作为倪桂珍名字的佐证。

六、据网上信息，1982年《报刊文摘》上曾有文章记载："宋庆龄发现她母亲照片，照片背后写有倪桂珍，浙江余姚人字样。"我曾两次到国家图书馆查找原报，可惜那一年的《报刊文摘》图书馆阙如。

七、2004年，王乐德编著的《宋庆龄母倪氏暨父亲宋（韩）氏家谱》一书出版时，上海市浦东新区文物保护管理署曾找到倪锡令长孙倪忠信（医学博士）为倪氏家谱序。他确认宋太夫人名叫倪桂珍。

据黄守炳先生讲："倪家世居川沙东北部小倪家宅，那里有倪家高祖的坟墓。据上海川沙倪隆兴布店老板倪锡圭（即倪桂珍祖父倪为堂的胞兄）在民国年间编的倪氏家谱记载：倪蕴山有五个子女：长男倪锡令，基督教牧师；二女倪桂金，适牛尚周，字文卿；三女倪桂珍，

* 亨兰图书馆

* 嘉桂科学楼匾额

* 亨兰图书馆匾额

适宋嘉树，字耀如；四男倪锡纯，字变臣；五女倪秀珍，适温秉忠，字尽臣等。"

八、黄守炳先生还谈及，《孙中山宋庆龄研究信息资料》1992年第二期曾报道，《川沙县志》《川沙县文化志》均为倪桂珍立了传。

《宋母倪太夫人讣告》北京宋庆龄故居也藏有一册，其中宋母姓名的确写的是"倪珪贞"。为什么《讣告》上会出现一个逝者从未使用过的名字呢？我认为，这是当时一种比较常见的丧葬习俗。一些家庭，特别是社会地位较高的家庭，在老人逝世后，会将其名字改得更加文雅、更加"高大上"。

为了尊重历史事实并照顾亲属的感情，我认为还是应该将宋耀如夫人的名讳恢复为倪桂珍。当然，如果有些专家仍然使用"倪珪贞"也没有什么不可以，因为终究这也是她讣告上出现过的名字。

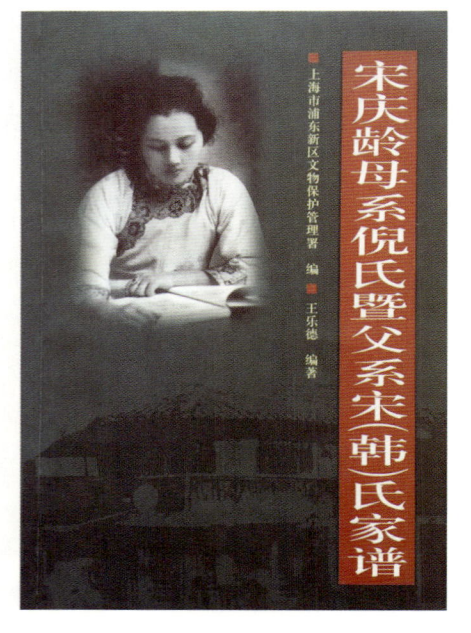

* 《宋庆龄母系倪氏暨父系宋（韩）氏家谱》书影

* 宋庆龄与基督教 *

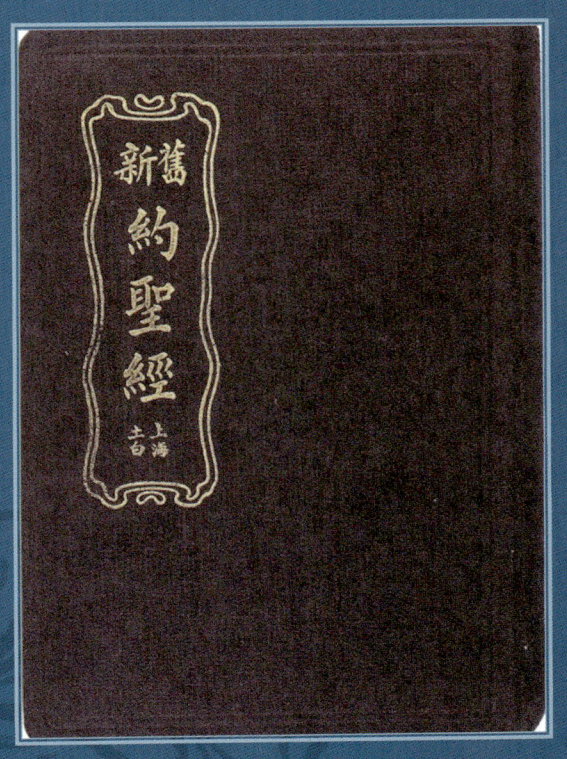

* 宋家保存的《新旧约圣经》

宋庆龄
往事 续编

孙中山、宋庆龄夫妇都曾信仰基督教，但与孙中山不同的是，宋庆龄从一出生，基督教就是生活的第一要义。宋家与基督教的渊源之深，怎样形容都不过分。

宋庆龄的父亲宋耀如十九岁时在美国皈依基督教，随后进入大学专修神学。他一生都是一位虔诚的基督徒。

1881年6月，宋耀如托美国在华传教士林乐知给他的分别了六年的父亲带去书信。他在信中写道："我记得我小时候，您带我到大庙里去拜那些木头做的神像。哦，父亲，木头神像不会帮助人，纵然您礼拜一辈子也没有一点好处。在我们过去的时代里，人们对基督一无所知。但是现在我已找到救世主，不论我走到哪里，他都会安慰我。请您竖起耳朵听，您能听到神在说话，请您抬起眼睛看，您能看到上帝的光辉。"

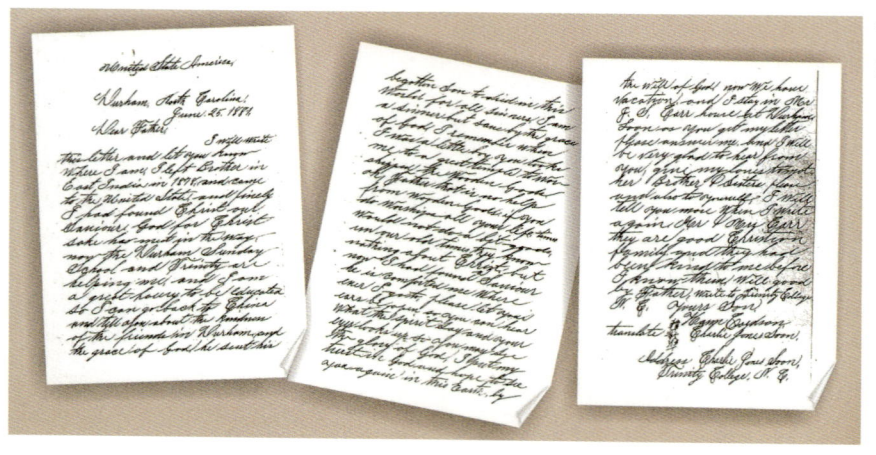

* 1881年6月，宋耀如致父亲信

1886年，刚刚大学毕业的宋耀如被教会派回上海做传教士。

宋庆龄的母亲倪桂珍出生在一个基督教传教士的家庭。她的父亲倪蕴山在上海传教三十余年；母亲徐氏是徐光启的后裔。徐光启是中国最早的天主教徒、明代礼部尚书，被称为天主教在华"三大柱石"之一。倪桂珍对基督教的虔诚甚至胜于她的丈夫。

宋庆龄的姐姐、弟弟和妹妹也都是基督徒。

宋庆龄从小就是在这种宗教氛围里成长的。宋庆龄肯定曾经具有基督徒的身份。基督教传教士家庭里出生的孩子，在懂事之前大多就已经受过洗礼。宋庆龄也曾说过："我们所有读过教会大学的人或迟或早都是被施过洗礼的。"

* 宋家的十字架

与其他基督徒不同的是，宋庆龄始终保持着独立思考的习惯。爱泼斯坦曾经记述，宋庆龄幼年在教会学校上学时，每周上三次福音课。每当这时，她会安静地注意听，然后把听来的圣经故事转述给同学们，有时还会加上自己的意见。在讲述了"饼和鱼"的神迹后，她评价说这不可能是真的，但她仍然要像基督所做的那样，为别人而活。

《圣经·新约·马太福音》第十四章中记述的"饼和鱼"的故事是这样的："天将晚的时候，门徒进前来说：'这是野地，时候已经过了，请叫众人散开，他们好往村子里去，自己买吃的。'耶稣说：'不用他们去，你们给他们吃吧！'门徒说：'我们这里只有五个饼、两条鱼。'耶稣说：'拿过来给我。'于是吩咐众人坐在草地上，就拿着这五个饼、两条鱼，望着天祝福，擘开饼，递给门徒，门徒又递给众人。他们都吃，并且吃饱了，把剩下的零碎收拾起来，装满了十二个篮子。吃的人，除了妇女孩子，约有五千。"《马太福音》第十五章中又一次讲述了"饼和鱼"的故事。不同的是，这一次饼有"七个"、鱼有"几条"，吃的人是"四千"，"剩下的零碎，装满了七个筐子"。

正如孙中山所说："宗教的感觉专是服从古人的经传，古人所说的话不管他是对不对，总是服从，所以说是迷信。"宗教是不鼓励独立思考的，对于《圣经》中记述的内容，不能有怀疑、有保留。而宋庆龄恰恰喜欢寻根究底。中学时她就读于上海马克谛耶学校，该校每星期三晚上都要请一些校外著名人士来校主持宗教讨论会，宋庆龄常会向布道的牧师提问。笃信基督教的宋美龄回忆：一次星期三晚上的讨论会结束后，她愤怒地要求庆龄回答："你为什么向李牧师提问题？难道你不忠实信仰？"

基督教主张的博爱、平等、自由，曾经吸引和激励了千千万万个青年。孙中山、宋庆龄也曾是其中的受益者。然而，教会并不能确切地体现这些精神。这并不奇怪。一种信仰，在它具体体现时，都会与其主张的理念不可避免地产生偏差。因为在尘世中，这些负责贯彻主义的人也远远不是超凡脱俗的。宋庆龄通过神职人员的表现，察觉到教会的实际作为与教义并不一致，于是便渐渐地疏远了基督教。

1966年4月10日，在一封致黎照寰的信中，宋庆龄说起了自己与孙中山对教会的议论。她写道："我们经常谈到传教士的伪善。我在孩提时，经常随虔信基督教的母亲在星期天去教堂。当我们到教堂时，牧师和他的助手总是把坐在前排座位上的衣衫褴褛的妇人赶走，腾出位置给我们坐。虽然我只是个孩子，但我为此愤愤不平。"从牧师讨好她们的举动中，宋庆龄看到的是教会的嫌贫爱富，而远非博爱。

说到平等，教会在实践中也不能兑现。曾在美国生活的宋庆龄说："美国人不让黑人儿童和他们的子女在同一个学校上学，但是，他们却称自己是基督教徒。"所以，她从中得出的结论是，基督教的平等是不包括黑人的。

通过自己与孙中山的婚姻，宋庆龄对教会标榜的"自由"，感受更为深刻。

关于孙中山与宋庆龄的婚姻，已经有了太多的介绍。我在这里只想讲一讲宋庆龄从上海家里出走的情况。

宋庆龄回忆：她是在清晨六点钟，趁着父母还未起床时离开家的。宋庆龄的父母强烈反对这桩婚姻，得知她已经乘船赴日本，父母当然不高兴，但是很可能采取听之任之的态度。因为宋庆龄在留给他们的信中已明确地表达了自己嫁给孙中山的坚定决心。而且，正像宋庆龄所述："我的父母也不是那么愚昧、残酷！"女儿已经走了，追也无益。

但是，宋耀如夫妇还是乘第二班船追到了日本。这个举动很不明智。首先,孙中山、宋庆龄在日本结婚,他们根本不可能做出有效的干涉,而会给自己徒增羞辱;其次,这个徒劳的干涉,唯一的结果将是直接伤害他们与女儿的感情,也给宋耀如与孙中山二十多年的生死之交造成裂痕。

那么,明达的宋耀如夫妇为什么会选择这条下下策呢?宋庆龄对此曾给出过答案。1980年9月17日,宋庆龄在写给爱泼斯坦的信中说:"传教士的思想往往是倒退的、保守的。在那个年代里,在中国的传教士们强烈地反对我同一个离过婚的男人结婚。他们去找我的父母(我的父母是虔诚的卫理公会教徒),向我父母表明了他们的态度,极力劝说他们把我从日本追回来。"事实非常清楚,是传教士找到门上,要求他们到日本去追回宋庆龄。对于基督教来讲,宋庆龄的婚姻确实是违背教规的;宋耀如夫妇是虔诚的基督徒,不能对抗教会的"合理"要求,所以他们只能"知其不可为而为之"。

此时,宋庆龄对教会完全失望了。在她看来,阻止相爱的人结为伴侣,还标榜什么自由!

对于这件事的后果,爱泼斯坦评价说:"不论是孙中山(一个皈依的基督徒)还是宋庆龄(一个生下来就受洗的基督徒),从此不再具有、也不想有任何一个教会会员的身份。两人无疑都仍保留着基督教教育所给予他们的、在伦理道德方面的影响。他们也还有许多基督教徒(包括一些传教士)朋友——革命的同情者。但他们同神学分手了。"爱泼斯坦的这一判断是准确的。在孙中山的文章和演说中,我们可以看到,与宋庆龄的婚姻是他对基督教及传教士态度的分水岭。

在这以后,教会方面还不断攻击孙中山和宋庆龄,说他们是

* 爱泼斯坦

在孙中山有妻室的情况下结婚的。这些无端的指责严重伤害着孙、宋，使他们痛恨不已。1973 年 3 月 13 日，宋庆龄致信索尔兹伯里："首先要感谢你惠赐大作《前往北京及北京以外》，我已拜读。请允许我指出一个史实上的错误。孙逸仙在我同他于 1915 年 10 月 25 日结婚时，他是自由的。（结婚的年份不是您所说的 1914 年，当时我还在上海。）他同他的前妻是按习俗而不是按法律成亲的，多年来他们分居。他们在东京协议离婚，那是在 1914 年初，在他同我结婚好几个月之前。反动派和传教士们（他们常常是反对进步的）试图造谣污蔑我们，但事实总归是事实。"

我们应当注意到，宋庆龄在提到传教士时，专门做了一个贬义的注释。结婚之后，她和孙中山对传教士都绝无好感。在谈到孙中山伦敦蒙难时，宋庆龄说："孙博士曾经写过，当年他还是个年轻人，而且正处在传教士的布道劝谕之中。回到中国，当他看到一些帝国主义国家把宗教强加给我们，以图达到蒙蔽信徒的目的之后，就没有去过教堂，

* 宋庆龄北京寓所的钢琴与琴凳

* 宋庆龄保存的基督教圣歌乐谱

也不再信奉耶稣教。"孙中山步入壮年后,"从来不信什么上帝,也不相信传教士"。他称在中国的传教士"不是'伪善者'就是'受了误导'"。有趣的是,宋耀如本人就曾做过传教士。这也间接地说明了传教士对孙中山、宋庆龄的伤害之深。

正如我们之前所讲述,宋庆龄很早就不再是基督徒。但是,她从小生活在一个宗教气氛浓厚的家庭。许多宗教习惯已经成为她生活的组成部分,成为她对家族亲情的美好回忆。所以直至晚年,宋庆龄仍然保持着很多基督教的习惯。

宋庆龄终生喜爱弹奏钢琴。在她的琴凳中,放着她经常弹奏的乐谱。这其中有相当一部分是在封面上钤着宋耀如名章的基督教圣歌。弹奏起这些乐曲时,宋庆龄肯定会想起自己儿时,一家人聚在一起,父亲弹琴、母亲唱歌的温馨场景。

宋庆龄习惯于过圣诞节,每年都要在家里布置圣诞树。1954年12月,宋庆龄致信王安娜:"真是好事连连!昨天他们邀请我节日里给孩子们开个晚会,因为我有一棵圣诞树!这意味着我还得准备些爆米花什么的。但主要还是圣诞树,孩子们会喜欢并且记住它的。你明年就要走了,是不是愿意把点缀圣诞树的装饰品转卖给我?你如有些电灯泡就更好了。请告诉我一声,我好让服务员去拉回来。"这些彩灯和她亲手制作的圣诞树上的装饰品,宋庆龄一直分门别类地、整齐地收在纸箱里,至今仍存放在她书房的大书柜中。圣诞节那一天,她会邀请自己的朋友、身边工作人员和他们的孩子到家里来,大家围在圣诞树旁聚餐、表演节目。1979年,她邀请林国才、杨孟东夫妇等十四位朋友和身边的十位工作人员一起在寓所欢度圣诞节。宋庆龄亲自下厨做了西红柿

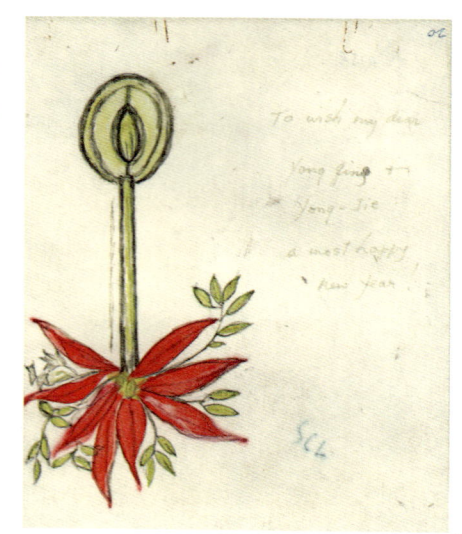

* 宋庆龄手绘的圣诞卡

* 宋庆龄与工作人员和他们的孩子在北京寓所圣诞树前

* 宋庆龄与工作人员和他们的孩子在上海寓所圣诞树前

粉丝汤和火鸡。十几天后，她写信给林国才的女儿："你父亲同我们一起过圣诞夜，有许多好吃的东西，都是你继母海伦和你父亲带来的。"1980年12月24日是宋庆龄一生中的最后一个圣诞节，她仍然在寓所举办圣诞晚宴，邀请了史良等朋友和工作人员，还为大家放映了电影。大家都说，当时她特别兴奋，而且显得非常年轻。

她喜欢给朋友们寄送圣诞卡，甚至还亲手制作，在贺卡上画上蜡烛等图案。春天，她自己染彩蛋，和保姆一起把蛋藏到花园的各个角落，然后让孩子们去寻找。找到后，彩蛋就成为孩子们的奖品，快乐则是宋庆龄的收获。她安坐着，笑着，看着欢天喜地的孩子们，就像一位慈祥的祖母。

1966年4月10日，在写给老朋友黎照寰的信中，她对这些自小养成的习惯做出了说明："我们现在在每年清明节染彩蛋是因为孩子们喜欢把彩蛋藏起来，再去找出来，与宗教或复活节无关，就像我在圣诞节不带任何宗教意味地放松一下一样。"

基督教留给宋庆龄的遗产中，最重要的是"博爱"的理念。1978年接受日本学者仁木富美子访问时，宋庆龄曾直言不讳地说："在我的头脑中，还残留着《圣经》的博爱思想。"

从基督教教义中接受到的博爱思想，影响了宋庆龄的一生。

博爱的思想在中国的传统文化中是存在的，例如儒家的"仁爱"，但其明显地带有自上而下施与的意味。博爱则基于"生而平等""人人平等"的理念，所以含义更为明确，也更容易被公众接受。

* 宋庆龄手绘的圣诞卡

* 孙中山题写的"博爱"

* 宋庆龄保存的带有孙中山"博爱"题字的剪报

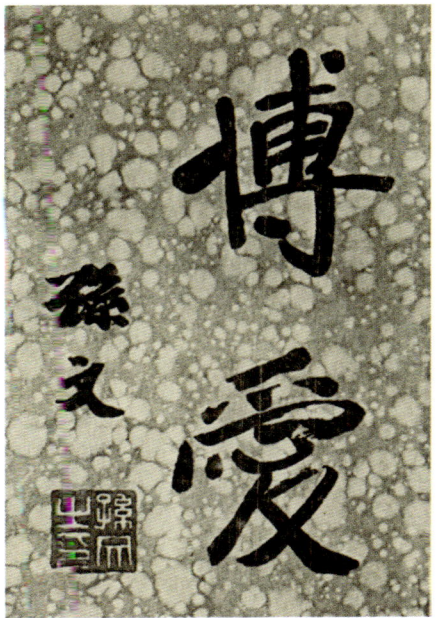

1912年，十九岁的宋庆龄在美国威斯里安女子学院校刊上发表了《二十世纪最伟大的事件》。其中指出："革命已给中国带来了自由和平等——每个人的两项不可剥夺的权利，为争取它们，许多高尚英勇之士献出了生命。但是博爱尚有待于争取。""缺少了兄弟情谊，自由就没有牢靠的基础；在人们还没有彼此以兄弟相待之前，真正的平等也只不过是梦想。""博爱为自由、平等两者的基础，因此20世纪的奋斗目标应该是实现这个理想。"她还特别强调："指出通向博爱之路的任务可能就落在中国这个最古老国家身上。"

对于博爱的思想，孙中山也是十分重视的。他一生中经常为人题字，题得最多的便是"博爱"二字。据中国第二历史档案馆统计，迄今为止，已搜集到的就达六十四件。有人曾问他为何不题别的文字，孙中山回答："除了博爱以外，还有比它更重要的吗？"

在对博爱的理解上，在对底层人民的关注上，宋庆龄和孙中山是完全一致的。宋庆龄不仅以博爱作为自己的理想，同时不遗余力地在实践中体现博爱的精神。不论社会发生怎样的变化，宋庆龄对民生的关注始终不改。这使她成为中国现代社会公益事业的创始人。她的实践包括两个部分：一是救济，一是福利。

在救济事业上，宋庆龄关注最贫困的人、遭遇不幸的人和最需要帮助的人。战争时期，她全力救助战争灾民。和平时期，她担任中国救济总会主席，致力于救灾、扶贫。

抗战胜利后，宋庆龄把"保卫中国同盟"改名为"中国福利基金会"，在继续全力开展救济工作的同时，开始思考建立全民福利体系的问题。1949年后，她又将"中国福利基金会"更名为"中国福利会"，把自己的工作重心彻底转向社会福利事业，着手在针对儿童和妇女的科教、卫生等方面做大量开创性、示范性的工作，并为此奋斗到生命终结。她的专注与投入，感动了所有人。"中国福利会"因此被称作是"孙夫人的事业"。

宋庆龄提出了建立全民福利体系的思想。她认为，福利的内容应包括教育、卫生、体育、文化、艺术、基本住房、劳动保险等。与救济针对少数人群不同，"福利的享受被认为是每一个人的基本权利"。福利只会越来越完善，永远没有终点。宋庆龄说：我们要通过福利工作，保证全国人民中"没有一个人在生活上感到困难"，"这样来使我们全体人民得到一种更美好和安定的生活"。

宋庆龄要求把福利救济事业办成全心全意为人民服务的事业。通过人民的互相扶助、通力合作，"保证每一个人，无论是男女老幼，都获得合理的生活、工作，适当的食物、教育，以及文化生活，一言以蔽之，就是获得一个丰富、快乐和健全的生活"。

尽管由于当时综合国力和国情所限，宋庆龄的很多设想没能实现，但自那时起六十多年的公益事业发展，印证了她的社会福利思想的正确性。

宋庆龄还是世界和平运动的领袖。她说："和平是每一块土地上每一个老百姓的希望和要求。""只有有了和平，全世界人民才能选择自己的走向繁荣的道路，然后才能建设世界使它向前迈进。"像那个时代的人们一样，她经历了太多的战争，看到了由此带来的无尽无休的苦难。她厌恶战争，一生中努力推动国内和平及各国之间的和平共处。直到逝世前一年，她还以衰病之躯宣称："战争是一个可怕的祸祟。只要我还有一口气，我就将尽我一切所能，防止再发生给人们带来苦难的战争。"

宋庆龄首先是一位政治家，她投身政治长达七十载，担任国家领导人也有三十多年。作为一个始终把推动世界和平和改善全民生活作为自己最重要任务的领袖，她是独一无二的。

1980年初，美国的诺瓦克小姐寄赠宋庆龄纪念邮票"华盛顿和孙逸仙"。2月24日，宋庆龄复函表示感谢："我有两枚这样的邮票，所以将送一枚给我国邮电部，并请他们把我丈夫手书'博爱'两字制成一种邮票，因为我们再没有像现在这样需要和平及对人类的爱。"

和孙中山一样，宋庆龄始终有着许多信奉基督教的好朋友。她对基督教有感情，但又坚持自己的观点。1966年4月1日，宋庆龄致函爱泼斯坦，详细而明确地介绍孙中山不信基督教的种种情况。她写道："孙中山明确地告诉我，他从来不信什么上帝，他也不相信传教士（他

* 作者与爱泼斯坦

们不是'伪善者'就是'受了误导'）。他这些话是在听我讲到我在美国上学时的情形时说的。我说一到星期天学生们就被赶到教堂去做礼拜，我总是躲进衣橱里，藏在衣服后面，等女舍监带着姑娘们走了之后才出来给家里写信。他听后开心地大笑着说：'所以我们两个都该进地狱啦！'"宋庆龄还写道："我见到孙中山时，他曾告诉我，他对于在《伦敦蒙难记》一书中写道：是'上帝拯救了他'，很觉遗憾。他当时是在詹姆斯·康德黎大夫和夫人的影响之下，他们是虔诚的基督徒。他们尽了最大的努力说服当时的英国外交大臣对清使馆秘密绑架孙中山的行动进行干预，救了孙的命。后来孙曾住在康德黎家，自然会受到影响。"也就是说，孙中山的这种表态并不是由衷的，而是对康德黎夫妇的尽力营救的一种感情补偿。宋庆龄还写道："有一个传布得颇广的谣言，说孙中山在弥留时要求把他葬在一处基督教公墓并由基督教会主持葬礼。这完全是假的。孔祥熙和孙科听了许多朋友的话，曾坚持要在协和医院小教堂举行一次基督教追思礼拜，借以证明孙中山不是一个布尔什维克。"在信尾，她请爱泼斯坦将这些材料补入正在起草的纪念孙中山诞辰百年演讲稿中。但在通宵不眠后，第二天凌晨四点，她再次致信爱泼斯坦修正了此前的考虑："在昨天给你的便条里，忘记提到我文章中有关宗教的部分应该略去。因为那将极大地冒犯信教人士，他们肯定将参加这次的一百周年庆祝会或纪念会。"

回顾宋庆龄的一生，可以清楚地看到基督教对她的重要影响，甚至可以说，正是这种影响造就了这位伟大的革命家。

但正如我们所看到的，宋庆龄和孙中山后来都毅然与基督教划清了界限。他们认识到基督教的局限；在实践中也深深地体会到，基督教无法在更深的层次上融入中国这片有着古老文明的土地。因此他们回归了中华文化。即使如此，不可否认的是，基督教的思想仍然是他们将中华文明进行现代转化的重要助力。

走进基督教并非走入歧途，这是宋庆龄的必经之路。走出基督教，则是她思想的升华，是她追求进步、超越自我的必然结果。

* 精诚无间同忧乐 *

* 1918年3月，孙中山与宋庆龄在广州大元帅府

为了实现"结束帝制、建立共和"的目标,孙中山自1895年开始,陆续组织了十次武装起义,但全都以失败告终。1911年的武昌起义终于成功,中国的第一个共和政权在南京成立。孙中山于1912年元旦就任中华民国临时大总统。

四十四天后,孙中山宣布辞职,让位于袁世凯。所有人都没有料到,这一举动会惹出多大的麻烦。袁世凯执掌大权后,承诺实行民主政治。但当国民党在议会选举中大胜,准备组阁的关头,他却悍然刺杀了宋教仁。"宋案"引发了革命党人的"二次革命"。由于力量悬殊,袁世凯轻而易举地镇压了这次革命,并迫使孙中山流亡日本。然而,袁世凯破坏民主的脚步并没有就此停下来。他认为,赶走了孙中山,自己就更可以为所欲为。

* 1915年12月底,袁世凯在北京称帝,改民国五年为洪宪元年。图为登基后身着皇袍的袁世凯(中)

1915年12月12日,袁世凯悍然宣布实行帝制,改中华民国为"中华帝国",改元"洪宪",准备在北京登基称帝。令他没有想到的是,孙中山推翻帝制的革命虽然不够彻底,但对民众思想意识的启蒙却是深刻的。复辟帝制,激起了全国各界的一致反对。仅仅过了十三天,以云南独立为开端,护国战争就揭开了大幕。

到了1916年3月,袁世凯已经众叛亲离,大局糜烂无法收拾。3月22日,他被迫取消帝制。

4月9日,孙中山与宋庆龄出席在日本友人田中昂家举行的"帝政取消一笑会",声讨袁世凯。

局势的变化使孙中山下决心回国发动第三次革命。4月27日,他乘船离开日本回国。5月1日,孙中山秘密抵达上海,与陈其美商议

* 1916年4月9日，孙中山等在日本友人田中昂寓所举行"帝政取消一笑会"，声讨袁世凯。前排左起：田中昂女儿、廖梦醒、田中昂夫人、宋庆龄、孙中山（孙中山前为廖承志）、何香凝、萱野长知夫人。后排：廖仲恺（左二）、胡汉民（左三）、戴季陶（左六）、田中昂（左七）

发动海军起义。这距离他离开上海辗转逃亡日本，已经过去了将近三年的时光。他住进位于法租界萨坡赛路十四号日本同志山田纯三郎的住所，这里在当时也是中华革命党的机关。由于宋庆龄负责所有的密电码，孙中山要宋庆龄也尽快回到上海。

就在宋庆龄抵达上海的前一天下午，山田纯三郎的住所里发生了一件大事。中华革命党核心人物之一的陈其美，被以帮助筹集革命经费为诱饵的两个刺客在客厅里枪杀。事后查明刺客受雇于袁世凯。孙中山遂迅速搬离了山田纯三郎的住宅。

刺杀案发生十几个小时后，孙中山到码头迎接宋庆龄，并和她一起住进了洋泾浜路五十五号一家法文日报《中法新汇报》编辑的办公室。宋庆龄曾回忆：为了安全，当时"我们不能出去，也不能探望同志们，但我穿上西式服装可以在晚上溜出去办事"。

1916年5月20日，宋庆龄致信她和孙中山的大媒人梅屋德子："我于昨日清晨抵达上海，由那位大忙人来接我。正像您知道的那样，在写作方面我要帮他很多忙，因此请原谅我这封信写得很短。"

* 宋庆龄曾经使用过的图章:"孙宋庆龄""琼英"

尽管面临着极大的危险，宋庆龄还是在信中透露出对孙中山的欣赏和爱戴。因为，"大忙人"就是那个时代"亲爱的"的含蓄表达。信后的署名也很特别。宋庆龄为自己起了一个漂亮的名字"中山琼英"。中山是夫姓，宋庆龄的祖籍海南简称"琼"，而"英"在中国文字里的含义是花。"琼英"也就是"出自海南的一朵花"。这个名字应该说是十足的浪漫。

5月27日，宋庆龄复函梅屋夫人："我将你的来信给我的丈夫看了。你知道，他很忙，比在东京时还要忙。因此，我得代他向你致谢。""他从来都无所畏惧，即使有许多密探跟踪他也是如此。""有一些事情他必须亲自处理，因为只有他才能在这艰难的年代拯救中国，使之免遭灭亡。因此，为了国家的利益和得救，我必须冒许多危险。"

宋庆龄在信中还写道："陈其美先生被刺令人可怕，但他不过是死于袁氏之手的成千上万个无辜爱国者中的一例。所见所闻都使我的心非常悲痛，但深信真理不死，我们终将看到中国会再度恢复和平与繁荣，并造福于人类。"

对于孙中山的安全，她坦言："我当然非常为他担忧，如

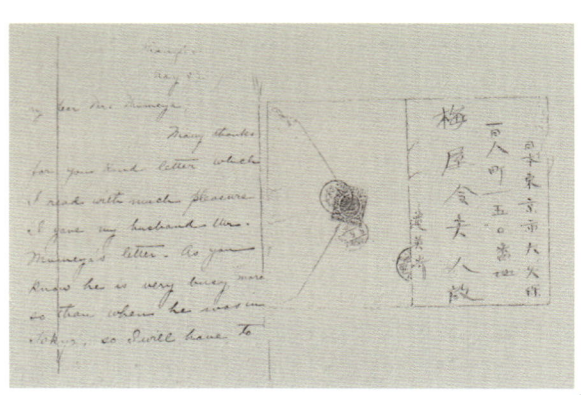

* 1916年5月27日，宋庆龄致梅屋夫人信

精诚无间同堂乐

* 孙中山与胡汉民、朱执信、陈炯明等在环龙路六十三号

果他不与我在一起，我就感到不安。"

6月6日，袁世凯病逝。噩梦并没有结束，北京的政权仍然把持在北洋军阀手中。值得庆幸的是，孙中山终于可以不必东躲西藏，他租下了环龙路六十三号作为自己的私宅。这座房子正对面的环龙路四十四号，就是中华革命党的办事处。

回到上海后的一个下午，孙中山指示林焕庭在私宅备宴，请中华革命党总部的同志赴宴。孙中山从来不在党内同志中作应酬，那天突然请客，大家都很惊讶。等到大家聚在餐桌旁，孙先生与宋庆龄走了出来。孙中山郑重地把宋庆龄介绍给各位同志，并讲述了他们恋爱结婚的经过。到此时大家才知道，这是结婚喜筵，于是一起向夫妇二人道贺。胡汉民代表大家向孙中山请示如何称呼宋庆龄。孙中山说："你们大家称呼我为先生，称她师母就行了。"胡

* 宋庆龄与宋子良在环龙路寓所

63

汉民说:"师母的称谓太普通了,不足以表达尊敬,古礼对妇女的尊称有孺人、安人、夫人,我们应该称夫人。"各位同志都拍手赞成。

中华民国建立,孙中山认为共和制度已取得胜利,希望能结束革命状态,尽快转换到国家的建设。因此,在把总统的职位让给袁世凯后,他表示要致力于民生,在十年内修筑二十万里铁路,从而接受了袁世凯授予的"筹划全国铁路全权"。然而,宋教仁被杀和袁世凯称帝的事实使他认识到,民主共和制度还远不够稳固。而在当下,维护共和是比民生建设更加重要的任务。孙中山开始考虑通过著述阐明自己的政治主张。他着手撰写《会议通则》,详细讲述如何召集会议、如何主持会议,如何发表意见展开讨论,如何形成决议。在几千年的封建帝制下,中国人只能俯首听命,根本没有发表意见的机会。所以,要实现民主就必须教会民众最基本的民主方式。1917年2月,《会议通则》完成,4月由上海中华书局出版。后来,这部书改名为《民权初步》,更加明确其目的是要使人民学会行使自己的民主权利,而这正是共和制度的基础。

作为中华民国的创始人,孙中山也在静观北洋政府的作为。对官员们的自私和在政治上的短视,他极为不满。1917年4月,宋庆龄在致梅屋庄吉的信中写道:"至于我国的政局,我想你知道,很多自私而又野心勃勃的人正竭力把中国投入欧洲大战。""很可悲的是,不少人为了微不足道的一点钱却情愿牺牲国家的命运。""我的丈夫在为中国谋求独立而耗费了全部青春以后,对某些官员的卑劣行径感触至深,那些人看重金钱、地位,胜过真理、名誉和自尊心等其他一切。"

在各帝国主义国家的支持下,总统黎元洪和国务总理段祺瑞的矛盾愈演愈烈。混乱中张勋在北京发动政变,扶持十二岁的清废帝溥仪复辟,共和制度被颠覆。段祺瑞调动军队赶走张勋,却又借机把持了政府实权,企图建立独裁统治。

《临时约法》被废弃、国会遭解散,共和制度已荡然无存。孙中山立刻做出反应,决定南下护法。他一方面联系表示愿意护法的广西、广东、云南等西南各省,一方面动员海军起义。他曾就护法与海军总长程壁光深谈；宋庆龄、何香凝也对舰队军官的夫人们做了许多政治鼓动工作，通过她们去影响这些军官。其结果是，海军第一舰队宣布起义，拥孙反段。

1917年7月6日，孙中山乘军舰离开上海前往广州。此时，由于父亲宋耀如病得不轻，而且宋美龄大学毕业，很快就要回国，宋庆龄没有与孙中山同行。8月，宋美龄与宋子文相伴回到上海，全家人拍了一张合影，这也是宋家留下的唯一的一张"全家福"。

* 1917年，宋家在上海拍摄的全家福。宋耀如、倪桂珍的六个子女依次为：宋蔼龄（二排左）、宋庆龄（二排右）、宋子文（二排中）、宋美龄（前排右）、宋子良（前排左）、宋子安（前排）

8月25日，国会非常会议在广州举行。9月1日，孙中山被非常国会选举为中华民国护法军政府海陆军大元帅。

当选大元帅之后，孙中山曾身着大元帅礼服拍过两张照片。他的帽子上竖起高耸的帽缨，肩章边缘挂着流苏，袖口上装饰着宽宽的金线绣，双手持指挥刀拄地。这是当时军人的礼服，所有的将军、总司令都有这样的标准像。拍摄这张照片显然是为了宣传。但这种夸张的服饰，使孙中山后悔了一辈子。1923年，广州政府发行纸币，需要用一张孙中山的头像，请他在送来的一批照片中挑选出一张。孙中山把

* 1917年9月10日，孙中山在广州就任中华民国护法军政府海陆军大元帅

全部照片交给了宋庆龄,对她说:"亲爱的,请挑一张你喜欢的,只要不是我穿军服的就行。"他曾表示,这是别人要自己这样做的,他后来想起来就觉得别扭。

9月10日,孙中山正式就任大元帅;15日迁入士敏土厂大元帅府办公;21日便召开军事会议讨论北伐护法。他只想尽快推翻盘踞北方的北洋军阀政府,以"真共和"来代替"假共和"。

宋庆龄何时赴广州,至今未有准确记录。有专家提出,她赶赴广州的时间有可能是在9月。

护法军政府在大元帅之下设置了两个元帅。被选为元帅的是云南军阀唐继尧和广西军阀陆荣廷,他们分别控制着滇军和桂系军队。他们虽然表示赞成护法,但实际上很担心孙中山影响他们的权力和利益。然而,考虑到孙中山既有海军及国会议员的支持,又有广大群众的拥护,他们也不敢公开反对。于是,对于被授予的元帅头衔,他们既不就职也不辞职。当时广东的实权仍在桂系手里,护法军政府无权过问。正像老百姓所讲:"军政府没有军队,军队不服从政府。"这种组合使孙中山的大元帅当得举步维艰,政令不出于府门之外。尽管孙中山迫于形势作了很多妥协、让步,但仍冲突不断。孙中山想要行使权力教训不抗命令的行为,却没有军队肯于接受命令。在忍无可忍的情况下,他竟到军舰上亲自开炮轰击了广东督军署。

1918年初,宋耀如病势加重,宋庆龄不得不只身回到上海,在病床前侍奉父亲。5月3日,宋耀如病逝。宋庆龄料理完父亲后事时,孙中山已决定返回上海,所以,她就没有再去广州。

为了剥夺孙中山那点儿徒有虚名的权力,桂系军阀贿赂了一部分国会议员。1918年5月4日,国会非常会议开会,以微弱多数决定改组护法军政府,废除大元帅制,改为七总裁制。

当天,孙中山便宣布辞职。他发出通电愤怒地指出:武人争雄是国之大患,南北军阀都是"一丘之貉"。

5月8日,孙中山致电在上海的汪精卫:"沪上我能居否?请从各方面细查详复。"5月21日,孙中山离开广州,因上海情况不明,他

绕道台湾赴日本等候消息。

6月,孙中山在日本收到宋庆龄由上海发出的电报,说:"已与法国领事交涉好,上海可以居住。"于是,孙中山启程返回上海。

事业遭遇低谷,这在孙中山的斗争经历中是经常发生的。他不怕挫折、不会气馁,而是从头再来,愈挫愈奋。然而,与以往不同的是,这次在心力交瘁的同时,他的身体也出现了状况。

6月10日,孙中山乘坐的信浸丸抵达日本门司。码头上冷冷清清,前来迎接的日本朋友只有宫崎滔天和泽村幸夫二人。据泽村幸夫回忆:"戴着淡茶色的拿破仑帽,身穿灰色的立领西服,左臂佩戴黑纱,无精打采地坐在甲板上的藤椅上面的孙先生,虽然只隔五年的光景,他前额的头发已经减少许多,胡子亦显得白多了。"

6月26日,孙中山返抵上海,百余群众到码头迎接。他们看到的孙中山俨然一副伤兵的模样。衰老和疲惫清清楚楚地写在他的脸上。他身体很弱,胃病严重时时发作;途中左眼患急性结膜炎,在京都大学医院治疗后,仍裹着绷带;左臂上的黑纱表达着他对老战友兼岳父宋耀如的悼念。对于欢迎者提出的政治上的问题,孙中山说:"此次受日医诊治,须排弃一切,加以静养,故于政治问题,徇医生之请,不欲有所审察。"

现在,孙中山最需要的是一处远离尔虞我诈的安静温馨的处所。他需要疗伤,需要贴心的抚慰。

上岸后,孙中山即登上汽车,驶向法租界莫利爱路二十九号。

* 温馨的港湾 *

* 上海莫利爱路二十九号孙中山、宋庆龄寓所外景

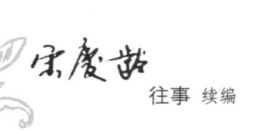

孙中山为革命奔波，浪迹天涯四海为家，一直没有属于自己的住宅。他似乎无暇考虑这件事。

　　反袁斗争结束后，孙中山租住在上海环龙路六十三号，并在对面的环龙路四十四号设立了中华革命党总部。因总部事多、人多，住房十分紧张。孙中山准备在总部附近另租一幢房子居住。他派负责庶务的林焕庭去办这件事。但奇怪的是，几次租房临到要签合同时就出现变故，不是房主突然不愿租了，就是不肯长租。经过调查发现，这是北洋政府在捣鬼。他们担心孙中山住在上海对自己造成妨碍，于是一旦发现是孙中山的部下林焕庭租房，他们就贿赂房主或经手人，想方设法要把孙中山挤出相对安全的租界。

　　为了解决这个难题，林焕庭提出从外埠汇来总部的款内划拨一笔钱，直接购买一幢房子。胡汉民赞成这个办法，便向孙中山报告。孙中山说："汇来的款只能用在革命运动上，买房子是图个人享受，不能动用。"于是，林焕庭去找廖仲恺商量办法，正赶上有华侨在廖仲恺家做客。听到林焕庭介绍的情况，这位华侨插话说："这件事必须从速解决，需要多少钱？"林焕庭说："有两三万元足够了。"这位华侨当即表示："我捐给你。"林焕庭看好了房，与房主达成了协议，不料又被北洋政府派出的侦探得知，于是通过贿赂使房主收回成议。这位华侨同志得知后十分愤怒，他不让林焕庭出面，亲自派人去看房子，看好后就直接以两万元买下来，送给孙中山作住宅。这幢房子购买时为法租界莫利爱路四十六号，此后不久门牌改成了二十九号。这是孙中山的唯一住宅，但他还没有来得及住入，就险些失去它。

　　为了反对袁世凯，各地曾组织了许多义军。袁世凯死后，孙中山决定遣散各路义军。路费由各埠总支部汇来的款项支付，但中华革命党总部必须设法维持这些人的日常膳食。林焕庭无法筹得这笔款项，只得将困难情形如实报告孙中山。为解燃眉之急，孙中山毫不犹豫地让林焕庭把自己的汽车卖掉。考虑到这部车是一位华侨送给孙中山的，属于私有财产，而且如果以后孙中山出入无车可乘，也辜负了那位侨胞的好意，林焕庭表示不能卖车。孙中山说："我已经把自己献给了革命，我所有的东西当然都可为革命贡献。他送给我车是私情，现在化私为公，并没有辜负他的本意。况且我出入不多，每月多费一笔司机的工资，也是浪费。你就照我的意思办吧。"

卖车之后，又过了一段时间，聚集在上海等着发放路费的义军大部分都已经遣散回乡，但还有美洲的数十位华侨因为路途遥远，需要费用很多，没能解决。得知这一情况，孙中山便问林焕庭到底需要多少钱。林焕庭说大约三万多元。孙中山当即表示："可以把我的住宅卖了，不足的部分与廖仲恺商量赶快筹足，送他们回美洲。"林焕庭想，孙先生的住宅不能卖，可孙先生已经决定的事他也不敢驳回。无奈中，他将此事告诉了廖仲恺。经过与南洋烟草公司总经理简照南商量，廖仲恺从南洋烟草公司借出三万元，顺利地送走了华侨同志。

莫利爱路二十九号是一幢两层带花园的欧洲乡村式建筑。总建筑面积四百多平方米。建筑物外墙饰以深灰色的鹅卵石，屋顶铺以红色鸡心瓦。主楼底层是客厅和餐厅，二层是卧室和书房。楼门外是一片绿油油的草坪。美国友人林百克曾说："这住宅并不是一所大的屋宇，不过适合中山这样的简单生活而已。"但他接着说，这是"最安适而不

* 上海莫利爱路二十九号孙中山宋庆龄寓所书房

华贵的住宅。使人不易忘记的是奇巧的阳台，下面是美丽的花园，天气晴朗的时候豁然开朗。家具大半是西式的"。一位曾经造访过孙中山夫妇的菲律宾友人的观感是："家中陈设半为中式，半为西式，惟出于孙夫人之美术的布置，颇觉中西折衷，幽美可观。客厅中置一钢琴，盖示其家主妇之雅好音乐也。孙夫人……能操英语，尤较其夫为纯熟。"

孙中山的加拿大籍副官马坤第一次来到这个住宅时，印象很深的是只有一张林肯的画像挂在书房墙上，算是唯一的装饰。林肯提出的"民有、民治、民享"，曾深刻地影响了孙中山，他也因此成了孙中山最崇敬的政治家。

7月，吴玉章代表一部分国会议员的意见，到上海恳请孙中山接受护法军政府总裁的职务。当时孙中山还在病中。他躺在床上，听到吴玉章的表述，时而愤怒，时而流泪，情绪仍不稳定。

幸运的是，规律的起居、营养的饮食、适量的运动，宋庆龄无微不至的体贴、照顾，使孙中山的健康状况渐渐好转。7月间，孙中山左眼的炎症消失。

这一年的7月26日，孙中山、宋庆龄与孙科夫人陈淑英等到霞飞路四百九十一号宋宅看望母亲倪桂珍，这也是宋耀如去世后宋家的第一次聚会。

马坤曾这样形容他在莫利爱路二十九号见到的两位主人。说到孙中山，他认为："许多中国男人在中年很少有什么变化。他看起来像四十六岁，也像六十六岁，怎么看都行。他的胡须可能白了一点……但他的眼睛里依然闪着友善的光，而且他的身材还是老样子，既没有大肚子，也不是特别瘦。"而在第一次见到宋庆龄时，她的高贵文雅和超凡的美貌，却使马坤大吃一惊。"我见了她简直不知道说什么好，只是像个孩子那样红着脸结结巴巴地说了两句话。"

很快马坤就发现，宋庆龄是孙中山"工作班子中最重要的成员"。她不仅为孙中山安排规律的生活，而且，"不管发生什么事"，她总能使孙中山"高兴和愉快"。

清晨起床后，孙中山常常和宋庆龄在花园打网球，锻炼身体。早

温馨的书香

※ 1918年7月26日，孙中山到宋宅看望岳母倪桂珍。后排左起：孙中山、宋庆龄、倪桂珍、陈淑英、宋美龄、宋蔼龄、孔祥熙；前排左起：廖承志、宋子文，后为廖梦醒

餐后就开始办公。晚餐后，大多是两人对坐读书，有时分别阅读，有时一起阅读。为了让孙中山适当休息，宋庆龄会把久坐的孙中山从书桌旁拉出来散步或打门球。每当这个时候，"工作人员都同他们一起玩"。打球时，孙中山会很放松，常和宋庆龄互相开玩笑。晚上，宋庆龄也会不时在家里放电影，让孙中山暂时放下工作。

他们的生活非常俭朴，几个人用餐，每餐也只有三四个菜，每天的菜金不超过两元。有一次唐绍仪来访，两人一直谈到了中午。孙中山留他吃饭，吩咐马湘去趣乐居买了一只卤水肥鸡。唐绍仪很快就把鸡吃完，以为还会有其他菜肴。孙中山见他还在等菜，就问马湘还有什么菜，马湘说厨房里只有咸鱼了，孙中山便叫拿上来。唐绍仪一边用咸鱼下饭，一边说："我大吃惯了，一只肥烧鸡，我一餐就可以吃完，家里只有几个人，每餐菜钱便要十元啊！"

1965年5月19日，宋庆龄在给她和孙中山共同的老朋友黎照寰的信中回忆说："那个时候，孙博士在家从来不吃西餐。他是吃素食的，

* 上海莫利爱路二十九号孙中山、宋庆龄寓所餐厅

只吃蔬菜或者鱼，甚至蛋也不吃的。我们每个月的开销从来不会超过三百元，这其中包括衣食开销。因为孙博士从来不存一分钱，所以这笔钱都是由林焕庭每月交给我的。所有有关金钱方面的事务都是由廖仲恺、林焕庭还有刘纪文经手的。刘纪文还在世，可以证明上面讲的这些情况。"接下来，宋庆龄又讲了一件小事："有一次，孙博士要去广州，我看到他的鞋子太旧了，我就买了两双鞋子让他带上。他不赞同我的做法，说：'我只有一双腿，干吗要买两双鞋子呢？！'"这个细节生动地表现出孙中山克己、节俭的美德。

然而，即使是这样节俭的生活，也是在勉强维持。1919年冬，孙宅的庶务林焕庭曾对人诉苦说："近两年孙先生生活甚窘，特别是这几个月几乎日用亦难，我只好从困难中设法解决，不敢直告先生，以免增加他精神上的烦忧。"

虽然物质生活并不富裕，但在宋庆龄的照顾下，孙中山心情愉快，身体情况看来很好。多年困扰他的颇为严重的胃病也已痊愈。他说："我感觉非常良好。我过去从来没有过这样的感觉，这是最近两年的事。"

当然，这个时期孙中山和宋庆龄在上海家中所过的并不只是温暖的家庭生活，他们的主要精力都放在读书和工作上。

温馨的港湾

孙中山与宋庆龄的共同特点是嗜书如命。有一次，他们偕同马湘去福州路棋盘街选购了一大堆书，因为太重没法背回家。孙中山没有自己的车，只好同意马湘的提议雇了一辆马车。可是孙中山带的钱已经买书用尽，宋庆龄身上也没有钱，最后只得借马湘身上仅有的四角钱付了车费。

孙中山藏有很多书，他曾对日本友人说："余一生嗜好，除革命外惟读书而已。余一日不读书，即不能生活。"不论在什么环境条件下，人们对他的印象都是手不释卷。曾经长期追随在他身边的罗翼群说："先生很喜研究各种海陆地图，每因著作需要，常命我代为收集购买。先生对地理特别是对中国地理极为熟悉，所以在他著《建国方略》时，提出了修建全国铁路二十万里、公路百万里的伟大理想，以及疏导黄河、治理淮河的水利工程与如何建设各个大港等等一套完整的实业计划。从这一计划中可以看到中山先生对祖国地理了如指掌。又在这一点上可以看到中山先生的学问，不独是广博而且是专精的。而其所以博而且精，则是由好学不倦所获致的。"

一位日本人曾评价说："孙先生的读万卷书，是为了对于中国革命这个习题提出万全的答案。换句话说，他确信中国革命之将有今日，更为革命后中国民族的前途着想，而在做一切的准备而已。是则以中

* 宋庆龄珍藏的1918年孙中山摄于上海的原版照片

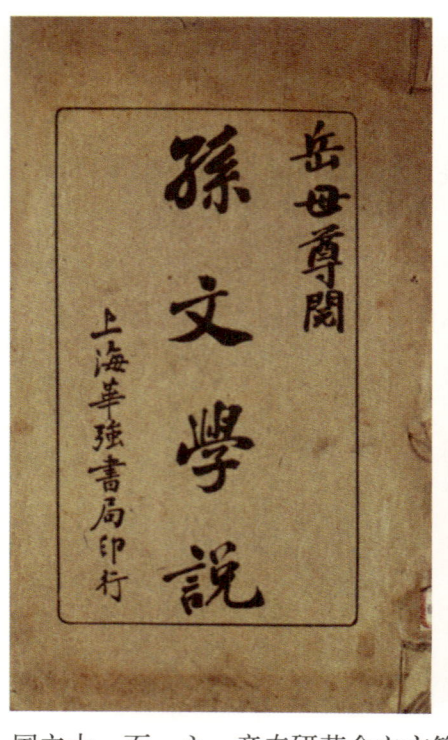

* 左：孙中山题赠倪桂珍的《孙文学说》

* 右：孙中山赠给宋庆龄的《孙文学说》，封面上题"献给爱妻，孙逸仙，1919年6月6日，上海"

国之大，而一心一意专研革命之方策者，恐怕只有孙逸仙一人。"

如其所说，在上海期间，孙中山"闭门著书，不理外事"，在短短的不到两年时间里完成了《孙文学说》和《实业计划》两部重要著作，宋庆龄则在其中担当了资料员、抄稿员和翻译的繁重任务。

孙中山自己也很看重这两部书。1919年6月5日《孙文学说》出版，第二天他就题签赠送给妻子和岳母各一册，以表达对宋庆龄的感谢和对宋耀如的怀念。

孙中山在上海著书时，林百克担任了他的法律顾问，并进而成为他的崇拜者。为了真实地反映孙中山的斗争经历，林百克开始撰写《孙逸仙传记》。经过他的多次争取，孙中山终于同意口述自己的经历，从而使这本书更加真实可信。宋庆龄支持林百克的撰写，并为他提供了不少珍贵照片。书稿完成后，宋庆龄发现其中缺少孙中山早期的照片。1920年1月21日，她将自己收集到的一张孙中山十八岁时的照片寄给林百克，请他放入书中。

* 十八岁时的孙中山

* 1920年，在上海协助孙中山工作的宋庆龄

宋庆龄曾说起孙中山的作息："他通常是从早上八点开始工作直到夜里十一点，而且他也从来没有时间安排午睡。他总是专心于工作、写作、会见国民党员，或者埋首于阅读和绘制地图。一年到头最多有一次可以花一个小时和人下一次棋。他没有什么特别的嗜好。"

在著书的同时，孙中山与宋庆龄还承担了大量的党务工作。当时，他们的住宅也是革命党的另一个总部，讨论问题、请示工作的人员不断。每天还要处理大量的电报和函件，在孙中山提出答复要点后，这些电函通常由宋庆龄具体处理。

从1918年6月26日到1920年11月25日，孙中山与宋庆龄在莫利爱路二十九号居住了两年零五个月。这成为他们一生中共同在一个地方居住持续时间最长的纪录。

在此期间，国内外相继发生了两件大事。

1917年11月7日，俄国十月革命爆发，成立了列宁领导的工兵苏维埃政府。听到这一消息，孙中山和宋庆龄都十分兴奋，认为中国革命可以从中得到借鉴。在继续担任秘书处理英文函电和进行法文翻译的同时，宋庆龄又加紧学习俄文和德文，为联系苏俄作准备。

* 1919年冬，孙中山与宋庆龄在上海合影，纪念结婚四周年

1918年11月，第一次世界大战结束。1919年初巴黎和会开幕。这次会议成为帝国主义的分赃会议，决定将德国在山东的权益转交日本。作为战胜国的中国受到极大的侮辱与损害。5月4日，北京三千余名学生在天安门前集会，要求"外争国权，内惩国贼"，游行中部分学生被逮捕。得知这一消息，孙中山立即让宋庆龄代为起草了"学生无罪"的援救电报，于5月5日发给段祺瑞。孙中山还派出代表到上海复旦大学和上海学生联合会，要学生们"再大胆些进行活动"，"要设法激起怒潮来"。在此后的两个多月里，宋庆龄五次陪同孙中山，在寓所接见上海和北京的学生领袖。五四运动使孙中山清楚地看到了民众的觉悟和力量，对他日后的革命决策产生了极大的影响。

1919年10月10日，孙中山在上海将中华革命党改组为中国国民党，使他领导的党从秘密转为公开，为在日后的国民革命中更好地发动群众，打下了组织基础。

* 相伴最后旅程 *

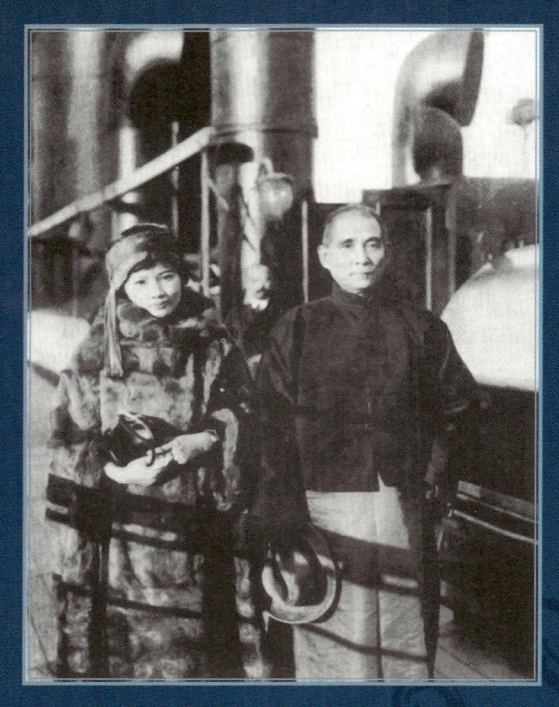

* 1924年11月30日，孙中山与宋庆龄在由神户驶往天津的轮船上

* 1924年11月14日，孙中山、宋庆龄在北上的轮船上

1924年11月13日上午十时许，"永丰"舰鸣号起锚，孙中山、宋庆龄及随行人员启程北上。下午三时"永丰"舰抵达黄埔，孙中山再次视察了自己亲手创建并寄予殷切希望的军事学校，随后前往香港换乘日轮"春阳丸"赴上海。

11月17日，孙中山、宋庆龄安抵上海，受到各界人士四千余人的热烈欢迎。登岸后，他们即乘汽车赴莫利爱路二十九号寓所休息。

孙中山提出的打倒帝国主义的主张，引起了帝国主义者的仇恨。因此，在孙中山一行抵达上海的前一天，英国的《字林西报》发表短论，公然叫嚣："上海不需要孙中山，应阻止他登岸。"提出不让孙中山住在租界之内。英国的《大陆报》更加露骨地说："要驱逐孙中山出上海"；"绝不要理睬孙中山所提出的废除不平等条约的要求"等等。孙中山非常愤怒，他义正辞严地说："上海为中国之领土，吾人分明居主人之地位。住在上海的那些外国人，都是客人。主人在自己的领土之内，无论干什么，客人完全不能干涉。""中国现在祸乱的根本，就是在军阀和那援助军阀的帝国主义者。""第一点就要打破军阀。第二点就要打破援助军阀的帝国主义者。打破了这两个东西，中国才可以和平统一，才可以长治久安！"

上海各界对孙中山、宋庆龄的到来反应热烈。各欢迎团体代表陆

* 1924年11月17日，孙中山、宋庆龄在上海莫里爱路二十九号接待来访者

续到莫利爱路寓所表示敬意。孙中山、宋庆龄与他们一一握手。大陆、孔雀两影片公司派演员为孙中山、宋庆龄唱英语祝福歌，并为他们拍摄了新闻影片。

孙中山与宋庆龄在莫利爱路寓所住了五个晚上。11月22日清晨，孙、宋及随同卫士由莫利爱路寓所乘车至汇山码头，登上了开往日本的"上海丸"。

11月24日下午，孙中山、宋庆龄抵达神户，住进东方旅馆。当时在日本学习炮兵的高仁绂与同学一起到东方旅馆去见孙中山和宋庆龄。在交谈中，孙中山对他们说："参加革命救国，不能置财产。有了财产，对革命就动摇了。你们东三省张作相督办，是不能革命的，他是大地主。你们黑龙江督办，也是不能革命的，因他也是大地主。你们当军官要守法。拿破仑曾说过：军人以守法为本。军人不守法，老百姓一定要受痛苦。""作革命救国事业，不能拿革命工作换取个人的利益，不能拿革命任务换取个人的政治地位。"

李烈钧告诉他们：总统此次不坐中国轮船直接由上海到天津，是恐怕中途遭到军阀海军袭击，才从日本神户转赴天津的。

11月28日下午一时，孙中山、宋庆龄离开旅馆来到神户高等女

* 孙中山、宋庆龄在日本神户与前来欢迎的日本朋友合影。前排左起：山田夫人、宋庆龄、孙中山；后排左起：山田纯三郎、宫崎龙介、萱野长知、宫崎震作、岛田经一、戴季陶、菊池良一

校。在座无虚席的大礼堂中，孙中山首先作了简短的讲话，然后由宋庆龄用英语发表关于妇女解放问题的演说。

作为一个已经在孙中山身边工作了十年的成熟的革命者，这却是宋庆龄第一次独立发表演说。宋庆龄一针见血地指出："妇女地位是一个民族发展的尺度。当今世界上，只有意识到这点的民族，才能称其为伟大的民族。"她将"反对妇女参与公共事务"的社会传统观念，斥为"歧视妇女的古老围墙"，号召人们起来"推倒"它。当宋庆龄发表这篇演说时，孙中山就坐在她的身后。

由于涌来的听众太多，孙中山建议："如果邻邦诸君对我的东亚政局问题有兴趣的话，今天可以再作一场讲演。"于是，学校临时将风雨操场辟为第二会场。孙中山在那里发表了《大亚洲主义》问题的演讲。他指出："我们讲大亚洲主义的问题……就是为亚洲受痛苦的民族要怎么样才可以抵抗欧洲强盛民族的问题。简而言之，就是要为被压迫的民族来打不平的问题。"演说结束后，在场的三千多位听众长时间脱帽欢呼。

11月30日晨，孙中山、宋庆龄结束在日本神户的访问，登上"北岭丸"赴天津，几千人到码头送行。由于在神户稍获休息并得以欢叙旧情，孙中山看起来身体和精神都很好。孙中山着长袍马褂在左，孙夫人宋庆龄着灰鼠外衣，戴灰鼠皮帽，穿黑皮鞋在右，共立在甲板上，向欢送人群致意。没有想到的是，在前往天津的海船上，孙中山的肝病再次严重发作。

12月4日，孙中山、宋庆龄乘坐的"北岭丸"在天津法租界利昌码头下锚，两万多热情的天津民众站在码头上迎接。孙中山脱帽向群众致意。经过几天的颠簸，孙中山的脸色非常难看，宋庆龄也显得忧心忡忡。之后，孙中山、宋庆龄乘马车到日租界的张园下榻。宋庆龄在给朋友的信中说,张园十分奢华和美丽。但她接下去的一句话是："在上海我们小小的两层楼住宅里，我们感到最为快乐。"

与民众的热情相反，当时同意迎请孙中山北上主持大计的段祺瑞和张作霖，很不愿意看到他真的出现在眼前。他们一个出任"中华民

* 1924年12月4日，孙中山与来访者在天津张园

国临时执政"，以国家元首自居；一个调大军强驻关内各地，以拥有实力自恃。抵达天津的当天下午，孙中山就前往曹家花园拜访张作霖。张作霖对他的态度却极为冷淡。

12月5日上午，孙中山与宋庆龄前往英租界拜访前总统黎元洪。宋庆龄在给朋友的信中描述了这次做客的所见与感受：

"前天我作为贵宾应邀到前总统黎元洪家里，我的丈夫也出席了。宴会设在他的私人戏院的舞厅里，这是一所豪华的建筑，共花了他八十万元。宴会上一支由五十位身穿天鹅绒制服的人组成的管弦乐队在奏乐。这是我生平第一次用金刀、金叉和金匙用餐。前总统告诉我，这是特别从英国定制的。餐桌上是插在金花瓶中的异国花卉以及水果。他们非常成功地炫耀了他们的财富，他妻子所戴的钻石一定价值连城。他们所住的庭园包括八幢房子（大楼），全部由黎家居住。他们有两个儿子两个女儿。大女儿在韦尔斯利女子学院上学。我最惊奇的是听他们说这个和那个值多少钱。可怜的人们，我为他们感到难过，当他们门外拥挤着这样多苦难和贫困的老百姓时，如此的奢侈和浪费令人厌恶。"

言语中，宋庆龄对黎元洪的炫富充满了讽刺和鄙视。

孙中山的生活是极其简朴的，他被人们称为"平民革命家"。孙中

山和宋庆龄始终把自己看作普通百姓，而且总是用关切的眼光注视着最底层的人们。这种观念已经渗透到他们的灵魂深处，并被他们坚守了一生。

由于肝病发作，医生要孙中山卧床休息。但显然，宋庆龄并没有把丈夫的病情估计得很严重。12月10日，她在给同学阿莉的信中写道："在处理完一些国家大事后，我丈夫将到国外去旅行，也许在春天。我肯定我们会去美国，希望能多次见到你。"

12月18日，孙中山在病榻上接见了段祺瑞的代表许世英。当得知段祺瑞要"外崇国信"和召开"善后会议"时，他极为愤慨。孙中山厉声斥责道："我在外面要废除那些不平等条约，你们在北京，偏偏要尊重那些不平等条约，这是什么道理呢？！你们要升官发财，怕那些外国人，要尊重他们，为什么还来欢迎我呢？"许世英劝他不要太过"激烈"，免得惹恼了东交民巷的"洋大人"，引起帝国主义的干涉。孙中山气愤地回答："假如不打倒帝国主义，我就不革命了！"由于动怒，孙中山的病情更加严重。但为了践行承诺，他还是决定抱病入京。

12月31日，古老的北京天低云暗、朔风凛冽。京畿警卫总司令鹿钟麟来到前门车站，他的眼前是早已挤得水泄不通的学生、教职员和群众。许多人手里拿着小旗，上写："首倡三民主义，开创民国元勋，中国革命领袖孙中山先生。"有两条大标语，一条写着："欢迎民国元勋革命领袖孙中山先生。"一条写着："北京各团体联合会欢迎孙中山先生。"北京各界二百余团体约三万余人聚集在这里。学生们还散发了二百多万份传单。

为了保证孙中山的安全，鹿钟麟到了永定门车站。火车一进站，他就急忙登上孙先生乘坐的车厢。鹿钟麟看到孙中山躺在卧铺上，面容憔悴，健康情况已是很差。可是枕旁放着书，孙中山手里还拿着书在看。鹿钟麟告诉孙中山，前门车站人太多，为了安全起见，请他在永定门站下车。孙中山当即表示："在永定门下车，那可使不得的。我的抱负是什么？你当然是了解的，我是为学生为民众而来的，我不能只为个人打算，而辜负了学生和民众对我的这番热情，请不必担心，我要在前门车站下车,学生和民众即使挤着我也是不要紧的。"

当火车开进前门东车站时,站在月台上的黑压压的欢迎人群,立即就自发地把秩序维持好了。每个人都严肃恭敬地站在那里,没有一个人乱动,也没有一个人随便说话,只听到欢迎人群挥动着的数不清的红绿色小旗在风中瑟瑟地响。孙中山从卧铺起身,在随行人员的维护下走出火车。下车前,孙中山命随从人员向欢迎者散发了所携带的《入京启事》。他在其中表示:"此来不是为争地位,不是为争权利,是特来与诸君救国的。"孙中山经过欢迎的行列,含笑着答谢,和学生、民众见了面,谈了话,随后同宋庆龄乘汽车直赴北京饭店五〇六号房下榻。随行人员则进驻段祺瑞执政府预备的行辕——铁狮子胡同十一号。

* 铁狮子胡同十一号行辕

在北京饭店,数位外国医生为孙中山诊治,但均不见效。孙中山的病情迅速加重。1月26日,宋庆龄陪同孙中山由北京饭店移住协和医院。据当时接孙中山入院的护士回忆,当她进入房间时,只见孙中山躺在床上,"面部呈重度的黄疸,疲瘦无力,看了令人难过。孙夫人宋庆龄女士在一旁殷勤服侍"。当日下午施行手术,确诊为肝癌,而且已到晚期无法救治,医生只得将刀口重新缝合。此后,虽然试用了放射治疗,但毫无疗效。

孙中山病势沉重,宋庆龄心急如焚。1月30日,孙中山体温正常,

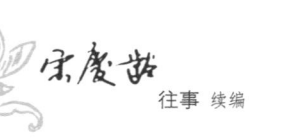

精神尚好。他安慰宋庆龄说："我的确得了病，医生也确实拿我的病没办法，但是我所以能支持自己的身体，过去就不是完全靠着治疗，而是靠我自身的勇气。我相信我的勇气一定会最终战胜这个病，肯定不会有危险的。"

2月18日，在宋庆龄的陪护下，急救车将孙中山送到铁狮子胡同十一号（今地安门东大街二十六号），改由中医治疗。孙中山以超人的毅力抑制着病痛，每天仍坚持阅读报纸。后来自己不能阅读了，就由宋庆龄念给他听。

孙中山吃不了什么东西，护士何芬按照医生嘱咐，每天喂水果罐头汁给他喝。孙中山问："水果呢？"何芬告诉他，送到厨房做点心去了。他听罢笑着说："好，不要糟蹋了。"

孙中山病情日趋恶化，群医束手。国民党人商议预备遗嘱，待病危时再请病人签字。2月24日下午三时，汪精卫、张继、李烈钧、何香凝、孙科、宋子文、孔祥熙等受大家的委托，到孙中山病榻前请示遗嘱。孙中山口授《国事遗嘱》和《家事遗嘱》，并由汪精卫笔录；《致苏联遗书》则以英文口授，由陈友仁等笔录。

这三份遗嘱，原准备当场签署，但孙中山听到宋庆龄哭声哀痛，担心她受不了这一刺激，决定暂缓几天。

在丈夫病榻前，宋庆龄日夜侍病，几乎没有正常睡过觉。有时见孙中山睡着了，她才靠在沙发上合合眼。孙中山一醒来，她立刻侍奉汤水。何香凝曾说："在先生病榻之旁，三月未离一步，衣不解带，食不知味，以先生之精神为精神，使吾人永念不忘者，则为孙夫人。夫人之精神与劳苦，为吾辈所当敬爱。"

3月11日上午八时，在病床边守护的何香凝，见孙中山的瞳孔开始放大，赶紧出来对汪精卫说："孙先生的眼睛已开始散光了。"催他拿遗嘱来签字。何香凝、宋子文把情况对宋庆龄作了说明。宋庆龄非常理智，深知立遗嘱是关系国家民族的大事。她坚定地说："已经到了这个时候了，我不但不愿阻挠你们，我还要帮助你们！"

孙中山病室外是一个大厅，陪伴孙中山的同志们平时就在这里休

* 孙中山签署遗嘱所用的钢笔

息。宋庆龄走出来告诉大家：总理要签遗嘱了。大家站在病室门外，宋庆龄转回身，帮助孙中山抬起手腕，用钢笔在遗嘱上签字。虽然腕力已经很弱，但"孙文，3月11日补签"这几个字写得非常清楚。汪精卫随即在笔记者下签名。在场的其他人员宋子文、邵元冲、戴恩赛、孙科、吴敬恒、何香凝、孔祥熙、戴季陶、邹鲁等九人，则作为证明者签名。孙中山签完国事、家事遗嘱后，英文秘书陈友仁拿出《致苏联遗书》，由宋子文念了一遍，孙中山听罢，用英文签上了自己的名字：Sun Yat-sen。随后，证明人顺序用中、英文署名。

孙中山神情安详，当他在遗嘱上签完字，护士上前移去炕桌时，他和蔼地对护士说："谢谢你，你的工作快完了。"周围的人闻言不禁失声痛哭，夫人宋庆龄更是悲痛至极。

《国事遗嘱》全文为：

　　余致力国民革命凡四十年，其目的在求中国之自由平等。积四十年之经验，深知欲达到此目的，必须唤起民众及联合世界上以平等待我之民族，共同奋斗。

　　现在革命尚未成功，凡我同志，务须依照余所著《建国方略》《建国大纲》《三民主义》及《第一次全国代表大会宣言》，继续努力，以求贯彻。最近主张开国民会议及废除不平等条约，尤须于最短期间促其实现，是所至嘱！

《家事遗嘱》全文为：

　　余因尽瘁国事，不治家产。其所遗之书籍、衣物、住宅等，

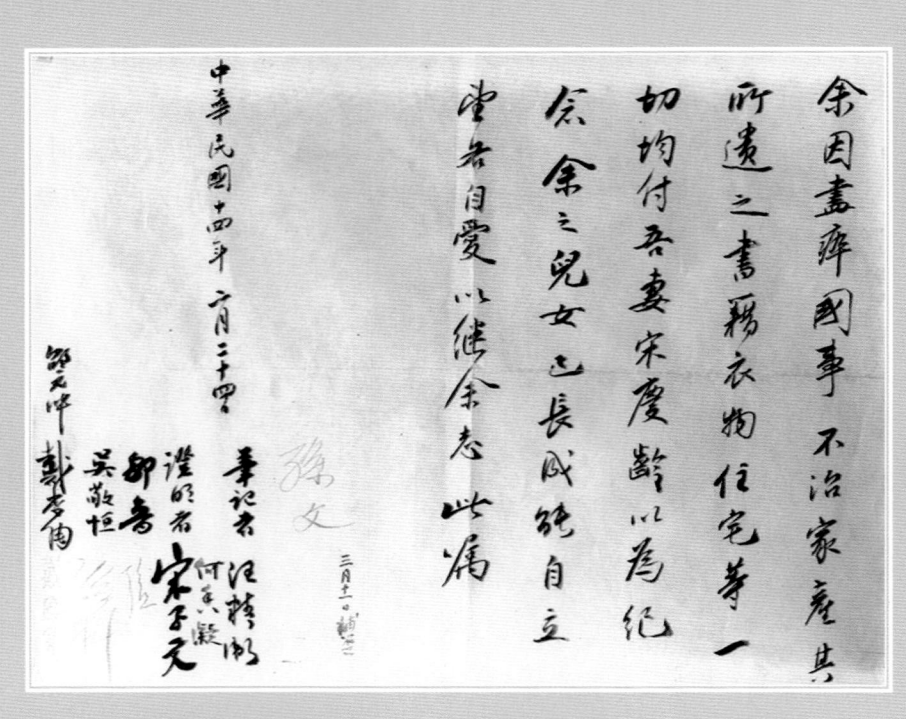

余致力國民革命凡四十年其目的在求中國之自由平等積四十年之經驗深知欲達到此目的必須喚起民眾及聯合世界上以平等待我之民族共同奮鬥現在革命尚未成功凡我同志務須依照余所著建國方畧建國大綱三民主義及第一次全國代表大會宣言繼續努力以求貫徹最近主張開國民會議及廢除不平等條約尤須於最短期間促其實現是所至囑

中華民國十四年二月二十日

筆記者 汪精衛
證明者 宋子文 戴季陶 吳敬恆 何香凝 鄒魯

孫文

* 孫中山《國事遺囑》

余因盡瘁國事不治家產其所遺之書籍衣物住宅等一切均付吾妻宋慶齡以為紀念余之兒女已長成能自立望各自愛以繼余志此囑

中華民國十四年二月二十日

筆記者 汪精衛
證明者 宋子文 戴季陶 吳敬恆 何香凝 鄒魯

孫文

* 孫中山《家事遺囑》

PEKING, CHINA.

TO THE CENTRAL EXECUTIVE COMMITTEE OF
THE UNION OF SOVIET SOCIALIST REPUBLICS:

MY DEAR COMRADES,

  AS I LIE HERE, WITH A MALADY THAT IS BEYOND MEN'S SKILL, MY THOUGHTS TURN TO YOU AND TO THE FUTURE OF MY PARTY AND MY COUNTRY.

  YOU ARE THE HEAD OF A UNION OF FREE REPUBLICS WHICH IS THE REAL HERITAGE THAT THE IMMORTAL LENIN HAS LEFT TO THE WORLD OF THE OPPRESSED PEOPLES. THROUGH THIS HERITAGE, THE VICTIMS OF IMPERIALISM ARE DESTINED TO SECURE THEIR FREEDOM AND DELIVERANCE FROM AN INTERNATIONAL SYSTEM WHOSE FOUNDATIONS LIE IN ANCIENT SLAVERIES AND WARS AND INJUSTICES.

  I AM LEAVING BEHIND ME A PARTY WHICH I HAD HOPED WOULD BE ASSOCIATED WITH ... WORK OF COMPLETELY LIBERATING CHINA ... COUNTRIES FROM THIS IMPERIALIST S... THAT I MUST LEAVE THE TASK UNFINI... THOSE WHO BY REMAINING TRUE TO T... INGS OF THE PARTY, WILL CONSTITUTE...

  I HAVE THEREFORE ... TO CARRY ON THE WORK OF THE NATIO... MENT IN ORDER THAT CHINA MAY BE F... STATUS WHICH IMPERIALISM HAS IMPOS...

I HAVE CHARGED THE PARTY TO KEEP IN CONSTANT TOUCH WITH YOU; AND I LOOK WITH CONFIDENCE TO THE CONTINUANCE OF THE SUPPORT THAT YOUR GOVERNMENT HAS HERETOFORE EXTENDED TO MY PARTY.

  IN BIDDING FAREWELL TO YOU, DEAR COMRADES, I WISH TO EXPRESS THE FERVENT HOPE THAT THE DAY MAY SOON DAWN WHEN THE U.S.S.R. WILL GREET, AS A FRIEND AND ALLY, A STRONG AND INDEPENDENT CHINA AND THAT THE TWO ALLIES MAY TOGETHER ADVANCE TO VICTORY IN THE GREAT STRUGGLE FOR THE LIBERATION OF THE OPPRESSED PEOPLES OF THE WORLD.

  WITH FRATERNAL GREETINGS,

Sun Yat-sen

Signed on March 11th, 1925, in the presence of:

T.V.Soong 宋子文
Wang Ching Wei 汪精卫
何香凝
Sun Fo 孙科
Tai En Tai 戴恩赛
Tsou Lu 邹鲁
Huang Hui Lung 孔祥熙

* 孙中山《致苏联遗书》

一切均付吾妻宋庆龄,以为纪念。余之儿女已长成,能自立,望各自爱,以继余志。此嘱。

《致苏联遗书》全文为:

苏维埃社会主义共和国大联合中央执行委员会亲爱的同志:

我在此身患不治之症,我的心念此时转向于你们,转向于我党及我国的将来。

你们是自由的共和国大联合之首领。此自由的共和国大联合,是不朽的列宁遗与被压迫民族的世界之真遗产。帝国主义下的难民,将藉此以保卫其自由,从以古代奴役战争偏私为基础之国际制度中谋解放。

我遗下的是国民党。我希望国民党在完成其由帝国主义制度解放中国及其他被侵略国之历史的工作中,与你们合力共作。命运使我必须放下我未竟之业,移交与彼谨守国民党主义与教训而组织我真正同志之人。故我已嘱咐国民党进行民族革命运动之工作,俾中国可免帝国主义加诸中国的半殖民地状况之羁缚。为达到此项目的起见,我已命国民党长此继续与你们提携。我深信,你们政府亦必继续前此予我国之援助。

亲爱的同志,当此与你们诀别之际,我愿表示我热烈的希望,希望不久即将破晓,斯时苏联以良友及盟国而欢迎强盛独立之中国,两国在争世界被压迫民族自由之大战中,携手并进,以取得胜利。

谨以兄弟之谊,祝你们平安!

孙中山把十二岁的孙子治平叫到床边,慈祥地对他说:"爷爷这会儿身体不好,起不了床,等稍好一点,再跟你玩儿。"

下午,孙中山让李荣抱头,马湘捧脚,将他放到地下。宋庆龄赶忙上前用英语问道:"亲爱的,你要做什么?"他答:"我要在地上躺

相伴最后哀荣

《总理遗嘱》(油画，全山石作)

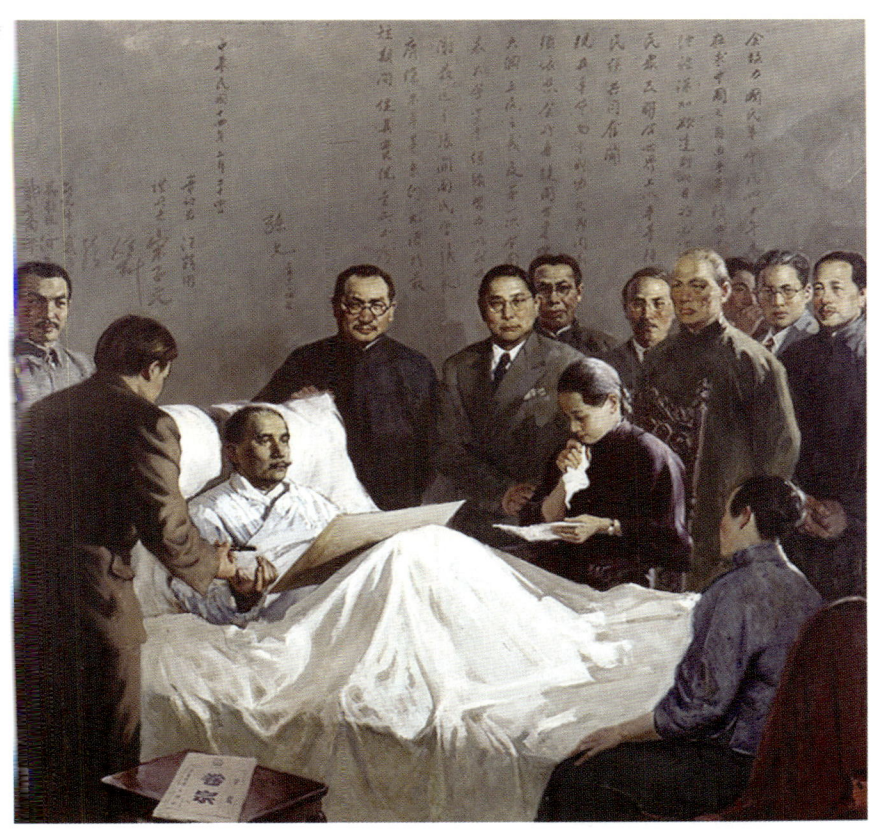

一躺。"宋庆龄说："地下太凉。"他说："我不怕冷，最好有冰更好。"听到孙中山的胡话，宋庆龄哭了起来。孙中山说："Darling，你不用伤心，我所有的都是你的。"宋庆龄说："我一切都不爱，所爱的只有你。"她一边说，一边泪如雨下。

精神好些时，孙中山又与宋庆龄谈话，安排自己的后事。他说，死后"愿照其友列宁之办法，以防腐药品保存其骸，纳诸棺内"，遗体"可葬于南京紫金山麓，因南京为临时政府成立之地，所以不可忘辛亥革命也"。他握着宋庆龄的手，向妻子告别，宋庆龄哭得抬不起头，在场的其他人也都流泪不止。

临危之际，孙中山连呼"廖仲恺夫人。"何香凝听到呼唤，忙与宋庆龄一同走到病榻前。何香凝对孙中山说："我虽没有什么能力，但先生改组国民党的苦心，我是知道的，此后我誓必拥护孙先生改组国民

93

党的精神。孙先生的一切主张，也誓必遵守的。至于孙夫人，我也当然尽我的力量来爱护！"孙中山听后，握住何香凝的手说："廖仲恺夫人，我感谢你……"

晚上，孙中山把儿子孙科、女婿戴恩赛唤至床前，嘱咐他们要"顺事"夫人宋庆龄。当天夜里，孙中山还讲了许多话，或中文，或英文，反复说的就是："和平、奋斗，救中国！"在旁的宋庆龄"哭声惨切"。何香凝等一直守在身边。

3月12日清晨，孙中山已是弥留，宋庆龄握着他的右手，孙科握着他的左手，陪伴他度过了最后的时光。上午九时二十五分，孙中山的心脏停止了跳动，但他的眼睛仍然注视着宋庆龄，嘴也张着似乎还有话要说。宋庆龄用手为他合上双眼。在场的人都恸哭失声。

中午，宋庆龄与孙科、戴恩赛、宋子文等护送孙中山遗体赴协和医院施行防腐手术。手术完成后，请理发师为孙中山整发修容，宋庆龄"将剪下的头发用玻璃盒保存起来留作纪念"。

* 孙中山去世后，宋庆龄在他的病榻旁留影

∗ 宋庆龄、孙科及孙科之子孙治平在北京铁狮子胡同行辕为孙中山守灵

∗ 1925年4月2日，孙中山灵柩移厝西山碧云寺前孙中山家属在北京中央公园（今中山公园）社稷坛大殿灵堂合影。左起宋蔼龄、宋庆龄、孙治强、孔令仪、孙治平、宋庆龄、戴恩赛、孙科、宋子文、孔祥熙

* 孙中山的灵车经过北京街道，沿途都是自发送别的群众

* 孙中山的灵柩移往中央公园社稷坛

3月15日上午十时，宋庆龄偕孙科、戴恩赛、宋子文前往协和医院。孙中山入殓时，四人抚尸大哭。宋庆龄更是悲痛欲绝，孙科只得叫人将她搀扶出医院，护送回铁狮子胡同行辕。

3月16日，宋庆龄致电上海孙中山寓所，叮嘱不要移动书案、座椅等器物的摆放位置，保持孙中山在世时的住宅原状。

3月19日上午十时，举行孙中山移灵大典。宋庆龄和亲属以及国民党中央领导人，护送孙中山灵柩出协和医院，经东长安街抵达中央公园，将其安放在社稷坛大殿正中。

宋庆龄乘青玻璃马车，随柩而行。当时在公园大门口执行勤务的北京女子师范大学学生陆晶清这样回忆宋庆龄："她在公园进口处下了车，头上罩着黑纱，全身丧服，穿着白珠镶边的旗袍，黑鞋黑袜黑手套。透过黑纱看到她面色苍白，紧闭着嘴，微低着头。当她由两个人搀扶着慢步朝社稷坛走去时，偌大的公园里，只听到风声和隐隐啜泣声，成百上千双泪眼直送孙夫人走进灵堂。"

灵堂上悬挂着孙中山的遗像和"有志竟成"横幅，两旁挂"革命

骨瘞紫金山靈櫬碧雲寺地維天柱永留浩氣在人間

功高華盛頓讓邁馬克斯行易知難並有名言

* 宋庆龄在碧云寺金刚宝座塔石龛前为孙中山守灵

尚未成功""同志仍须努力"的对联,棺上盖青天白日旗,四周围铜栏杆,棺前放置花篮和花圈。宋庆龄和孙科、戴恩赛、宋子文、孔祥熙、宋蔼龄、宋美龄等亲属以及国民党中央领导人相继在灵堂守灵。

从这天至4月1日下午,到中央公园吊唁孙中山的人络绎不绝,仅签名者就有七十四万余人。公祭处共收花圈七千余个,挽联五万九千余幅,横条幅五百余件。

4月2日,孙中山灵柩移往西山碧云寺暂厝。灵柩移入汽车,宋庆龄送的花圈放在棺木上。宋庆龄面盖青纱,衣黑色夹袍,着黑色鞋,守在一旁泪流不止。十一时,载着孙中山灵柩的汽车缓缓驶离中央公园。宋庆龄乘坐由两马匹拉的第一号黑车,车顶缀青球;其余家属分乘马车十辆,车顶皆缀白丧球跟在灵车之后。

灵车经西长安街、西单牌楼、西四牌楼出西直门,然后经海淀、玉泉山到西山。北京万人空巷,参加送灵到西直门的群众达三十万人,步行送灵到西山的约两万人。群众沿途高呼:"孙中山先生主义万岁!""打倒军阀!""反对帝国主义!""促成国民会议!"等口号。

孙中山灵柩被安置在寺内最高处的金刚宝座塔的石龛中。龛内悬挂一副长联。

上联是:

功高华盛顿,识迈马克斯,行易知难,并有名言传海内;

下联是:

骨瘗紫金山,灵栖碧云寺,地维天柱,永留浩气在人间。

* 绵绵不尽的思念 *

* 1927年，宋庆龄在武汉

孙中山与宋庆龄的结合，远远超出了一般意义上的爱情与婚姻。正如爱泼斯坦所说："对中国革命来说，孙中山和宋庆龄的结合是相互需要、自然而然的结果。这一婚姻基础使他们互相忠实于对方，幸福美满。婚后，他们相互关心，同甘苦共患难，直到十年后孙中山逝世，每天都在为一个共同目标而努力工作。"

在近十年的婚姻生活中，他们一起讨袁、护法、北伐；一起经历了革命的高潮和低谷；一起承受了敌人的大兵压境和队伍内部的背叛阴谋；一起面对帝国主义黑洞洞的炮口和报纸上铺天盖地的攻击与谣诼；一起面临生死一线的危难时刻；也一起享受过短暂而温馨的家庭幸福。

孙中山是宋庆龄的丈夫，也是她的导师。孙中山渊博的知识、深刻的思想、高尚的政治品格、丰富的革命经验，使宋庆龄迅速地成熟。

宋庆龄是孙中山的精神支撑和动力源泉。她澎湃的年轻活力、敏捷的前沿思想、埋头苦干的工作精神、纯熟的外语能力、卓越的文案功夫，为孙中山提供了很大帮助。

孙中山的重要著作大多出于这十年之中。宋庆龄不仅在其中承担了资料、文字整理和翻译工作，也参与讨论，提供了许多有意义的意见建议。当时曾有评论说："非夫人之才能不足以佐先生之事业，""她的辉煌的头脑，充实了她丈夫的头脑"。在孙中山的日常生活中，宋庆龄在调剂气氛和照顾饮食起居上，更是起到了不可替代的作用。

经过这十年，宋庆龄已经成为孙中山不可分割的一部分。她从来不曾设想过，没有了孙中山的生活将会怎样。

孙中山的突然离去，在感情上摧垮了宋庆龄。从保存下来的历史影像上我们可以看到，这时的宋庆龄，眼睛里充满着无奈、无助与忧伤。

孙中山在《家事遗嘱》中写道："余因尽瘁国事，不治家产。其所遗之书籍、衣物、住宅等，一切均付吾妻宋庆龄，以为纪念。"这件遗嘱的公布，激起世人的惊叹。

报纸上对此评论："近从事政事者，孰不以金钱为鹄？一县知事，一税所长，且面团团作富家翁。督军省长，又遑论乎？先生民国元勋，

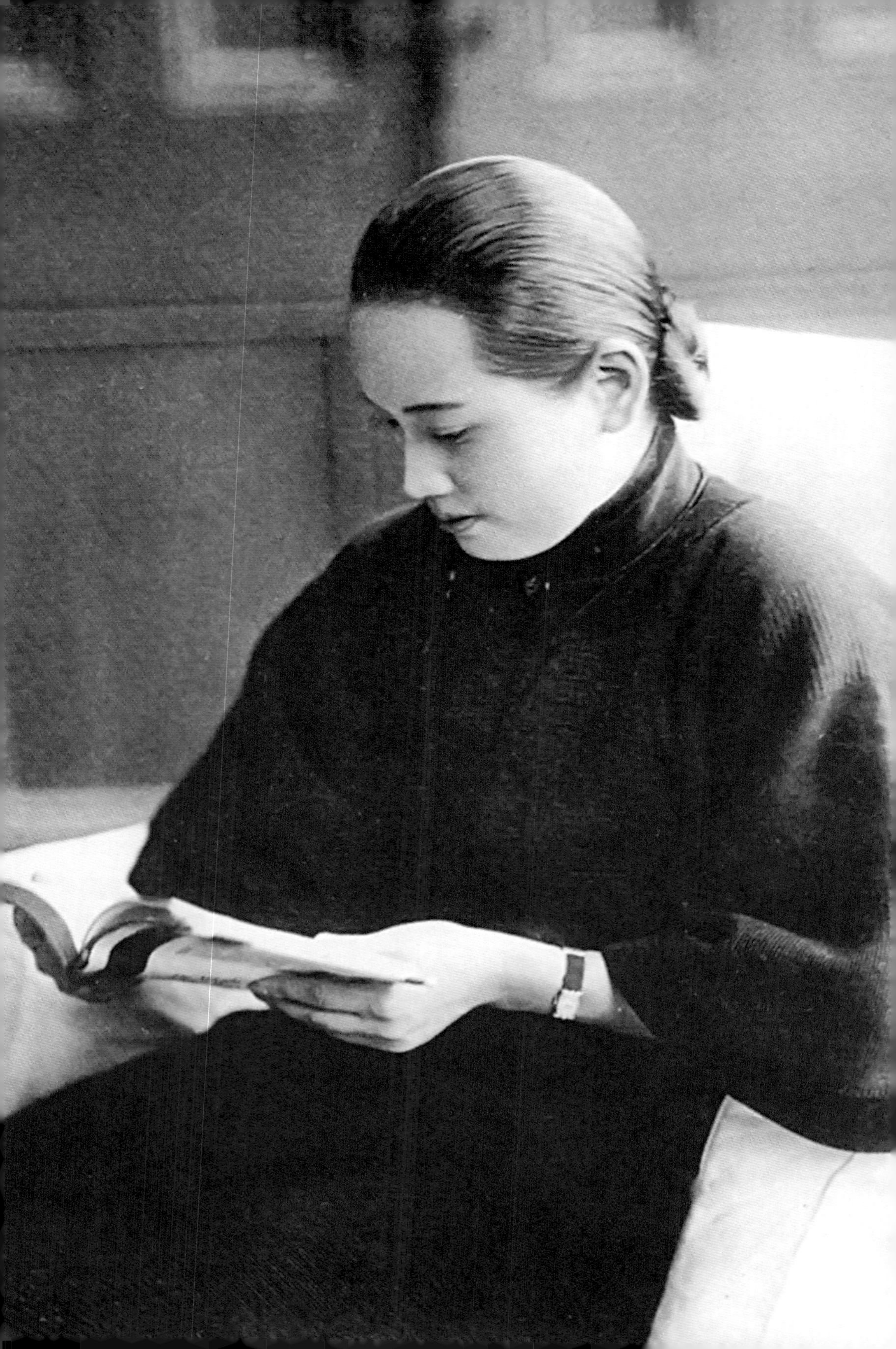

* 梳发髻，着旗袍的宋庆龄

久膺大政，设欲聚敛，宁患无术？而竟身后萧条，不名一文。"

曾在袁世凯时期做过国务总理的熊希龄也大发感慨："孙先生力行革命，四十年毫无懈怠，故能使全国人士一致钦佩，足见公道自在人心。孙先生做过大总统，仅遗留数箱破书与宋夫人，其持身清廉，非其他伟人所能及。"

看到孙中山去世后宋庆龄简朴甚至略显寒酸的生活状况，美国记者斯诺感叹道："一位中国政坛人物的遗孀的命运如此，真是奇特！在中国，如同在世界许多地方一样，政治是一种'捞一把'的玩意儿。得了肥缺的官员们在几个月里就发了大财，然后退休……住进公共租界，同上等人交游。他们的住所像宫殿，他们的老婆手上戴满了钻石和翡翠。"

孙中山担任过几乎无人可以企及的中国政界的重要职务。他是中国第一任总统，此后做过非常大总统，并两次就任军政府大元帅。按照一般人的理解，他应该是腰缠万贯、富得流油，否则很难理解他为什么要出生入死一辈子。然而，他留给宋庆龄的，却只有穿过的旧衣服和"数箱破书"。最值钱的也不过是莫利爱路的仅有五个房间的住宅。这所住宅并非他所购置，而是华侨的赠予。孙中山在这所住宅里住过三个阶段，共计两年一个月零六天。由于革命急需经费，这所住宅曾多次被孙中山抵押给银行。幸亏最终赎回，否则宋庆龄就没有了栖身之所。

在宋庆龄看来，这些都不重要。她和孙中山一样，从来没有把物质享受放在眼里。她从孙中山那里继承的遗产是尚未完成的拯救中国的革命事业。她记住了孙中山反复重申的任务：打倒军阀、打倒帝国主义，建设独立、统一、富强的中国。

宋庆龄的神情变了，服饰也变了。青少年时代的宋庆龄，穿过欧式的裙服，也经常穿中式的服装。除了小时候穿过清式的长袍以外，后来还经常穿"袄"，也就是右衽襟的中式上衣，下身配裙子。直到孙中山去世，她几乎没穿过标准意义上的旗袍。

从1925年孙中山去世起，宋庆龄改穿旗袍。此后，除在海外流亡

（1927年8月至1929年5月）时，入乡随俗地换上欧式服装外，旗袍成了她最常穿着的服装式样。在改穿旗袍的同时，她的发型也在一夜之间发生了变化。长长的乌发平整地梳向脑后，盘成一个圆圆的发髻。此后，这成为宋庆龄梳得最多的发型。这既是她对母亲的承诺，也表达了她对孙中山的怀念。

宋庆龄政治思想很开放，但在礼仪上她总是谨守传统。宋庆龄旗袍的一个显著特点就是素雅，以深色调为主。她是遗孀，不能忘记孙中山，这样的装束也是为了寄托自己的思念与悲伤。她的旗袍款式与现在社会上流行的有所不同。现在的旗袍两侧开衩很高，而当时宋庆龄穿的旗袍开衩都很低，最高的也仅及于膝盖。

1925年4月11日和21日，宋庆龄先后两次与亲属前往南京紫金山勘察孙中山墓址。陵墓的位置最后定在紫金山南坡的中茅山，距明孝陵东约三四里。

* 1925年4月21日，宋庆龄与母亲倪桂珍（左七）偕亲友马坤（左一）、何香凝（左四）、宋美龄（左八）、宋子安（左九）、宋子文（左十一）、杨杏佛（左十四）等在南京紫金山为建造孙中山陵墓选址

5月25日，上海日本资本家打死举行罢工的中国工人顾正红。5月30日，在援助罢工的游行示威中，租界的英国巡捕又悍然向群众开枪，造成"五卅惨案"。宋庆龄虽仍沉浸在悲痛中，但无法坐视。6月18日，她在《民族日报》头版头条发表题为《孙中山先生与"五卅"》

后之民族独立运动》的文章，号召民众以孙中山之主张和精神争取民族独立。她说："吾人果欲增民族历史之荣誉与所居时代之光辉乎？努力于中山先生之主张为吾人唯一之途径。"7月2日，她又在广州《民国日报》发表《为力争两广关余向英帝国主义斗争的孙先生》一文，指出："中国人之不可侮，帝国主义者武力之不足畏，先生已以身作则诏示吾人矣。"在帝国主义侵略者面前，我们应"毅然挺身以战强权，志先生之志，行先生之行"。如是，"先生有知，地下亦当含笑矣"。

6月30日，北京各界五万余人在天安门举行对英日帝国主义雪耻大会，宋庆龄特地从上海乘车抵北京。下午一时，宋庆龄出现在主席台上。她正在病中，形容憔悴，但仍坚持到大会结束。

年底，美国女记者安娜·路易斯·斯特朗在上海第一次见到宋庆龄。她对宋庆龄印象极好，说宋"是个文静、温和但果断的女性"。相识一段时间后，她又赞誉道："孙中山夫人宋庆龄是我在世界任何地方认识的最温柔最高雅的人，她身体纤细，穿着洁净的旗袍，善良而且端庄，似乎与猛烈的革命斗争不太相称。……然而革命需要她。她献身于革命，不仅因为她相信革命，也因为亿万百姓很崇拜她这个孙中山先生的遗孀。"

* 孙中山陵墓奠基典礼现场发放的石印孙中山手书《大同》篇

1926年3月12日下午，孙中山先生陵墓奠基典礼在南京郊外茅山坡举行。当时天降大雨，但仍有近两万人参加。礼场设在陵基中央，墓址前方放置一个木质陵墓模型，长宽各丈余。奠基石揭幕后，宋庆龄、孙科致答谢词。这次奠基礼现场发放了石印孙中山手书《大同》篇。宋庆龄将这件石印手迹终生珍藏。

4月16日，宋庆龄写信给在美国留学时的同学阿莉："现在我的思想仍是痛苦的。面对经受的可怕损失，我的悲痛非但并未减弱，而且有增无已。"

她同时坚定地表示："我试求忘掉我自己，投身我丈夫毕生的事业，就是实现一个真正的中华民国。"在谈到去广州参加国民党代表大会的情况时，她说："每个人都那样地周到和亲切。他们使我意识到，对一个国家来说，没有无私的爱国者领导国家走出混乱是多么大的悲剧。我一定要自己尽力并鼓励他人继续我丈夫的事业！"她提出："你能否为我在最好的商店里定制一些名片？这些名片周围应有黑边。因为根据中国的习惯，这是这三年内我将使用的惟一的一种。"

其实，为了悼念孙中山，宋庆龄不仅给名片加了黑边框。2009年3月，我们在香港孙中山纪念馆举行《清菊雅石——宋庆龄文物珍品展》。当时纪念馆刚刚收集到一件宋庆龄的亲笔信，馆长让我对其真实性提出看法。我看到，这封信的每一页都有着宽宽的黑色边框。那正是这一时期宋庆龄信件的特点。

为了编辑孙中山的遗稿，宋庆龄于5月4日至7日，连续在上海《民国日报》和《申报》以个人名义发表《征集孙中山著述启事》。

1929年，中山陵竣工。5月初，宋庆龄在德国柏林发表声明："我正在回国准备参加孙逸仙博士下葬紫金山的典礼。紫金山是他希望埋骨之处。"

回到中国后，宋庆龄经哈尔滨、沈阳、天津，于5月18日下午六时八分抵达北平车站。宋庆龄由两位弟弟子良、子安陪伴，步出车站。然后，她一刻也不停留地乘上汽车，驶向西山。

抵达碧云寺，下车时，宋庆龄伤心得几乎不能前行。她由两旁随行人员搀扶，直赴灵堂。在灵前鞠躬、献花圈后，她便放声大哭。宋庆龄示意卫士揭开棺木上覆盖的国旗。众人扶她登上石龛。宋庆龄一边上台阶，一边呼唤孙中山："总理！我在这里，你到哪里去了？"然后扶棺大号，泪珠滴落在玻璃棺盖上。

5月22日上午，孙中山遗体改敛铜棺。宋庆龄由宋子安搀扶，因

* 易铜棺前，孙中山的遗体更换大礼服后的遗容

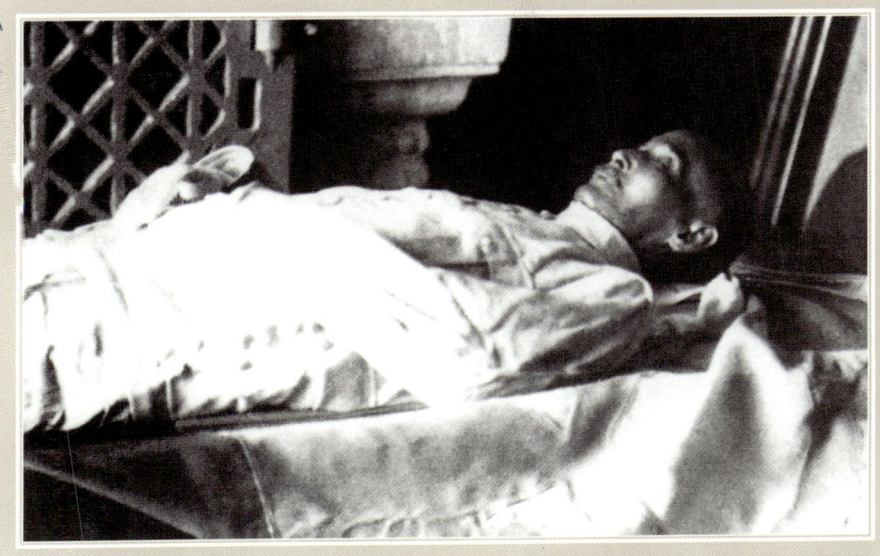

* 美国运送的铜棺与改殓后的楠木棺

* 1929年5月17日，宋庆龄抵达沈阳，张学良夫人于凤至（前左）到车站迎接

* 1929年5月28日，宋庆龄、宋子安、宋美龄、蒋介石、宋子文等由南京浦口车站向江边行进，迎接孙中山灵榇

* 香山碧云寺的孙中山先生衣冠冢

不愿被拍照，宋子良为她撑起伞挡住脸部。宋庆龄身穿青布旗袍，头发向后做成发髻，一言不发，默默流泪。进入祭堂后，看到孙中山遗体，她便又痛哭不止。改殓后，孙中山原用的衣帽被重新放回原棺，封入碧云寺金刚宝座塔下的衣冠冢中。

5月26日，宋庆龄与亲属参加在碧云寺举行的孙中山移灵仪式，护送孙中山灵榇到北平火车站，然后随灵车南下，28日抵南京。

5月31日下午行封棺礼，宋庆龄再次到灵前瞻仰孙中山遗容，与丈夫作最后告别。

6月1日，奉安大典在中山陵举行。宋庆龄等家属跟随在孙中山

* 1929年6月1日，孙中山奉安大典中，灵柩移入祭堂

* 20世纪30年代鸟瞰中山陵。孙中山长眠于此

灵榇之后，登上三百九十二级石阶至祭堂。祭堂正中悬挂孙中山遗像，两旁放置四个花圈。一为宋庆龄所献，上款："中山夫子总理灵右"，下款"宋庆龄敬献"；一为孔祥熙、宋蔼龄夫妇合献；一为蒋介石、宋美龄夫妇合献；一为宋子文、宋子良、宋子安三兄弟合献。

十时十五分，孙中山灵柩奉安。随后，宋庆龄率孙科夫妇、戴恩赛夫妇等将墓门封闭。奉安大典遂告完成。

* 难以消磨的记忆 *

* 1923年，孙中山、宋庆龄在广州大元帅府

11月12日是孙中山诞辰纪念日，3月12日是孙中山逝世纪念日。每年到了这两个日子，全国各地都会举行各种纪念活动。作为孙中山的夫人，宋庆龄却从不出席。在一般人看来，这是违背常理的，为此还引出了一些谣言。实际上，宋庆龄不出席纪念活动是有原因的。

孙中山逝世后，宋庆龄曾出席过几次大会。但在会场上，只要一提到孙中山，她就控制不住自己的感情，忍不住当众哭泣。

1925年6月5日，宋庆龄出席上海各界妇女联合会成立大会。大会主席在讲话中说："如今虽然导师已经不在了，但我们民众起来了，革命尚未成功，同志仍须努力。"听到这里，宋庆龄便"含泪欲滴"。

1926年1月8日，宋庆龄出席国民党第二次全国代表大会并发表演说。一位与会的女代表回忆当时的情景说："宋庆龄走上讲台的时候，会场非常肃静。她讲到孙中山的时候就哭了。"

1926年11月12日是孙中山去世后的第一个诞辰纪念日。宋庆龄在广州出席联义特别党部举行的庆祝孙中山诞日大会。回想起与会同志过去追随孙中山出生入死为革命奔走的往事，她"不觉泣下数行"。

此后，宋庆龄就基本上不出席孙中山的纪念活动了。她知道，一想到孙中山，自己就会动容，而她又是性格内向，极容易害羞的人。于是，到了孙中山的纪念日，她就一个人待在房间里，拉上窗帘，静静地思念。熟悉宋庆龄的人，都知道她的这个习惯。

1928年早春，宋庆龄住在莫斯科大都会饭店。鲍罗廷找到与宋庆龄相识的女翻译阿基莫娃，请她陪同宋庆龄观光莫斯科。阿基莫娃马上去拜望宋庆龄，但发现她正在哭泣。见到阿基莫娃，宋庆龄强忍悲切表示感谢，请她改日再来。阿基莫娃只得迷惑不解地离开了。后来她才明白，她去找宋庆龄的那天恰好是3月12日——孙中山逝世三周年的纪念日。

1949年10月，宋庆龄在赴北京参加政协会议和开国大典后，于15日离京返沪。次日凌晨一时，她的专列抵达南京下关。上午十一时，宋庆龄偕罗叔章前往紫金山谒陵。

1950年4月1日，罗叔章奉命到上海迎接宋庆龄回北京。途经南京时，宋庆龄要求先去拜谒中山陵。刚到中山陵脚下，她就失声痛哭起来，周围陪同的人受到感染，也都禁不住潸然泪下。谈起这件事，罗叔章说："这是我与她接触中，见到她最伤心的一件事，也是我最难忘和受感动的一件事。"

* 1950年4月1日，宋庆龄前往南京拜谒中山陵

2004年，中山陵园管理局意外发现了一张这次宋庆龄谒陵的照片。照片中，宋庆龄梳着发髻，一袭深色旗袍，手捧大束鲜花，肃穆地站在中山先生墓室圆形的汉白玉栏杆前，双眼凝望中山先生棺椁上的汉白玉卧像。

《南京日报》记者从管理方获悉："自1929年6月1日孙中山归葬中山陵后，宋庆龄经常前来谒陵，但是由于她十分低调，并都以私人身份前来，所以几乎没有留下照片。"孙中山纪念馆馆长韩建国说："我们寻找了几十年，这是目前已知的唯一一张宋庆龄谒陵的照片。"因此，这张照片弥足珍贵。

1950年深秋，罗叔章陪同宋庆龄赴东北视察。11月，一行人到了大连，住在黑石礁招待所。11月12日是孙中山诞辰纪念日，罗叔章知道夫人这一天不会客、不外出，室内要拉上黑纱窗帘。因此，这一天就没有安排任何活动，一切照宋庆龄的习惯办理。

1956年是孙中山诞生九十周年。11月，宋庆龄连续给她与孙中山共同的老朋友黎照寰写信。她在信中写道：

"我恳求你，告诉那些询问关于我与孙博士共同生活情况的人，我不能接受他们的要求，因为每当我试图去回忆我与孙博士在一起的日子，我的伤口就被撕开。为这个原因，我不打算参与任何类似的纪念会议。每当人们纪念这样的日子，我却是在经历痛苦。

"关于我和孙博士的关系，那是我至死也不会忘却的，我们日复一日地一起工作，亲密无间。回忆这些事，就意味着要重新经历这些事，它深深地影响了我。请费心将这个便条销毁，我讲得很乱。很惭愧，对我所经历的，在心中留下最深切感受的事情，我却写得如此的无力。"

1966年是孙中山诞生一百周年。这一次的纪念活动，宋庆龄破例出席了。当时"文化大革命"已经爆发，一些极左的人对离世多年的孙中山也进行了负面的评价甚至攻击。宋庆龄决定亲自出面维护孙中山。为此，她精心准备了长达一万二千字的讲稿——《孙中山——坚定不移、百折不挠的革命家》。

11月12日，北京人民大会堂举行万人大会，七十三岁的宋庆龄

* 宋庆龄撰写的《孙中山——坚定不移、百折不挠的革命家》讲话手稿

* 1966年11月12日，宋庆龄在孙中山先生诞生一百周年纪念大会上，发表题为《孙中山——坚定不移、百折不挠的革命家》的演说

在大会上作了演讲。她详细回顾了孙中山的革命历程，追忆了孙中山远大的目光和深刻的预见，生动地讲述了孙中山简朴的个人生活和勤奋好学的精神。她高度评价孙中山给中国人民留下的政治遗产，称孙中山是"一个全心全意为人民利益奋斗的人"。

在聆听宋庆龄的讲话时，不会有人想到，喜爱清静的宋庆龄，紧张时容易引起荨麻疹。每逢必须出场的活动，她事前都要服镇静药、擦油膏，往往几夜不能入睡。

宋庆龄多次对秘书张珏说："孙先生逝世的时候，我连太阳光也不愿看见。所以每到纪念孙先生诞辰和忌辰的场合，不愿出场。""每逢他诞辰或逝世纪念会，我不愿参加。因为，要想起他在世的情景，会难过的。"

宋庆龄的私人信件散佚很多。值得庆幸的是，廖梦醒保留了一批宋庆龄的亲笔信。由于多年从事秘密工作，她和宋庆龄都有定期销毁信件的习惯，所以这部分书信，除几封早期的极有价值的信件外，都是1971年之后的（因为还没有来得及销毁）。2003年，廖梦醒的女儿李湄将这些信整理，公诸于世。

每逢孙中山的诞辰和忌日，廖梦醒和其他一些亲近的朋友都会给宋庆龄赠送鲜花，宋庆龄也会回信感谢。这使我们了解到宋庆龄在纪念孙中山时的一些感受。

1971年11月12日，宋庆龄在致廖梦醒的信中说："我是在用工作来忘却一生中所有伤心的事情。"

1974年11月，宋庆龄写道："你太客气了，十二日那天还送来了康乃馨。在滴水成冰的严冬它居然能存活！我真的感激不尽。但是，坦率地说，请你不要为我浪费钱了。你的一封来信就足以帮助我度过那一天。我知道每当那个周年纪念日，你的思绪总是与我互通的，而这正是我莫大的欣慰。时间永远不能消除我的怀念。"

1975年3月12日是孙中山逝世五十周年纪念日，廖梦醒为宋庆龄送去了鲜花。三天后，在给廖梦醒的信中，宋庆龄写下了一段深情的文字："谢谢你送来如此艳丽的康乃馨，有粉红的和朱红的，它们温暖了我的心！我想，你是这样的一个朋友。你懂得，一旦我们所爱的人与我们诀别而去，那么相互爱得越深，我们所承受的悲痛也就越深沉。只要我活着，我内心空荡荡的感觉和悲伤将永远不会消失。人生在世，总不免一死。这残酷的现实谁都不得不面对，这是不可逆转的。但正像你所说，我们终有甜蜜和爱恋的记忆留在心间。"

李湄说："也许，妈妈是宋庆龄肯与之交流感情问题的少数人之一，因为她们有着相同的经历，都是少女时代离家出走，义无反顾地奔向自己所爱的人，到了女性成熟的年龄，又突然失去自己所爱，成为寡妇。其中的痛苦，只有过来人才能深切体会。孙中山对于宋庆龄来说，是亦师亦友，碰巧孙中山又是一个真诚、热情、意志坚强、很有感染力的领袖。正当两人的感情燃烧得最炽热的时候，却戛然而止，造成终身遗憾，怎能不刻骨铭心呢。"

1976年1月，周恩来病逝。3月12日，廖梦醒照例将鲜花送到宋庆龄的寓所。19日，宋庆龄在给廖梦醒的信中写道："邓大姐怎么样？她是那么勇敢！她坚守岗位。在孙博士去世后的几天里，我感到自己是那样的无助。我把自己藏在一间黑屋子里，拒绝见任何人……"其实，孙中山的去世对宋庆龄的影响，与周恩来去世对邓颖超的影响是完全不同的。周恩来去世时已是七十八岁的高龄，邓颖超当时也是七十多岁，两人共同走过了半个多世纪。而且周恩来卧病数载，邓颖超有充分的思想准备。孙中山在去世前半年还毫无征兆，只是到了天津才觉得身体不适。直到1924年12月10日，宋庆龄还在计划与孙中山一起到国外旅行，还满怀憧憬地想同孙中山一起回到上海那小小的两层楼住宅，享受快乐的二人世界。对于孙中山病情的险恶，她没有丝毫觉察。而这时距离孙中山去世不过三个月。孙中山去世时，宋庆龄只有三十二岁。她与邓颖超的感受当然是完全不同的。

1978年3月12日，宋庆龄致信廖梦醒："你总是那么友善，记住那些对我来说很有纪念意义的日子。你那美丽的玫瑰花激起我回想往事的心潮。虽然时光消逝已久，你却从来没有忘却！"

由于不出席孙中山的纪念活动而引起的谣言，使宋庆龄非常不快。1975年，又有人劝她出席相关的纪念活动。11月6日，她在给廖梦醒的信中说："虽然我本来是应该出席孙博士的纪念活动，但我从来没有出席过，这么多年都如此。有些人是那么卑鄙可恶，用他们邪恶的眼光看我，我就算身体好，也不想让他们高兴。现在我的膝盖和脚都很软，不能站久。"

1915年10月25日，宋庆龄冲破重重阻力，做出了她人生中的重大抉择。她嫁给了孙中山，选择了为拯救中国而战斗的崎岖坎坷的人生道路。所以，如果说有一个日子是宋庆龄特别愿意回味的，那就是她和孙中山的结婚纪念日。

孙中山逝世数年后，斯诺在采访中问宋庆龄最珍视的成就是什么？她毫不迟疑地回答："是我对孙博士的忠诚，自从与他相遇之日起直到他逝世，至今我仍然忠贞不渝。"斯诺问："你能确切告诉我吗，你是怎样爱上孙博士的？"宋庆龄说："起初，我并不是爱上他，而是出于对英雄朦胧的敬仰。我偷跑出去协助他工作，是出于少女的罗曼蒂克的念头——但这是一个好念头。我想为拯救中国出力。而孙博士是一位能够拯救中国的人，所以，我想帮助他。"

宋庆龄每天都要在书房工作很长时间。在书柜旁，她摆放着一个镜框，里面放着她和孙中山的结婚纪念照。宋庆龄不喜欢假的物件，例如塑料花和染色的照片。有趣的是，这张结婚照恰恰是染色的，而

* 书柜旁的小文件柜上始终放着一张宋庆龄与孙中山的着色结婚照

且染的技术并不高明。宋庆龄几十年如一日地将这幅照片摆放在每天可以看到的地方。这张照片上，孙中山穿着咖啡色的三件套西服，宋庆龄身着蓝灰色的西式裙装、头戴宽檐帽。这些正是他们当时衣物的颜色。着色的结婚照能使宋庆龄回想起青年时代幸福快乐的时光，这恐怕是唯一可以说得通的解释。

1978年8月29日，宋庆龄在北京住宅接见话剧《大江东去》剧组。在交谈中，她突然岔开谈话主题，讲道："我和孙先生是在1915年10月25日结婚的，我总记得这一天。"第一位在舞台上扮演宋庆龄的演员肖惠芳被深深地震撼了。她几次说起这个场景："当时，她已经八十五岁高龄。谈起结婚那天，她是那样幸福、那样满足，脸上仍有一种少女般的羞涩。真让人难以置信。"

1979年8月1日，宋庆龄在北京寓所接见《宋庆龄选集》日文版译者仁木富美子女士时，又一次回忆起六十四年前结婚的日子。她深情地说："10月25日，在我的生活中，这一天是比我的生日更重要的日子。"

* 他们从未分离 *

* 宋庆龄的"全家福"

孙中山病逝以后，宋庆龄又在人世间生活了五十六年。这漫长的岁月里，他们从未分离。

抗战期间，宋庆龄住在香港。据保卫中国同盟通讯员潘标回忆，当时的客厅是很小的，给人印象最深的是挂在墙上的两件装饰。一件是孙中山亲笔书写的"大道之行天下为公"；另外一件是油画，画的是上海莫利爱路二十九号孙中山故居。

日伪统治时期，上海莫利爱路孙中山故居的房屋、设施遭到破坏，孙中山的遗物也多有损失。为此，宋庆龄特意联系宋子文，请他出面找人保护故居。

1945年底回到上海时，宋庆龄发现她同孙中山喜爱的莫利爱路的那座房子已经不能居住了。她告诉友人，这座房子"已荒废了八年……又遭到了日本人的劫掠和破坏……连自来水管子也被偷走了"。修理要花费很长时间和一大笔钱，而她没有这个力量。所以她忍痛作出决断："我想还是放弃算了"，"住了那么多年。当然，我对它是有感情的……它有许多使我怀念的东西……但老是对一些已经消失的东西抓住不放又有什么用呢？"

后来，在政府的帮助下，这座房子整修一新，也有了专人管理，宋庆龄仍对其牵肠挂肚。1956年，她写信给黎照寰："我还担心，11月12日有四千人去参观我们的旧居，会对那所房子造成损坏的。这样做是不明智的，应该只允许每个代表团的少数领导进入。烦请将此意见带去，引起他们的注意。"

多年来，宋庆龄一直在千方百计地收集孙中山的文物、文献，但其间也经常出现让她始料不及的损失。她在给友人的信中说："关于1931年我从国外回来后收集的全部有关孙博士的材料，说起来就令我非常痛心，我把那个箱子留在我的老房子里了（我以为日本佬不至于损害孙博士的东西），留在那里的还有我自己的东西。但是，正像你可能记得的，我所有的东西都遭到日本佬的洗劫，永远也找不回来了。"

秘书杜述周曾四次跟随宋庆龄回到上海。每次到上海后，宋庆龄都将珍藏或搜集到的有关孙中山的重要遗物、资料、信函原件等一批批整理出来，要杜述周送到上海孙中山故居收藏或展示。文物送到后，宋庆龄还要求秘书一定要拿到当时管理上海孙中山故居的钱乃骅开具的收条。1969年，宋庆龄在"文革"开始后第一次回到上海。次年3月11日，杜述周请她出席第二天举办的孙中山逝世纪念活动，并请她在方便时到上海孙中山故居看一看。宋庆龄说："杜同志，那里的一切都是我在解放后亲自布置的，我不去，去了看见后，我会更伤心。"

1956年，宋庆龄给周恩来写信："建议建立革命史研究所，包括研究孙博士的著作和活动。我们需要有组织的和有系统的研究，而不是毫无计划的。这样一个机构可以担任全部中国革命史的编著工作，同时也可以出一些简短的专册、调查资料、专题论文等。这种工作不仅可以保存我们的革命遗训，在国际上也具有重要意义。"

宋庆龄说："孙博士的无私和刚毅造就了一个历史上罕见的动人的事迹。我再一次建议，要请一位最好的编剧编制一部关于他的电影，以使孙逸仙的故事得以再现。一些与他共事的人还有健在的，他们可以为搜集有关孙博士一生中各种阶段的个性和气质的资料提供巨大的帮助。"

1963年，宋庆龄又提出："有些熟悉孙博士1911年之前活动情况的人现居住在海外。我们必须请他们把他们了解的事情写下来，因为这是具有历史意义的，而且他们应该不会拒绝合作。"

宋庆龄对孙中山的评价有十分精准的把握。在一封信里她写道：有些人由于对历史不了解，"竟头脑简单地推测，孙博士的反帝等活动是会见李大钊和瞿秋白以后的结果，我觉得很好笑"。"事实上，孙博士在见到共产党人之前，早年（日本对华'二十一条'、英国威胁炮轰广州等等）就已经开始从事这样的活动了。"针对一些"左"的人士散布的论调，宋庆龄说："我不是要贬低他们（指早期与孙中山合作的共产党领导人）的贡献，而仅仅是因为我们要尊重真理和事实，我们一定要真实地记录这些事情，即使这些事实是某些人不希望看到的。"

1980年，美国作家伊罗生到北京寓所拜访宋庆龄。他们谈到宋耀如的革命经历，谈到宋庆龄收养的两个女孩子，谈到很多人建议她写自传等等。其间，宋庆龄说起了孙中山的历史功绩，她有些抱怨，认为人们对此并没有充分的认识。她说："毕竟，打倒一个帝国并不是一件小事。"宋庆龄的这句话是抓住了要害的。

宋庆龄很重视关于孙中山的研究工作。对于专家、学者的求证，她有问必答。

1973年，宋庆龄在上海时，广州中山大学的陈锡祺教授请求她答复有关孙中山革命史实的一些问题，她毫不犹豫地用英文写了十二条，请秘书转交给陈教授，并说，为了这封信，自己的手指都写痛了。

1980年2月22日，中国社会科学院近代史研究所的尚明轩研究员写信给她，询问有关孙中山和列宁之间的联系等问题。习惯于事不过夜的宋庆龄，在23日收到信后立即亲自写信答复。回信写好，已过了晚饭时间。她将回信交给杜秘书要求即刻送给尚先生。晚上九时多，杜秘书返回后报告，尚明轩已亲自签收到信件，宋庆龄才安心地休息。

宋庆龄先后撰写发表过多篇回忆孙中山的文章。在她的文章里，孙中山的形象是生动、真切而感人的。

1956年，为纪念孙中山诞辰九十周年，宋庆龄在一个月内连续发表了《孙中山——中国人民伟大的革命的儿子》和《回忆孙中山》两

* 1956年11月，孙中山《建国大纲》手迹影印本出版，封面和扉页由宋庆龄题签

* 北京碧云寺孙中山纪念堂

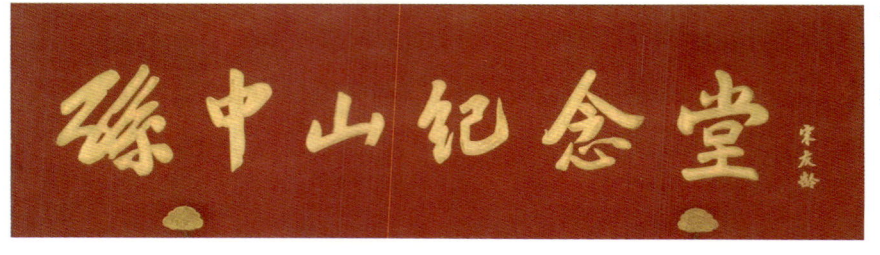

* 宋庆龄为孙中山纪念堂题写的匾额

篇文章,并应邀为孙中山《建国大纲》手迹影印本题写了书名。当这本精致的线装书送到手中时,宋庆龄十分高兴。她特意手持此书在北京方巾巷寓所前留影,作为永久的纪念。

1953年,有关部门准备将碧云寺孙中山衣冠冢下的祭堂改造成"孙中山纪念堂"。他们安排吴茂荪出面,请宋庆龄为纪念堂题写匾额。1955年3月12日,纪念堂于孙中山逝世三十周年纪念日正式对社会开放。

宋庆龄还先后为《孙中山选集》《孙中山传》《孙中山全集》《孙中山年谱》题写书名。

在回忆孙中山时,宋庆龄经常会想起当时曾与他们相处并帮助过他们的故人。

1966年4月,她在致黎树寰的信中回忆:"因为孙传芳当时试图收买我们的司机等人杀害我们或把我们送入他们的圈套中，所以为保卫孙博士，杨仙逸教我驾驶汽车，为此我永远感激他（我因此而成为从法租界获得驾照的第一个中国妇女）。"

1973年，她的朋友林国才准备去日本。这个消息勾起了宋庆龄对将近五十八年前在日本同孙中山先生结婚时的回忆。她写信告诉林国才，1924年她和孙中山先生北上去天津时路过日本神户港，住在东方饭店二楼。她让林国才顺道去神户看看这家东方饭店是否还存在。林国才特意到神户住进这家"东方饭店"，并且把饭店的信纸、餐巾及一些小件纪念品带回北京送给她。宋庆龄为此兴奋不已，对林国才详细讲述了她和孙中山在日本的生活。

一次，与林国才聊天时，宋庆龄突然问他是否认识姚观顺。她告诉林国才，当年陈炯明叛变、炮轰广州观音山时，是姚观顺冒着生命危险把自己背着救了出来，而他的腿却受了枪伤。宋庆龄很想知道姚观顺家人的近况。林国才告诉她，姚观顺的后人都在台湾。

* 宋庆龄把朋友们送来的圣诞卡、贺年卡摆在孙中山像下。左为画家言醒芳

宋庆龄晚年，大部分时间都住在北京的寓所。小客厅的东墙上挂着孙中山的大幅照片。照片下放着一个长条案，每逢孙中山纪念日，条案上下就会摆满鲜花。这其中有邓颖超、廖梦醒、罗叔章等友人送来的鲜花或花篮，也有她请工作人员租借来的应季花卉。到了元旦，宋庆龄会把朋友们送来的圣诞卡、贺年卡打开，立起来，密密麻麻地摆到条案

宋庆龄 往事 续编

上，让丈夫和自己一道感受新年的快乐。在这里接待客人时，她每每都要以孙中山像为背景与客人合影。

　　二楼的卧室兼办公室是宋庆龄主要的生活场所。宋庆龄的办公桌面向屋门，对面靠墙摆放着钢琴。钢琴的上方悬挂着孙中山的油画像。工作中，她只要抬起头，就立刻会看到孙中山关切的目光。在她办公桌旁的玻璃板下，长年放着一张富士山的图片，它使宋庆龄可以时时想起与孙中山在东京共同度过的日子。

　　上海寓所的客厅里，正对大沙发的壁炉上方也是孙中山的大幅照片。宋庆龄接待重要客人都要在像前留影。卧室五斗橱上摆放着她与孙中山的合影。办公室同样放着一架钢琴，而钢琴上方也同样悬挂着孙中

* 宋庆龄放在办公桌玻璃板下的富士山樱花图片

* 宋庆龄北京寓所的卧室兼办公室

126

* 1961年5月11日，宋庆龄在上海寓所客厅的孙中山像前与毛泽东会面

* 宋庆龄上海寓所客厅

山的大幅画像。除了参加外事活动和会议,她的时间大多是在办公室里度过的。

宋庆龄很愿意在孙中山像下留影。她曾写信给陈志昆:"非常感谢你们寄来的精美的全家福照片。我现也寄给你们一张我的照片,是我坐在我先生的肖像下的照片,想来你们会更喜欢这张有纪念意义的照片。"在宋庆龄的心里,这张照片就是她的"全家福"。美国百岁老人费希尔曾到北京看望宋庆龄。她说:在孙先生像前拍摄时,宋庆龄的眼神最美、最有光彩。

新中国成立后,各地印制的孙中山像各色各样,宋庆龄对此很不满意。她将自己家里挂着的孙中山油画像交给吴茂荪,建议作为孙中山的标准像。周恩来将这个建议批交文化部出版局,于是在全国发行了统一的孙中山标准像。

日常生活中,宋庆龄随时随地都会提到孙中山。每当她谈到孙中山时,总称他"孙先生",有时用"伊"字,有时用"Dr.Sun";只要谈起孙中山,她的双眼就会更富有神采。

孙中山喜爱鸽子,有养鸽子的习惯。上海香山路孙中山故居至今

* 宋庆龄在北京寓所喂鸽子

仍然保留着鸽棚。宋庆龄对鸽子也情有独钟，不论在北京或上海，她都要养鸽子，多时达百羽以上。这当中也含有她对孙中山的怀念之情。

宋庆龄在上海住所宴请宾客时，会在每个客人的席位前放置一张小卡片，上面写着各自的姓名，以便对应入座。这种卡片很别致，右角上方都印着一个红色圆形的"孙"字。这种卡片也许还是孙中山生前印制的，而她一直在使用。

一次，她留李云在家里用餐。饭菜极为简单，都是她亲自做的。首先每人一碗紫菜汤，接着是一盘甜椒炒猪心，一盘灯笼椒塞肉糜，还有一盘菠菜和一盘盐渍紫萝卜。宋庆龄说："我炒菜是跟孙先生学的，他长期过流浪生活，学会了炒菜煮饭，而且他是医生，懂营养。青椒维他命C特别多，所以我常吃青椒；紫萝卜是我用盐渍的，不仅营养好，而且很爽口，是我喜欢吃的。"

餐桌上，遇到上一些特别的菜品时，宋庆龄会谈起孙中山作为一名医生对营养的注意。孙中山在他的著作《民生主义》中写道：烹饪不仅是一种技术，还是一种艺术和一种文明进步的标志。他说："中国有了四千多年的文明，我们食饭的文化是比欧美进步得多，所以我们的粮食多是靠植物。"宋庆龄引用了这段话，然后说："孙中山热心宣传植物蛋白（如豆腐）对人体健康的好处，要是在今天，他就时髦了。"

宋庆龄的很多饮食习惯都与孙中山有关。例如，她爱吃粽子一类的甜食。就在逝世前两年，她还让人从上海带来一些糯米，自己动手和保姆一起做粽子，然后分送给罗叔章等朋友。

饭后服药时，她又说："我知道许多药名、用途和服法，都是孙先生教我的。"

* 宋庆龄收藏的部分孙中山印章

*挂在北京寓所二楼楼道的木制挂钟

对孙中山使用过的物件，宋庆龄全力收集和保护。

在上海，宋庆龄精心收藏了孙中山在各时期的多枚印章，每当看到这些印章，她就会想起孙中山为中国独立、富强奋斗的一生。她保存着在日本结婚时的和服腰带，保存着孙中山穿戴过的衣帽，保存着孙中山使用的筷子，甚至保存着孙中山用过的浴室地巾。

宋庆龄把孙中山喜欢的一个木制挂钟带到北京，挂在卧室里。这架钟打点的音乐很是特别，许多工作人员都很爱听。宋庆龄知道后，就把钟挂到二楼楼道的墙壁上，使大家能够听得更清楚。

一些比较重要又易于携带的物品，宋庆龄是从不离身的。无论来北京还是回上海，宋庆龄随机携带的行李总在二十五件上下。周恩来经常会关照，宋副主席的行李带起来是否方便，是否需要用他的专机。这些行李中，只有极少的几件是她自己用的铺盖、衣物和日常用品。行李的绝大多数，都是孙中山的有纪念意义的物品和她自己的纪念品。每只箱子里装的东西也都是固定的。每次装箱后都要加锁，加封条。

*宋庆龄保存的孙中山使用的筷子

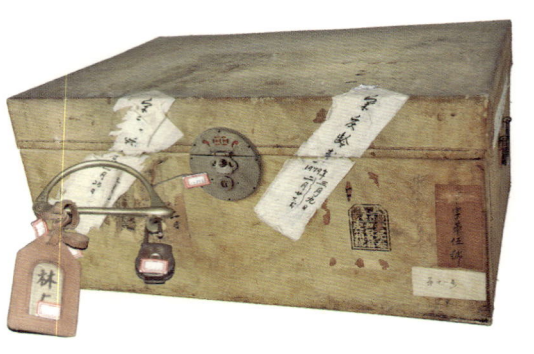

*宋庆龄盛放纪念品的箱子和箱锁

往返飞机场和住所的时候，前边是宋庆龄的专车，后面紧紧跟随的是一辆拉行李的车。有一次回北京，走到鼓楼附近，行李车被警察拦下。秘书赶紧下车与警察沟通，讲明情况后行李车才得以放行。到了住所，秘书看见早已到家的宋庆龄一直站在楼门口，非常焦急地等着行李车的抵达。宋庆龄携带的不仅仅是行李，还是一段历史、一份思念。这段历史对她很重要，对中国也很重要。

宋庆龄故居里有一条红地绣金花的小被，这是她的陪嫁，而且是她与孙中山婚后使用过的。宋庆龄一直将这床被子铺在褥单下，每天睡在上面。当回上海居住时，她会将铺盖全部带回上海。宋庆龄过世二十年，这条小被从来没人动过。到2003年，我们才将它取出，放到展厅里。宋庆龄对这床小被的特别珍视，也饱含着对孙中山先生的深厚感情。

* 宋庆龄结婚时的嫁妆之一——红色金花被

正如市井俚语所说的"寡妇门前是非多"。孙中山逝世后，关于宋庆龄的谣言不断出现。其实，宋庆龄在政治、社会上思想是解放的，但在伦理观念上却是十分守旧的。她始终竭力维护自己的名节——因为这也是在维护孙中山的声誉——尽管没有人这样要求她。

作为万众瞩目的领导人，关于个人生活的真实情况，反而更难有适当的途径帮助公众了解。而且谣言就是这样，受害者越是解释，造谣者就越得意，因为他们达到了目的。所以，宋庆龄对此类谣言，通常是不加理会的。

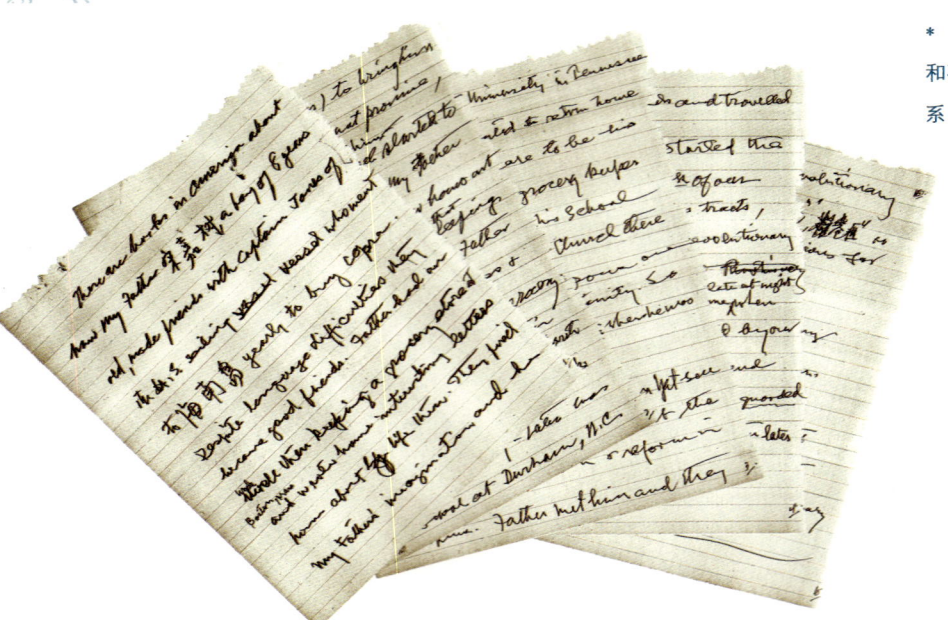

* 宋庆龄《我家和孙中山先生的关系》手稿

　　当然，宋庆龄也是人，当脏水无端地、持续不断地泼到身上的时候，她也会愤怒。1965年，她在忍无可忍中写信给她的朋友："我知道总是有人会诽谤我，甚至当着你的面。如果他们再这样做的话，你可以掴他们耳光！"

　　为了澄清诽谤者散布的谎言，1981年4月至5月间，即将辞世的宋庆龄不顾病痛，在北京寓所用颤抖的手写下了《我家和孙中山先生的关系》一文。她详细、平实地回忆了自己与孙中山先生早年接触的一些情况，讲到她与孙中山相识、相知、相爱到结合的过程。她希望能尽自己最后的力量，维护她和孙中山的令名。

* 忠贞不渝 *

* 孙中山逝世后忧伤的宋庆龄

孙中山去世时，宋庆龄只有三十二岁。由于坚持孙中山的三大政策，她与国民党右派产生了原则分歧。在此后的几十年间，国民党右派当政，宋庆龄的日子一直很不好过。特别伤害她的是，针对她个人生活的谣言从来没有停止过。无论她与哪位左派人士有接触，都会被编出绯闻，散播到社会上。这些传言曾经给宋庆龄造成极大的困扰，但她是一个革命者，她无法像那些谣言制造者所期望的，与外界断绝一切交往，重门深锁，安心做一个旧时的寡妇。何况，即使她真的这样做了，只要她不放弃自己的政治观点，谣言也不会止息。

新中国成立时，宋庆龄已年近六旬，按理说已经没有什么再被制造绯闻的条件了。但一些人仍然把这种拙劣的方式作为政治斗争的手段，甚至完全置常识于不顾，继续编出许多谣言。

为使自己的晚年生活不过于寂寞，宋庆龄收养了警卫秘书隋学芳的女儿隋永清。于是谣言随之而来。有些人绘声绘色地散布：宋庆龄又结婚了，甚至说隋永清就是她亲生的。隋永清出生时，宋庆龄已经六十四岁高龄，而这样的无稽之谈，居然也能传得沸沸扬扬。对此，宋庆龄唯一的办法就是置之不理，但还是有人会打上门来。

1974年8月2日，有人找到隋永清，直接问她是不是宋庆龄的女儿。隋永清有父母，有弟妹，她当然完全知道事情的真相。回家后，宋庆龄看出她神色不自然，便追问原因。听到隋永清的讲述后，宋庆龄当时没有激烈的表示，但这件事对她的冲击很大。她可以面对无端的攻击诬蔑，可是对孩子的伤害是她无法承受的。第二天早上，人们发现，宋庆龄面瘫了。

为了维护孙中山和她自己的声誉，宋庆龄在半个世纪的独身生活中谨言慎行。1927年，当第一次被谣言围困时，宋庆龄有些难以承受，她气得大病一场，卧床数日，全身起满了红疹。宋家的人对此也很气愤。宋子文提出要起诉造谣的相关媒体，要求其赔偿名誉损失。

然而，后续源源不断、接踵而至的谣言使宋庆龄懂得，这是政治斗争的手段，即使下作，但十分有效，她的对手是绝不会弃之不用的。1936年5月，她在上海住院切除阑尾时，发现子宫上有一个小肿块。

* 新婚后的孙中山与宋庆龄

* 1924年12月4日，孙中山在天津张园行馆门前

* 宋庆龄与隋永清

于是她决定，干脆通过手术同时摘除子宫。手术后，面对仍然不断涌现的谣言，宋庆龄内心坦然，但不屑与对手交锋。对这次手术，宋庆龄始终绝口不谈，连身边最亲近的人也没有听她提及过。这种处事态度，正是宋庆龄的一贯风格。

1981年5月29日，宋庆龄病逝。次日凌晨，北京医院对遗体进行了病理检查。

6月2日，北京医院向中央做出《病理检查报告》。报告证实，宋庆龄致死的主要疾病是慢性淋巴细胞性白血病，由于白血病细胞广泛转移到骨髓、淋巴及各脏器，引发广泛大量出血。报告同时记述了宋庆龄动脉硬化、冠心病等其他疾病的情况。

6月6日，北京医院又向中央做出了一个《病理检查补充报告》。内容是："现将过去手术后此次病检所见补充报告如下：下腹部正中有一手术疤痕，盆腔内无子宫体（已切除），只残留子宫颈，两侧附件尚存，卵巢高度萎缩。兰（阑）尾也已切除。根据病历记载的以往病史，1936年曾进行兰（阑）尾切除术；术中发现子宫上有小肿块，故同时摘除了子宫体。以上病理检查所见与病史符合。"

对孙中山的忠诚，是宋庆龄无比珍视的。

看到保存下来的档案，不知那些制造和散布谣言的人，会不会从心底里生出一丝愧疚！

* 三姐妹携手抗日 *

* 1940年2月,宋庆龄与宋蔼龄(左)、宋美龄(右)相聚

1931年，日本帝国主义发动九一八事变，开始对中国的侵略，仅用三个多月便占领了东北三省。对于日本的侵略行径，中国人民义愤填膺。次年，日军在上海制造"一·二八"事变，淞沪抗战爆发。宋庆龄和宋子文积极支援了十九路军的抵抗。

　　1937年7月7日，日寇发动卢沟桥事变，大举进攻中国，全国抗战爆发。8月13日，日军进犯上海，身在上海的宋氏三姐妹和宋子文都全力支援中国守军与日寇作战。11月12日，上海沦陷。11月20日，国民政府宣布迁都重庆。

　　在日军的疯狂进攻下，抗战局势十分严峻。1938年10月，广州、武汉等大城市相继失守，大片国土沦丧。12月18日，汪精卫突然离开重庆飞往云南昆明；19日，抵达越南河内；27日，发表了通敌求和的"艳电"。

　　孙中山逝世后，为了争夺主宰中国的最高权力，汪精卫与蒋介石曾几次分分合合。这一次，他希望通过日本人的扶持在竞争中占据上风。也许他确实有过"曲线救国"的幻想，所以长时间地与日本人讨价还价。但在他思想深处，分量最重的始终是个人的利益得失，而不是中华民族的独立自由。这一次，他所离开的不是政敌蒋介石，而是整个中国。迈出了这一步，汪精卫已没有退路，只能被定性为最大汉奸、千古罪人。

　　汪精卫的投降对中国的影响是十分严重的。他是在任的中央政治委员会主席、国民党副总裁；他曾经是孙中山的助手，自诩为孙的政治接班人；在南京成立伪政权时，他声称是国民政府"还都"，他的汉奸党仍叫国民党，并宣称仍然实行三民主义。这些都使汪精卫具有很大的迷惑性。中国也因此切实地面对着两种前途和两种命运。

　　与汪精卫的投降路线相对立的是以蒋介石为首的国民党和以毛泽东为首的中国共产党。但是，自1927年以来，国共之间的政治分歧始终严重存在，而且武装冲突不断。这种矛盾也是日本人和汪精卫最希望看到的。作为众人瞩目的名门，宋氏家族成员间的关系就是中国政治的风向标。1927年后，宋庆龄明确表态支持中国共产党，认为国民

三姐妹携手抗日

* 1940年2月，宋氏三姐妹相聚在香港沙逊街宋蔼龄寓所

党背离了孙中山的革命原则。因此，人们看到的是宋庆龄与蒋介石之间针锋相对的斗争，她与家族的其他成员也不再保持亲密的关系。

然而，日寇入侵和汪精卫的投降，使民族生存成为首要的问题。国共双方都表示要"兄弟阋墙，外御其侮"，停止内战一致抗日。1937年底，宋庆龄由沦陷的上海撤退到香港。在这里，她组织成立了保卫中国同盟，支持成立了中国工业合作协会，并通过这两个组织推动抗日运动。在这两个组织中，她争取到宋子文、孔祥熙、宋蔼龄、宋美龄、宋子良等人的支持和参与。明眼人已经可以从中看到宋氏家族重新走向团结的趋势。

1940年2月，经过长时间的准备，汪伪政权即将粉墨登场。恰在这时，宋美龄因手术后健康状况不佳，从重庆来到香港休养。在姐姐、妹妹的邀请下，宋庆龄居然也搬离自己的住所，住进了宋蔼龄位于沙逊街的寓所。

此后的六个星期里，三姐妹绝口不提她们尖锐对立的信仰和政治主张。分手十年之后，她们一起闲聊，一起下厨房做菜，互相开玩笑，互相试穿衣服，在一片欢声笑语中，充分享受着姐妹之间的亲情。三姐妹商定，将携手前往战时首都重庆，让全国人民亲眼看到她们的团结。

3月8日，她们一起出席了香港各界纪念三八国际妇女节茶话会；3月28日，她们又一起出席了香港各爱国团体联席会并在会上发言。然而，真正造成轰动效应的是三姐妹在一个非正式场合的亮相。

3月29日，汪精卫的汉奸傀儡政府在南京成立。汪精卫就任"行政院长"兼"国民政府代主席"。他终于在名义上成为了"中国"的主宰。但是，通过当时的影像资料，人们可以透过他的神情看到他不安的内心——就职典礼上，民国"四大美男子"之一的汪精卫完全没有了过去的神采，两道眉毛呈彻底的"倒八字"，演讲中不仅无精打采，而且数次几至神伤落泪。当汉奸的感觉的确很不好。显然，他已经预感到了自己导演的这出悲剧的结局。但是，既然已经踏上了不归之路，他就只能死心塌地充当日本人的一条走狗。

汪精卫就职的第二天，三姐妹决定立即采取行动，显示她们的亲密无间。宋蔼龄把这个消息透露给正在写作《宋氏三姐妹》的美国女作家埃米莉·哈恩。她说："我的两个妹妹说服我一起出去吃饭，我们准备今夜去香港饭店共进晚餐。我想这次聚会是值得一看的。"

那天晚上，宋氏姐妹坐在舞厅里，背对墙壁，看着在明亮的灯光下，穿着漂亮的衣服、跳着交际舞的名流和富豪。"消息很快传开，不一会儿舞厅看起来像挤满人群的温布尔登闹市区。当对对舞侣踏着舞步经过那张长桌时，他们的头转来转去，似乎人人都长了猫头鹰似的脖子。一双双眼睛在英国礼貌许可的限度下目不转睛地盯着她们。千真万确，宋氏姐妹在那里，全都在一起——孔夫人温文尔雅，风采卓著；新近康复的蒋夫人容光焕发；孙夫人穿一身黑衣服，她头发平滑光亮，双眼流露出欢快的神情。"

"要说是两姐妹在那儿我还相信，"一位记者好像信不过自己的眼睛，"我不相信孙夫人会来。她从来不和其他两姐妹在一起，尤其是在英帝国的前沿领地！"随后他略作思索便恍然大悟，兴奋地对身边的同行说："我知道是怎么回事了，是针对汪精卫事件！"

这时，三姐妹正在墙边的一张桌子旁吃着晚餐，她们用自己平静的表情告诉人们：为了抗日，中国的统一战线是巩固的。这是她们为团结抗战上演的开场锣鼓，是为第二天即将开始的重庆之行进行的铺垫。

1940年3月31日上午，三姐妹在启德机场登上了中国航空公司飞赴重庆的专机。

汪精卫就职后，三姐妹连续安排了一系列联手行动，这显然经过精心的设计。她们在战时首都重庆同时露面，宋家分裂以及政府分裂的谣言就会不攻自破，从而可以营造出全民团结抗战的氛围。

三姐妹的到来，极大地鼓舞了人们争取抗战胜利的信心。中共领导下的《新华日报》报道这一消息时说："孔夫人、孙夫人及蒋夫人3月31日联袂来渝，孔夫人及孙夫人尚系初次访问战时首都，彼等对于增强抗战力量，咸具最大热忱，故此次利用蒋夫人赴港疗养返渝之机会，相偕同来。三位夫人同来后方，将共同从事抗战建国之工作，致力于奠定新中国基础，发扬中国旧有光荣。"重庆《大公报》也对宋庆龄来渝发表评论。它在《欢迎孙夫人！》的短评中赞扬道："孙夫人好久未到内地来，至少自抗战起后未到首都来过。孙夫人此次到重庆来，无论其任务有无或大小，都是团结的有力象征。""敌人已走向败亡之路，我们已胜利在握，在这时，孙夫人来了，她的心也一定是高兴的。……新兴的中国，是孙中山先生所手创，也正在孙先生的精神领导之下而抗战而建国。我们欢迎孙夫人，更希望孙夫人帮助政府，使抗战早胜，建国早成！"三姐妹难得的联袂访渝，使山城沸腾。人们愿意看到姐妹之间的和谐相处，更从中感受到中华民族在亡国灭种的威胁下，搁置分歧实现大团结的前景。三姐妹走到哪里，热情的欢迎人群就出现在哪里。埃米莉·哈恩这样描写道：重庆的居民"贪婪地观察着宋氏三姐妹的一举一动，眼睁睁地盯住她们，而宋氏姐妹也回看着这些人"。

在重庆的日子里，宋氏三姐妹的日程排得很满。她们共同视察了重庆的一些战争设施，医院、孤儿院、工厂、学校，平均每天都有一次共同出席的公开活动。每到一处，她们都和群众广泛接触，宣传团结抗日的精神。

三姐妹抵达重庆时，正值春天来临，重庆大雾消散，晴空万里。随着能见度的提高，日军的轰炸也进入高峰期。有人推测，这种昼夜

* 三姐妹携手视察遭到轰炸的重庆市区

* 三姐妹视察防空设施

不停的疲劳轰炸是日本人对三姐妹携手抗日的反应。而当时重庆的防空力量完全无法抵御日军的轰炸，只能依靠防空工事减少伤亡。三姐妹十分重视重庆市民的安全，因此，抵达重庆的最初五天里，她们就两次巡视遭到轰炸的重庆市区。4月5日，三姐妹在巡视被敌机轰炸过的街道及民居废墟后，参观了公共防空洞。当时重庆的防空洞，分民用和公用两类：公用防空洞由政府和军事机关拨款修建，地点隐蔽、洞内宽敞、建筑坚固、通风良好，生活设施也比较完备；供普通市民紧急避难的民用防空洞和防空隧道，工程质量则差得多，洞内潮湿、通风不良，每隔几十米才有一盏煤油灯提供照明，洞边只有支起的一条木板充当坐凳。三姐妹对民用防空洞的现状表示不满，要求有关部门尽快采取措施改善质量，更多地考虑百姓的安全和疏散。

在抗日战场上，许多将士献出了自己的生命，还有大量的伤员被送到后方医院救治。4月8日，三姐妹前往位于重庆嘉陵江北岸相国

* 1940年4月8日，三姐妹乘舢板渡江前往第五陆军医院

* 三姐妹前往第五陆军医院慰问伤兵

* 宋庆龄向伤兵赠送慰问品

寺的第五陆军医院慰问伤兵。

在医院院长的引导下，三姐妹视察了病房。她们与伤员们一一握手，把慰问品和鲜花送到伤员的床前，嘱咐他们安心养病。当走到一位腹部受重伤的老兵床前时，这位伤员已不幸去世。宋庆龄把手中的鲜花放在床头柜上，然后亲手用白被单遮盖了死者的头部。她的眼里噙着泪花，在场的人也十分动容。此时，负责战时伤兵工作的段绳武提出："这些为国英勇杀敌而负伤的人，应该受到社会各界的尊重。我建议从今以后，不再称他们为伤兵，而改称为荣誉军人，希望能得到三位夫人的支持。"

宋庆龄听罢立即回复道："你的建议很好，可向上呈报。我想蒋夫人、孔夫人都会赞同。"宋美龄、宋蔼龄也表示同意。不久，国民政府即就此通令全国。此后，在前线光荣负伤的军人就被称为荣誉军人，从而大大提高了伤兵的社会地位。

在手术室，三姐妹观看了一次手术。躺在手术台上的是一位双腿受伤的年轻战士。三姐妹恳请主刀医生尽力保住伤者的腿。在三姐妹的鼓励下，主刀医生尽力把弹片一一取出，然后做了严格的消毒和缝合。

三姐妹的慰问使伤兵们倍感欣慰。大家纷纷表示，伤愈后要重上战场，报效祖国。

三姐妹都是中国妇女运动的领袖，妇女和儿童是她们关注的主题之一。在短短的一个月里，她们看望妇女、儿童的活动就有十次之多。即使是在与儿童的接触中，她们的着眼点也仍在宣传抗日。

4月3日，三姐妹赴歌乐山视察战时儿童保育会第一保育院，

五百多位难童集合在广场上举行了欢迎会。他们合唱的歌曲是《打倒汪精卫》。宋庆龄与一个女童合影,孩子的母亲正在战区工作;宋蔼龄与一个父母双亡的孤儿合影,表示将负责孩子的抚养。三姐妹极为关心难童们的健康状况,并教导孩子们长大后要报效国家。宋庆龄对孩子们说:"同学们受到这样好的教育,将来一定不会产生出汪精卫一类的人物。"第二天是儿童节,宋庆龄、宋蔼龄又购买了五百多份糖果,赠送给第一儿童保育院的孩子们。

为了恢复经济、支持抗战、解决就业问题,三姐妹协力推动工业合作社运动。在重庆,她们共同视察了军毯合作制造厂和印刷合作社。参观之前,宋美龄还特别关照把"欢迎蒋夫人"的标语摘下,更换为"欢迎孙夫人、孔夫人",以示对两位姐姐的尊重。

4月23日,三姐妹专程前往成都中国工业合作协会成都事务所视察。一年来,成都已组织合作社五十二个,共有社员约五百人;此外,还有纺毛女工五千人。看到大家热心"工合"

* 1940年4月22日,头戴大草帽的宋氏三姐妹在四川内江县街头

事业,三姐妹非常高兴。宋美龄感慨道:"小妹妹们从事毛纺工作,是为了织成军毯,送给前方将士御寒,使他们更有力地抗战。你们虽然没有到前方,但也在尽自己对民族的责任。"宋庆龄和宋蔼龄也在集会上讲话,充分肯定了社员们对抗战的贡献,希望工业合作社有更大的发展。她们的讲话,深深地鼓舞了"工合"社员。

三姐妹参观了"工合"产品展览会。当走到毛纺班时,看到女工正在工作,三人边看边问,很感兴趣。宋美龄还坐下来,亲自动手缝制军衣。随行的美国摄影师格里芬为她拍下了一张后来流传很广的照片。

* 三姐妹在成都视察"工合"运动时所摄

* 1940年4月3日，三姐妹视察重庆第一儿童保育院

宋庆龄
往事 续编

* 1940年4月7日，宋氏三姐妹与蒋介石在黄山官邸茶会上。右为宋庆龄

　　三姐妹的重庆之行最重要的目的是显示全民族团结抗战，所以尽管宋庆龄和宋蔼龄都很不喜欢参加宴会，在这段时间里，姐妹三人还是联袂参加了十次宴会或茶会。

　　4月7日下午，宋美龄在重庆蒋介石黄山官邸举行茶会，欢迎她的两位姐姐。应邀出席的有一百八十多位重庆市妇女界人士和许多国际友好人士。当宋蔼龄、宋庆龄、宋美龄满面笑容携手来到草坪上时，全场报以热烈的掌声。

　　宋美龄向来宾介绍："今天开这个会，是为了欢迎孙夫人和孔夫人。孙夫人和孔夫人不仅是我的姐姐，而且也是全国姐妹们的同志。"她赞扬了宋庆龄、宋蔼龄为抗战所做的工作，并代表全国妇女，要求宋庆龄、宋蔼龄长住重庆，领导妇女工作。宋庆龄和宋蔼龄也相继讲话，强调了团结抗日的重要性和必要性，号召全国妇女继续为祖国努力工作。

　　蒋介石在参加完一个会议后，也赶回官邸参加茶会，并作了简短的讲话："孙夫人和孔夫人到重庆来，不仅是全国的姊妹们喜欢，而且是全国的民众都喜欢的事情，因此，我代表全国民众表示欢迎。"蒋介石深知，宋庆龄在这个时候搁置政治分歧来到重庆，是对自己的巨大支持。茶会过程中，宋蔼龄提议蒋介石与三姐妹合影，蒋介石在照片中难得地留下了灿烂的笑容。

15日下午四至六时，孔祥熙、宋蔼龄在嘉陵宾馆举行盛大茶会，欢迎宋庆龄来渝。英、法、美、苏四国驻华大使，妇女界领袖等中外人士三百多人出席。宋庆龄在主桌正中就坐，孔祥熙和宋蔼龄分坐在她的两旁。当蒋介石和宋美龄到场时，宋蔼龄将自己的座位让给蒋介石。茶会进行中，蒋介石突然站起来，出人意料地站到孙夫人旁边的一个座位处。他的表情十分严肃，没有言语也没有动作，静静地直立在那里，长达十几分钟之久。蒋介石用这种一反常态，来表达自己对宋庆龄的尊重与感谢。

宋氏三姐妹不仅在重庆和成都积极传播团结抗战的精神，而且通过广播电台，向美国民众做了广播演讲，呼吁西方国家的人民支援中国的抗战。

4月18日，三姐妹来到广播电台。宋庆龄首先致词。她说："中国人民艰苦抵抗日本的军事侵略，很快就要满三年了。日本借着它拥

* 1940年4月28日，宋氏三姐妹结束对成都的访问，返抵重庆华西坝机场

* 宋庆龄向美国民众发表广播演讲

有优越的武器，在开战以前，曾向世界夸说，要使占全世界五分之一的中国人民，于三个月内向日本屈服。可是我们中国，曾经始终不屈地作有效的抗战在三十三个月以上，而且抱定了继续抗战的决心，自信必能获得最后的胜利。太平洋和全世界人民的将来历史，一定和以前不同，且将更见光明灿烂，因为中国不愿做奴隶的四万万五千万的人民，已经拿起了武器，争取自己的自由，同时也是为世界人类，为你们大家争取自由。"

宋蔼龄在讲话中表达了对汪伪政权的鄙视。她说："南京那幕可怜的丑剧，那所谓'政府'也者，完全是一个笑话，这是人类智慧上的一个侮辱。它不能代表中国，它只是政治污水中的渣滓，这些日本利用的工具，是中国人所咒诅的叛徒，世界上任何具有自尊心的国家，都会加以唾弃的。"她强调了中国军民的团结："中国各将领间，是毫无问题地团结一致，他们充满了异常坚强的继续抗战的决心。……军队和民众一起工作，民众也和军队一起工作。这种团结一致的精神，也足以击败敌人的。"

宋美龄着重讲述了中国抗战对美国、对世界的重要性，抨击了美国纵容日本对华侵略的绥靖主义政策。她说："中国为了正义已经经过了将近三年的流血和困苦的奋斗。我们说的话是要请一切爱好自由的人们知道，中国应该立即得到正义的援助，这是中国的权利。"

三姐妹的讲话由美国NBC电台向全美转播，使美国人民对日军的侵略暴行有了更多的了解，对中国艰苦抗战的意义也有了更深刻的认识。

5月1日下午，国民党中央党部在国府大礼堂举行欢迎孙夫人茶会。国民党中央执监委员百余人出

* 1940年5月3日，三姐妹与妇女干训班学员会餐

席。宋庆龄对国民党元老们在抗战中团结奋斗的精神表示钦佩，呼吁大家继续坚持团结抗战。在讲话中，她严厉地批驳了一些人对孙中山三民主义的"误读"。她说："国父主义遗教，由抗战之事实加以证明，乃更有颠扑不破之伟力。闻有人对国父主义遗教惑疑，谓与当前时代未能吻合，试问国父手创之三民主义及所著之《建国方略》，尤其是亲草第一次全国代表大会宣言，亲授之遗嘱等，有一与当前时代不吻合者否？只有汪逆精卫之徒，不知羞耻，投靠敌人，妄组伪府。察其所为，无非毁弃三民主义，出卖民族利益，破坏国家统一，此种丧心病狂之徒，不久必然消灭。吾人首当坚定信念，然后能精诚团结，共救危亡。"

宋庆龄的这一番话，显然不仅是针对投敌叛国的汪精卫，而且是对国共合作团结抗日中隐含的危机做出的警告。不幸的是，仅仅过去八个月，就发生了"皖南事变"。在国民党军队的包围袭击下，中共领导的新四军军部及其所属皖南部队几乎全军覆没。

宋庆龄对蒋介石始终保持着警惕。在三姐妹与蒋介石的合影中，她有意识地与蒋介石之间留下了一个空间，而且在将这幅照片送给友人时，她还在照片背面写下两个大写英文字母"UF"（"统一战线"的缩写）。很明显，宋庆龄无法忘记1927年以来国共之间血染的历史和信仰上的水火不容，但国难当头必须联合，结成抗日统一战线是唯一理智的选择。所以，即使发生了惨痛的"友军""围剿"，统一战线仍然没有彻底破裂。此刻，中国人至高无上的任务是团结一切力量，争取反法西斯战争的彻底胜利。正如4月8日宋庆龄为重庆《新华日

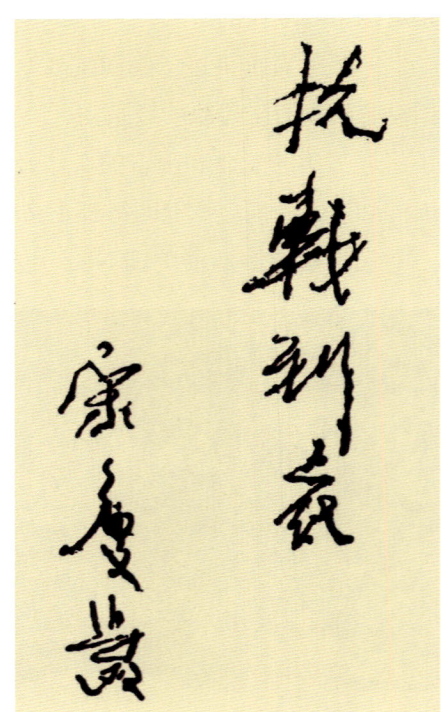

* 1940年4月8日，宋庆龄为重庆《新华日报》题词："抗战到底。"

* 1942年4月17日，宋庆龄与宋蔼龄（右）、宋美龄（中）在孔祥熙官邸

报》的题词所写："抗战到底！"

5月9日晚，宋庆龄结束对重庆、成都的访问，与宋蔼龄一起离开重庆飞返香港。

此后，三姐妹仍以不同的方式、与不同的政治力量相配合，投身于抗战大局。宋美龄和宋蔼龄协助蒋介石、孔祥熙坚持正面战场的抗战，并积极开展战时外交活动，为中国抗战争取外援。宋庆龄从各方面全力帮助共产党坚持敌后抗战，牵制了大部分日军和伪军；她还支持、推动全国范围内的民主运动，保障人民的权益，维护国共联手抗日的局面。

但是，她们再也没有这样亲密无间地聚在一起。

＊ 宋庆龄与"一碗饭运动" ＊

＊ 北京宋庆龄故居展柜中的三个碗

1941年8月，宋庆龄领导的"保卫中国同盟"在香港发起"一碗饭运动"。短短的几天里，成千上万的市民涌入饭店、餐馆争吃"爱国饭"，其场景空前，蔚为壮观。

1937年7月，日军大举进犯，中国工业遭到沉重打击。主要工业城市或陷于敌手或毁于战火，生产能力丧失四分之三。如不能重建工业，战时的军需民用便无法维持；同时，只有解决千百万难民的劳动就业，后方秩序才能安定。这是关系到抗战能否继续下去的重要问题。当年11月，国际友人艾黎、斯诺与中国爱国进步人士胡愈之、沙千里、徐新六、卢广绵等提出了推动中国工业合作运动的计划。宋庆龄对其全力支持。

1938年8月5日，中国工业合作协会在汉口成立，宋庆龄任名誉理事长，孔祥熙任理事长，艾黎任技术顾问，负责协会的组织工作。其宗旨是把后方的人力、物力动员组织起来，发展工业生产，支持长期抗战。为了从海外筹募捐款和物资支援中国"工合"运动，次年1月，宋庆龄又在香港成立了中国"工合"国际委员会。

"工合"运动发展迅速，从1938年8月在宝鸡建立第一个工业合作社，到1941年春，已在战区和后方的十八个省区建立了两千多个生产合作社，社员五万余人，参加工作者达二十余万人，月总产值达两千万元以上。合作社百分之九十的产品，都是有助于民生和国防的。为了解决军队和老百姓穿衣、铺盖的基本需求，合作社中纺织业占百分之五十。1940年年底之前，仅西北及川康的合作社就生产军毯一百四十万条。在一些战区，野战军的服装粮秣全靠合作社供应。"工合"已成

* "工合"运动标志

* 宋庆龄保存的"工合"活动照片。左十为"工合"代总干事路易·艾黎

为野战军离不开的军需处。

但是，随着日寇快速入侵，涌入大后方的难民越来越多，加之物价飞涨，"工合"的资金周转困难，致使其发展计划不能如期实现。宋庆龄为此忧心忡忡。为了进一步扩大工业合作社，使难民伤兵得到妥善安置，她决定以"保卫中国同盟"的名义，在香港发起"一碗饭运动"，为"工合"募捐。

"一碗饭运动"最初是由美国医药援华会和旅美华侨团体于1938年在美国发起的，目的是为救济中国战争灾民筹集捐款。之后，它每年都举行一次，并推广到英国和古巴等地。

宋庆龄的提议得到了香港各界的热情支持。1941年5月初，"一碗饭运动"委员会宣告成立，宋庆龄任名誉主席，香港立法局华人首席议员罗文锦为主席，"保卫中国同盟"名誉书记、香港医务总监司徒永觉的妻子克拉克夫人为副主席。委员中还包括各公团领袖、各界名流。为了协助推动"一碗饭运动"，香港华商总会成立特种委员会负责具体筹办。委员会决定发售餐券一万张，每券港币两元，认购者可持券到提供赞助的餐馆、茶室吃炒饭一碗。发售餐券的所有收入，全部赠送给"工合"，用于救济华北灾民。

委员会宣布,"一碗饭运动"将于7月1日举行开幕式,而后用一个月时间进行宣传并推销餐券,发动各饭店、酒家认捐炒饭;8月1日起正式启动,时间为三天。

7月1日,香港报纸登出消息,各酒楼餐室认捐炒饭已达一万二千碗,较原定计划中的一万碗,超过两千碗。消息称:"孙夫人等定于今晚八时假座湾仔英京酒家举行成立典礼,开启发动工作。"

当晚,庄士敦道英京酒家四周的马路上人潮涌动,大家争睹国母的风采,香港政府不得不出动大批警察前去维持秩序。

会场设在英京酒家五楼。典礼由"一碗饭运动"委员会主席罗文锦主持,各界代表一百五十余人出席。活动得到了港英当局的全力支持。港督罗富国因病不能出席,特致函"一碗饭运动"发起人宋庆龄和司徒永觉夫人表达敬意。会议开始后,罗文锦宣读了这封信。罗富国在信中专门写道:中英两国此时都惨遭轰炸,两国人民同处水深火热之中。他深信香港的"一碗饭运动"一定能取得成功。

在热烈的掌声中,宋庆龄发表了演说。她感谢大家对"一碗饭运动"的赞助,并深入阐述了"一碗饭运动"的意义。

* 1941年7月1日,宋庆龄在"一碗饭运动"委员会成立典礼上发表演讲

宋庆龄说：

"一碗饭运动不但是募了捐去救济被难的人们，并且是要节饮节食，来表示牺牲的意思。这是我们做人的美德，无论中外，无论古今，都是值得赞扬的。

"一碗饭运动是同情于我们抗战建国，而发扬民主精神的表示。最初由华侨和美国的同情者发起，已经在美国普遍地举行了三次，伦敦方面也曾经举行过。今晚在这一百五十余万华侨最多的香港首次举行，并承各友邦同情的友人们都来参加，这是何等有意义！

"香港的一碗饭运动，更含着一种深长的意义，因为这次捐款是要帮助工业合作社去组织及救济难民、伤兵，这是巩固经济阵线，是生产救国，是帮助人们去帮助自己，是最妥当的一种救济事业。工业合作社是民主性的组织，我们这样富有民主性的一碗饭运动，来使工业合作社完成救济事业，岂不是很愉快而值得提倡的吗？"

演讲过程中，宋庆龄讲得很兴奋，脸上泛起了红晕，与会者深为感动。但谁也没有想到，她是刚刚摆脱了连续几天的寒热病缠扰抱病前来的。

罗文锦向大家介绍了"工合"发展的情况。刚由内地来港的英国赈华会领袖巴尔嘉讲述了自己从贵阳到山西沿途视察所看到的惨景。他说："中国的难民问题，根据个人观察的结果，依然是非常严重。有些人认为目前大多数难民已经有了安身之所，其实在日人暴行之下，难民们根本就没有归宿之地，流离颠苦之状，使人不堪想象，需要我们作更大的援助。希望大家慷慨解囊，以完成此富有建设意义的救济目的。"

司徒永觉夫人发出呼吁："国际

* "一碗饭运动"正式开始

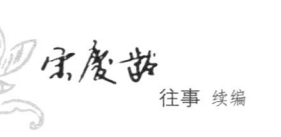

人士对中国的援助很热烈，中国人对中国的事情应该更关心。我们能让中国的难胞百分之四十死于饥寒交迫之下吗？"

演讲结束后，艾黎放映了他跋涉千里拍摄成的介绍"工合"的影片，并亲自用英语做讲解，给人们留下了生动、深刻的印象。

各酒家、餐室当场认捐炒饭，使总数上升到一万三千五百碗。在认捐炒饭的基础上，"一碗饭运动"委员会进一步号召热心人士踊跃认销饭券。

7月里，"一碗饭运动"的宣传一直没有间断。每天的报纸上都有相关的消息或报道。其中有通过专访艾黎详细介绍"工合"情况的；有对认购炒饭、认销饭券的进展进行跟踪报道的。"一碗饭运动"中涌现的典型事例更是得到了集中宣传。如闺秀名流到各酒楼餐室劝销饭券，郑铁民直接捐款五百元，唐谭美捐出两千元港币，李一谔用五百元现款购买十张饭券等等。此外，外籍货船上的劳工，在极端困难的环境下，将血汗换来的十七元二角二分全部捐出的事迹也格外感人。记者还报道了丽山餐室老板马次文。他不仅个人认捐五百碗炒饭、认销五百张饭券，而且提出建议，希望动员全港八十二家酒家、三十家茶室、一百九十六家茶楼、八十六家西餐室、四十四家饭店都来认捐炒饭，"使国内待救同胞多得其惠"。

7月10日开始，中央戏院连续放映表现华侨爱国献金运动的大型纪录片《一碗饭运动》。人们在影片中看到了美国华埠数万华侨青年男女参加的爱国游行。在游行队伍中，有中国传统的舞龙舞狮；有收集捐款的两只能容十余人的大碗；有全世界最长最大的国旗，旗长三百尺，由三百名华侨妇女牵举，华侨争先恐后地向旗内投钱。正如报道中所写的，其中"每寸胶片，都传达出侨胞爱国热情"。

7月29日，《华商报》还编辑了《一碗饭运动特辑》，由何香凝题写刊头，文学、美术、戏剧、法律界名人纷纷发表文章、木刻、题词，号召人们积极参加一碗饭运动，为抗战救国出一把力。著名法学家张友渔写道："假使你不是不关心国家的废兴，民族的存亡……你就应该

* 《华商报》"一碗饭运动特辑"

* 报纸上刊登的"一碗饭运动"广告

同情这一运动,赞助这一运动,参加这一运动。"著名剧作家于伶发表了《我希望》一文。他写道:"我希望每一位吃得起饭的人,多多购买'一碗饭运动'券。我希望每一位吃不起饭的人,无力购买'一碗饭运动'券,也能了解'一碗饭运动'的意义。"著名演员王莹说:"希望每一位海外同胞都参加孙夫人领导下的'一碗饭'运动!这是你的责任,你的荣誉。……对于每一件于国家于同胞有益的事,我们不能冷淡。"著名作家夏衍写道:"战争四年,我们的战士和人民死了多少?伤了多少?有多少人现在寂寞地变了永远的残废而躺在重伤病院里?有多少妇女和儿童失去了他们的丈夫和父亲而在忍受着不可想象的苦难饥寒?……你饱暖就想一想他们的饥寒,你团聚就想一想他们的离散,你欢笑就想一想他们的哭泣!使香港的一碗饭运动成功!这是你对于祖国的最低的责任,为着使你的良心安适,你也得尽这一些轻微的责任!"克拉克夫人题词:"买一张'一碗饭'运动的饭券不仅是做一件慈善的事,还可以使中国的难民有工作、能生活——帮助他们吧,使他们以合作来自助。"詹姆

*《华商报》发表宋庆龄的题词

斯·贝特兰先生题词:"你,中国的朋友,在香港的饭店里买一碗炒饭,那黄河边上千万的人民就可以一起工作,过着快乐的生活。"

8月1日是"一碗饭运动"正式举行的第一天。这一天的《华商报》上发表了宋庆龄的题词:"日寇所至,流离失所。凡我同胞,其速互助。"而其中的"寇"字是用"×"来代替的。大家都知道,这是对香港新闻检查的规避。但仔细加以研究,这个"×"并不那么简单。

上海沦陷后,《良友》是唯一从上海迁往香港出版的画报,马国亮先生是该刊的负责人。在《〈良友〉忆旧》一书中马先生记述:内地来港的刊物都有大量的抗日内容,当时在中日战争中,英国还持中立立场。对横行霸道的日本,香港政府小心谨慎,以免惹祸上身,因此定了个事先送检的制度。书报付印前,须将大样送检查官过目。凡文字中的日军的"日"字，或敌军的"敌"字，特别是涉及日寇暴行的，都被改为"×"。根据马国亮先生的介绍，宋庆龄的这个题词就很值得琢磨。按照要求，必须改成"×"的是"日"字，而宋庆龄留下了"日"，改的是"寇"。这大概是有意为之。题词是如何通过检查的，我们不得而知。莫非检查官也是有意地睁一只眼闭一只眼？

历时一个月的宣传使"一碗饭运动"深入人心。这时的香港犹如一堆干柴，只等点火了。

1941年8月1日，香港洋溢着浓烈的爱国热情。大街小巷的墙壁上、公共电汽车上、出租车上，到处都张贴、悬挂着宣传"一碗饭运动"的标语图画。劝销饭券的人不厌其烦，认购饭券的人积极踊跃。一张饭券两元港币，而在当时这两元钱是可以点几道菜的。人们拿了饭券进到店里只吃一碗炒饭，却个个高高兴兴，因为他们觉得自己是在尽着爱国的责任，是在帮助需要帮助的人。吃饭的人形形色色，外国友人、官员、军人、医生、职员、商人、青年学生、妇女儿童都在其中。一些外国人结伴而来，进到店里笑嘻嘻地学着中国话说："一碗饭来！"英京酒家是富丽堂皇的高档饭店，这一天也恭恭敬敬地接待来吃一碗饭的各色人等。记者在那里见到一位衣衫褴褛的乞丐，正坐在铺着雪白的桌布、摆着鲜花的餐桌旁，接受女招待的规范服务。毗邻娱乐场所的广州酒家也销出了几十碗炒饭。这是附近的歌女为爱国买下的饭券，她们不愿抛头露面，便请用人把炒饭打包带回去吃。

* 正在举行"一碗饭运动"的乐仙酒家门前悬挂着"爱国之门"的横幅，并在孙中山的遗像下，端端正正地摆着三个碗

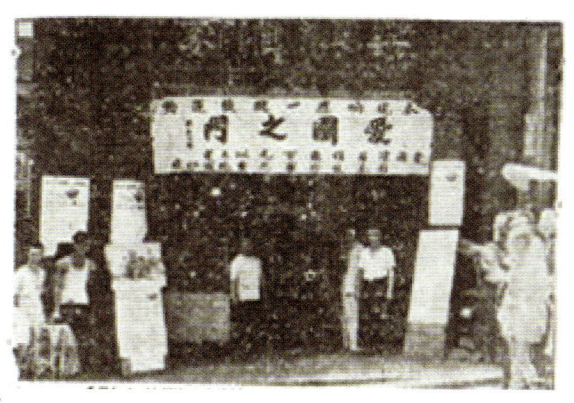

位于水坑口的乐仙酒家对一碗饭的赞助是最热心的。他们认捐了三千碗炒饭。酒家门前悬挂着一幅布制横幅，上书"爱国之门"四字；进了这个"门"，在孙中

一碗飯運動第一天

本報特寫

一碗飯運動是正確的愛國僑胞援助祖國傷兵難民的壯舉，使還留在中國淪陷區內外面掙扎的國家的受難者，解脫死亡線而獲得苦海持久的救援。

□□□

香港的社會，今日被一碗飯運動所激動，光明的另一面也回現了了，宣傳標語鮮明，掛在巴士居上，電車的頭上，自然大眾門前，酒店的牆壁上，酒簾的或個人們時時感到的或聽到的沒有不是一碗飯的宣傳，更有以千金購買一張飯祭的紛紛至沓來，僑胞愛護精神，例此其偉大的郵動，在本港已經熱烈展開，昨晨偉大的第一天，已得到了豐饒的收穫。

在這一天，捐助一碗飯的酒家，有些是規定特別的時間，或劃一固定的價錢特別的購菜，或索性不另列菜單，除了粘此一碗飯運動的宣傳標語外，也不作特別的變改，持有飯祭的，隨時可飽門食齋，惟召集各酒家共同待客，因為還除了主客的金錢關係之外，贊助又添有一種深重的精神蓮馨齋。

所以大家特別的親熱，還是平常營業上所沒有的現象。

昨天大家了飯去吃炒齋的人們，中有浅酒的國際友人也吃了一碗飯，他倆津津有味地吃了一碗飯，歡而不餘飽！

於是大家笑了一笑，一陣自然發表露齋齋一種同情的愉快。另外一個同伴說，我們不是為了餘蠶食不飽！

一個熟悉的國際友人，是對我們說，我們坐在海荷窟齋齋一大碗爛齋食的，畹且還喝了一種動其雷的四位同是中國型的鋪子，油飽炸鬼不少。

而我們選一位熟悉的國際友人把不涼暴，反而獲得齒香齒脆齊一陣鴨又燒，電內的橋桌也都是迪獻齋好一種酒家鲜鲜是，門窗掛斋齊，週是在北柵齋室這樣受歡迎的。

有牛與小孩子去吃炒齋的信了起大多數，一家數口，全部總動員，獎高榮光地去的，是主生會了。至於其他機關職員，餘就是平日孤零零地獨自唯唯的商店裡，也特別去到飯店面的人在主與員工更多，還有許多城鄉代表們的倩身影，為數亦不少。

還有呢，還有一批孩坑的有勞力之類的人，每亦不「一碗飯運動」是怎樣具有意義的。

「那你不付飯他嗎？」我再轉過身去問那個恭著的家標。

「不會的，」他回答着。後來我望那消失在人叢中的乞丐的背影，使我記那頓飯不知在身邊的織個銅仙，「那」假設一個一個無所有的乞丐也來付饋愛國之一飯的實助，這酒家對於一碗飯的實助，是最熱心的一個，一幅白布上寫了「愛國之飯」四字，端端正正的擺齋三個古碗，赫紅的美濃的多麼濃。

午四時許上英京酒家的時候，已經是下午，在那育敬的角落裡，張齋齋第設出來了，今日為愛園心特設計了一碗大型的愛園飯，內容有淺冰鮮香，烤肉四兩，妈肉雞肉四兩，又燒拉四兩，蛋兩隻，越南白米一斤，在門口貼有一張劣白，聞用六十元買餐餐一張，就有權利另受愛園愛園飯。

今天的廣告不足爲某某紅粉女面標榜的，但大多數是由馬葵妈媽率出去吃的工夫，已銷出五十餘碗炒齋，但大多數是由馬葵妈媽率出去吃的，我們好奇地問他們的老板，老板笑齋說。

「記者不必詫异，來這裡吃炒飯的，附近的歌女仙婢碗和愛園，總計合起來已經有五十餘碗飯了，等是這幾吃炒飯頭，但宵夜吃，不吃又怎的可惜，所以索性就算她們了。有一幅深刻的劇的圖斋，讓來一碗頭的無產的先生到淚痕泼涂碗吃。歌女—生活横苦下的僵樸者—的愛國故事。在我們已經很多，舞足蹈臨場不過，我在此間夢想到的那對志洞泼淚要去的一點。

這酒家，一天的工夫，已銷出五十餘碗飯了，這還是某某紅粉女面標榜某某酒家的一碗飯運動。

記者深慨歎有所得，但是我不禁敬佩各酒家對明日捐出今天的炒飯便連歡食的可能，還有今天，明天，在香港成千成馬的愛園僑胞實助中，我們預期這收穫更大的美濃的美濃的收穫。

---

* 报纸上关于乐仙酒家三个古碗的报道

山的遗像下，端端正正地摆着三个碗，分别是赭红色、淡青色与碧绿色，光彩夺目。这是老板庞永棠几十年珍藏的名贵古董，平常很少拿出。为了爱国，他用这三只碗特别设计了一款大型的爱国饭。其中有淡水鲜虾肉四两、鸡肉粒四两、叉烧粒四两、鸡蛋六只、丝苗白米一斤。酒家门前贴了一张告示，只要出一百元买饭券一张，就有权享受这顿爱国饭。8月2日，这独特的爱国饭终被一位无名氏买了去，饭券的号码是"〇七六一"，乐仙的老板亲自用名贵的古碗为他盛饭。

"一碗饭运动"的时间是8月1日至3日。为了多做贡献，龙泉茶室将截止时间延至10日；天燕酒家宣布延至15日。乐仙酒家和小祇园酒家将活动延长到一个月。乐仙酒家的老板庞永棠，除了认捐炒饭三千碗之外，还代销饭券八百张。小祇园酒家的老板欧阳藻裳，除捐助炒饭七百碗外，特别垫出八百元领饭券四百张，向熟悉的顾客推销，并拨出一部分赠送给僧侣。

在香港各界的共同努力下，"一碗饭运动"出售餐券和捐款的纯收入为两万两千一百四十四元九角五分港元和六百一十五元法币。英国赈华会香港分会将这笔善款凑足为两万五千元港币，全部捐给"工合"国际委员会。当然，"一碗饭运动"的成绩绝不仅仅是捐了多少碗炒饭，筹了多少款，更重要的在于，它点燃了人们心中爱国的火焰。正像当时香港报纸所评价的："这个有着积极意义的救济伤难运动，在香港侨胞爱国史上将占着最光辉的一页！"

9月1日下午，宋庆龄亲自主持的"一碗饭运动"结束典礼在英京酒家举行。何香凝在会上致词，她说："在这短暂的期间，能够得到这样的美满成绩，去救济正在水深火热中的国内伤难同胞，真是值得我们万分的感谢。""希望

* 保卫中国同盟成员廖梦醒（左一）与英国记者贝特兰（左二）在湾仔东方小祇园酒家吃炒饭

* 1941年9月1日，宋庆龄出席"一碗饭运动"结束典礼。中立者为印度国大党成员玛拉黛芙夫人，右为何香凝

能够从这一运动，唤醒全港的同胞、全国的同胞，以及全世界的人士，彻底地认清法西斯侵略者的罪恶，共同为反对法西斯而奋斗到底。"

宋庆龄向认捐炒饭的十三家酒家餐室分别赠送了由她亲笔书写的"爱国模范"锦旗；向英京、小祗园、乐仙三家业主高福申、欧阳藻裳、庞永棠赠送了特别奖——复制的孙中山先生的遗墨"努力前进"。何香凝向个人捐款最多的唐谭美、韦少伯等六人分别赠送了象牙筷一双，上刻"保卫中国同盟赠送，纪念一碗饭运动"。劝捐最多的马坤等也得到了纪念品。

香港的"一碗饭运动"至今已近八十年。抗日战争那段艰难岁月成为遥远的历史。但是，当我们回望这一运动时，仍不禁怀着深深的敬意。

作为一个爱国运动，"一碗饭运动"旗帜鲜明地树立起民族利益至上的危机意识、爱国光荣的荣辱观和甘苦与共的互助精神。

作为慈善救济活动，"一碗饭运动"是一个具有教科书意义的典型案例。从"助人自助"的活动立意、与每个人日常生活息息相关的项目定位、多种形式的十分成功的宣传发动一直到周全缜密的组织工作。

* 三个饱含爱国深情的碗成为宋庆龄故居的重要展品

宋庆龄作为一位公益大师，通过这一运动教给了我们很多很多。

十年前，为写一篇关于"一碗饭运动"的文章，我翻阅当年的香港报纸。当看到有关乐仙酒家摆出三只古碗的报道时，突然想到，在宋庆龄收藏的物品中也有三只颜色鲜艳的碗。由于没有任何文物信息的记录，每次见到这三只碗，我都会觉得莫名其妙。宋庆龄虽然喜欢收藏瓷器，但那都是传统的中国瓷，这三只碗却是美国的产品。奇怪的是，这三只碗虽没有任何说明，却始终被宋庆龄带在身边，显然有着特殊的意义。我的印象中，这三只碗的颜色与报道中的叙述是完全一致的。于是，我将碗调出，经过对照，确认其为"一碗饭运动"中的物品。至于乐仙酒家的业主、热心于"一碗饭运动"的庞永棠先生是怎样把这三只碗送给宋庆龄的，我们已无从知晓。

这三只碗被宋庆龄带在身边，因为它们盛满了宋庆龄对"一碗饭运动"的怀念、对热心救国助人的朋友们的怀念、对香港那段难忘生活的怀念。

2009年3月，这三只碗故地重游，与我一起到香港参加了《清菊雅石——宋庆龄文物珍品展》。此后，它们又作为重要文物，永久地陈列在北京宋庆龄故居的展厅里。

* 宋庆龄与"小先生" *

* 宋庆龄教儿童福利站的小朋友识字

1945年10月23日，宋庆龄写信给她的朋友格雷斯。她一反平时斯文、沉稳的风格，劈头就写了这样两句话："立即收拾行李动身，目的地上海！我激动得几乎连信都写不下去了。"即将返回家乡的欣喜溢于言表，真有杜甫"漫卷诗书喜欲狂"的味道。

那是七年零一个月的漫长离别！宋庆龄忘不了当年趁着夜色，躲避日军岗哨，悄悄登船的情景。是日本的侵略，迫使她离开自己的出生地、挚爱的家乡——上海。为了赶走侵略者，她奔赴香港；此后又在香港机场被日军占领的最后关头撤退到重庆。终于，她和全中国人民一起迎来了抗战的胜利。

在陪都，宋庆龄见证了国共两党的谈判。当蒋介石和毛泽东的手握到一起的时候，她也和全国人民一样期盼着和平真的能够降临到这块多灾多难的土地上。

现在，宋庆龄终于可以回家了。11月8日，她由重庆飞抵上海，暂居靖江路四十五号。

然而，时隔不久，她的心情就发生了变化。"中国的战后，并不是一个值得大肆欢庆的时期，善后和重建工作带来了很多问题，也出现很多现实和迫切的需要。"这是回到上海三个月后宋庆龄对现实的评价。国共之间的不断摩擦，令她十分忧心。不出宋庆龄所料，1946年6月，全面内战爆发，经济形势迅速恶化，通货膨胀直线上升，中国人民被抛入了最悲惨的境地。

1947年到1949年是中国艰难的两年，对于上海来说必须加上一个"更"字。

内战开始一年后的1947年5月，美国驻华大使向华盛顿报

* 快速缩水的金圆券。（1948年11月报纸刊登的米谷所作的时事漫画。）
"金元券：'这难道是我昨晚脱下的鞋子吗？'"

告：上海发生了抢米风潮，因为米价已上涨了六倍。这只是讲一年之中的涨幅。如果以1936年为基数，这时上海的米价已增高八万倍。老百姓的日子过不下去了。就连宋庆龄本人的日子也过得很紧。1947年7月，她在一封信中写道："今天黑市上一美元可换七百五十万元法币。隔一天就涨一次，所以，像我们这样手上没有黄金的人来说，生活是非常、非常艰难的。一只鸡卖到三百万，所以除非我们被请去赴宴或我们宴请别人，鸡是难得见到的。最便宜的豆腐是大多数人的主要食品，现在也要八万元一磅。米是三千万一担，像我这样的家庭只够吃一个月。我们现在在食品里都不放糖了。"

到了1948年8月，美国大使在给华盛顿的报告中不再使用具体数字，只是说通货膨胀以"天文数字上升"，政府印钞厂连印制钞票都来不及。此时，上海物价已是战前的三百九十万倍。8月，蒋经国雄心勃勃来到上海，着手整顿不像话的通货膨胀。8月19日，国民党政府宣布发行金圆券代替法币，兑换率是金圆券一元换法币三百万元，金圆券四元换美元一元。同时宣布禁止任何私人持有金、银、外币，由政府按官价全部强制收购。金圆券原定发行限额为二十亿元，但到10月1日发行额已超过一百亿元。11月6日，蒋经国的金融整顿宣告失败，这位"被老虎打败了的武松"灰溜溜地回到杭州。此后物价的飞涨更如脱缰的野马，令人瞠目结舌。到上海解放前夕，金圆券与美元的比价达到了一千万元换一美元。这种政府明目张胆地把老百姓的积蓄彻底抢光的情况，在历史上是罕见的。宋庆龄说："我们目前正在经历一个异常艰难的时期。我们中一些有先见之明的人曾试图避免这一情况的发生，然而历史仍然选择了这条破坏性的道路。"

行走在上海的街头，令宋庆龄触目惊心的是"每周有数千饥病交迫的难民涌入上海"。特别是"数千儿童流落街头以乞讨为生。疾病与死亡率在青少年中达到惊人的比例"。这使她无法忍受。1947年2月，在《〈黑母鸡〉中译本序》中，宋庆龄写道：

"（战争）带给人类许多灾难，而带给儿童们以特别多的灾难。他们失去了保护，他们失去了温暖，他们缺少着食粮——物质的和精神的。

然而，他们幼小的身体和心灵，是多么迫切需要这些东西的培育和滋养啊。

"我们不能让这新的一代被遗忘，尽管世界还是充满着火药气，若干地方继续在遭受好战者的破坏和践踏。我们须要从断垣残壁下，街头巷角里，以至饥饿寒冷的乡村中，把这些被遗忘的孩子们找出来，给他们以他们所迫切需要的东西。"

她一面竭尽全力筹款筹物，推动对战灾儿童的救助；一面在考虑解决儿童文化教育问题的良方。

1947年4月，宋庆龄在中国福利基金会创办的上海儿童图书阅览室的基础上成立了第一儿童福利站。7月，她委任马崇儒为第一儿童福利站站长，支持他推动"小先生"活动。在同年的10月和11月，中国福利基金会又陆续成立了第二、第三儿童福利站，全面推行"小先生"制。

＊ 1946年10月12日，儿童图书阅览室开幕，小读者在铁皮房前

马崇儒原是陶行知在上海郊区主办的山海乡村实验学校的校长，一直致力于推广"小先生"活动。陶行知提倡的"小先生"制，主张"即知即传"，"学会了赶快去教人，教了又来做学生"，也就是通过学生教学生的方式来解决师资不足的困难。

儿童福利站的"小先生"主要是从附近的公立小学学生中挑选的。这些孩子大多出身贫苦，中国福利基金会要帮助他们支付学费，使他们能够继续上学，同时经过训练，由这些小学生担任识字班的"小先生"。也有些热心公益的中学生，是从阅览室的义务服务员转为担任"小先生"的。这些"小先生"最大的十七八岁，最小的十二三岁。识字班的学生则全部是从上海街头的失学儿童中招收的。

* 宋庆龄在识字班给孩子们讲解国内外大事

* 宋庆龄在建造中的儿童福利站工地视察

"小先生"的大本营是中国福利基金会在上海的三个儿童福利站。这三个福利站都设在圆顶的铁皮活动房子里,每个铁皮房的面积约为一百平方米。这些铁皮房屋原是第二次世界大战期间为美军设计制造的,后来作为剩余物资,经宋庆龄争取,由当时国民政府行政院救济总署工业善后处分配给中国福利基金会。

铁皮房夏天十分闷热,条件艰苦,但在当时已经是孩子们的天堂。它不仅是识字班,还承担着许多其他的功能。这里是穷人看病的保健站,是救济物资的发放站,是儿童剧团的排练场,是儿童图书阅览室,所以每天人们川流不息。到了下午,这里就成为大教室,贫苦的孩子们分成初、中、高三种程度,依次在这里上课,每班的学生都在五十人左右。在这里讲课的是教师,一些较大的孩子充当助教。在这里学习的学生们,走出教室就是扫盲识字班的

* 铁皮房中的识字班

*宋庆龄在图书阅览室指导孩子们读书

"小先生"。

三个儿童福利站都选择设在上海劳动人民聚居的街区。"识字班"的教育对象是贫困失学儿童。他们中有童工，有捡垃圾、捡煤渣的拾荒者，有卖报的，有擦皮鞋的，有流落街头的孤儿、难童。因为要去当学徒或工人，不知什么时候，他们的学习就会突然中断。现有的教科书无法适应这种不确定性。所以，教师们有针对性地编写了四册教科书，供两年使用，一册读一个学期，内容都是实用的知识。这套识字课本叫做《老少通》，既适合不同年龄的儿童学习，也可用于成人扫盲。宋庆龄曾经说：通过扫盲班两年的学习，"我们能教会他们3'r's，加上卫生知识和一些历史地理常识，我想这是一件了不起的事"。所谓"3'r's"，是英文reading（读）、writing（写）、arithmetic（算）的省写，因为这三个单词中都有"r"。

识字班的学生们走出福利站的教室，就成为受尊重的老师。他们在自己家里，在弄堂口，在坟墓旁，在当地的理发摊旁边，在任何空闲地点，把学到的知识教给不如他们的人。他们骄傲地在身后的墙上、树上插起一面"识字班"的三角小旗,挂上小黑板,随处都是课堂,三五个学生就可以开课。这样,三个儿童福利站的三百名"小先生"可以直接给两千多上不起学的儿童甚至成人实施扫盲。

许多"小先生"都来自贫穷的家庭,所以他们很能体会穷人家的甘苦。参加"识字班"的人情况各不相同,有的早晨要先去上工,有的家里住着需要晚起的老人或病人,有的要操持繁重的家务,许多家庭里又没有电灯,所以上课时间既不能太早也不能太晚,只能灵活地插空子。在定下上课时间后,准时开课也是很难的。因为绝大部分的家庭都没有时钟。"小先生"往往要跑到附近有时钟的地方,看了时间,再急急忙忙地跑回来,开始给学生们上课。但是不管有多少困难,宋庆龄欣慰地说:"家庭扫盲班正在迅速增加,我们认为这是在今日中国消灭文盲最经济、最有效的办法。"

在儿童福利站里读书的孩子是幸运的,每星期有三天每人能喝到一杯牛奶,两次分发花生米或糖。在收到救济衣服时,每个孩子可以领到一套。"小先生"可以多领一套,作为他们义务工作的酬劳。

* "小先生"在铁皮房内接受地理知识培训

* 第三儿童福利站的家庭识字班在街头授课

然而，要维持和扩展"小先生"制，在当时几乎是无法完成的任务。孩子们需要的不过是最基本的生存条件和最简单的文具。但是当物价涨幅达到几百万倍后，一支普通的铅笔也有了几年前黄金珠宝的价格，何况要使用它们的是一贫如洗的街头失学儿童。

为了满足"小先生"的需要，宋庆龄不得不千方百计地向国内外筹募款物。

她多次组织京剧、歌舞、电影义演，先后举办了三次儿童福利舞会。宋庆龄动员大家出去卖票，她自己也直接销售了一部分。1947年10月，第二届儿童福利舞会前，她在写给王安娜的信中说："叫卖了三百八十张票之后，我的声带都快撕裂了。"第三次舞会是1948年11月20日在上海的大理石大厦举办的，入场券每张售价五十元。她写信给一些著名人士，甚至包括外国领事馆，请他们带更多的人来参加。

为了能筹措到更多的款物，宋庆龄不停地给海外的团体和朋友写信，不厌其烦地解释这项工作的意义。在给一位美籍华人妇女的信中，宋庆龄写道："我们开设的义务识字班已接纳逾千名少年，要不然这些孩子就无法上学。由于我们应用了

* 活跃在上海街头的识字班

* 坚守在陋室中的识字班

* 中国福利基金会主办第三届儿童福利舞会的宣传册

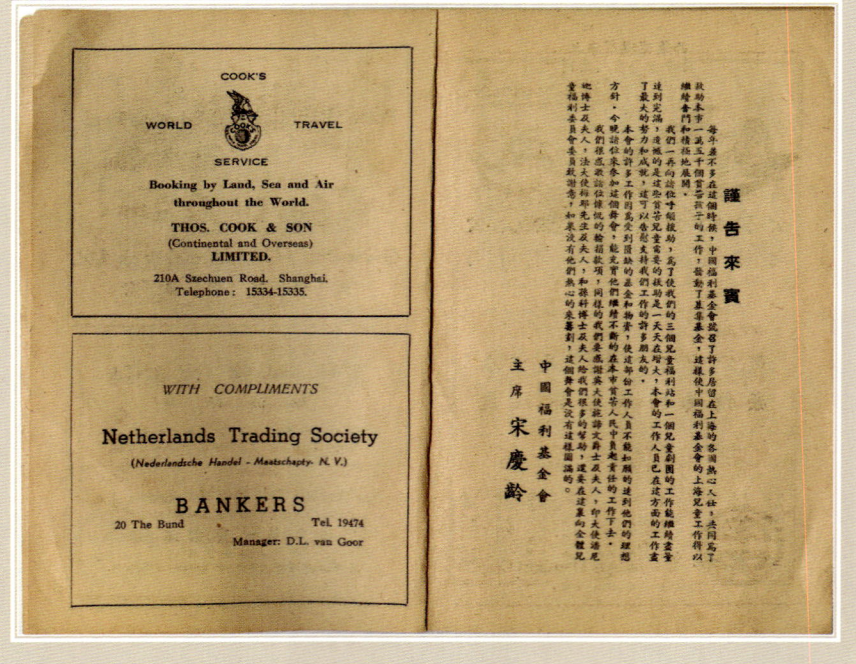

* 第三届儿童福利舞会宣传册卷首刊登的宋庆龄撰写的《谨告来宾》

报道中提到的'小先生'制度,明年就能帮助好几千名儿童了。然而我们的基金有限,目前识字班没有铅笔和纸,不知夫人能否劝使你的一些朋友设法帮助。上海物价之高,连最便宜的纸、铅笔和蜡笔也令人无力购买。若你的朋友能捐赠笔记本、廉价打字纸、铅笔和蜡笔,我们可保证物尽其用。"她写信给外国朋友,通报关于扫盲班的预算。她说:"每年有相等于一千六百美元的款项就足够维持为两千名青少年办班。……每个儿童的教育费只需约八十美分……"她请求外商:"如果贵公司能把中国福利基金会列入捐赠清单,每月给我们你昨天所捐数量的款项,我们就能保证四十三名儿童留在我们的扫盲班里继续学习,成长为'小先生'。"她建议旧金山的朋友"领养""小先生",捐款为他们购买教科书和其他用品。她致信新西兰内皮尔女子高中宿舍服务员联谊会,感谢他们寄来的一百英镑。她说:"这笔捐款将使我们有可能在今年开办十六个家庭识字班,每班由两个'小先生'执教,有十至十五个幼童就读。这意味着,上海大约有一百六十多位儿童将在他们一生中第一次接受教育,成为识字的人。"1949年3月,宋庆龄致函一位美国朋友,感谢他慷慨捐给"小先生"一百零五袋面粉。信中写道:"培训班里的这些有才能的儿童来自上海最贫困的家庭。如果没有最低需求的食品,他们就会落入非常困难的境地。"

宋庆龄更多收到的是小额捐款,有些是十美元或五美元,有些甚至只有两美元;在捐来的物品中,有的是一些铅笔,有的是少量的纸张和橡皮。但无论多么微小的捐助,宋庆龄都要一一亲笔回信,向捐赠人表示感谢,并负责任地说明他们捐出的款物用到了什么地方,起了什么作用。为了感谢美国一所社区学校捐赠的五本图书,她甚至分别给捐赠者和转递者写了感谢信。宋庆龄告诉捐赠者,她已将这五本儿童书籍转给设在上海的三个儿童福利站,供使用福利站的五千名儿童阅读。现在,我们可以见到的这一时期宋庆龄致捐赠者的亲笔感谢信就有八十多件。因为信件在收信人手中,所以实际数量会大大高于这一数字。1948年6月21日,宋庆龄给捐赠者写感谢信四封。同年11月4日,她又在一天之中寄出感谢信四封。而这八位朋友捐赠的总价值也不过在一百美元左右。宋庆龄是孙中山先生的夫人，是中国的"国母"。然而，为了穷孩子，她却愿意竭尽全力地去做这些"小事"。她在用每一分精力，去为苦难中的孩子们争取支援，哪怕是一支铅笔、一张纸。

1947年底，中国福利基金会在上海的三个儿童福利站全部建成。虽然只是三栋简易的铁皮房，却寄托了宋庆龄对未来的美好期盼。12月23日，她特地邀请儿童工作组负责人顾锦心和三个儿童福利站的站长到家中晚餐。

宋庆龄特别高兴，亲自做了菜肴，还不断地给自己的部下搛菜送茶。当客人们谈到"小先生"们主动团结周围的小伙伴，教他们读书写字、出墙报、编演小节目、扭秧歌的时候，宋庆龄高兴地笑了起来。她说："你们的工作很有成绩，要使孩子们团结起来，觉悟起来，让孩子们看到未来，成为未来的主人。你们这是为未来而工作，眼光要放远些。"

宋庆龄满怀深情地说："苦难深重的孩子们不能这样被贫病所迫过早地凋谢下去。我们有许多为儿童谋福利的事情可做，要呼吁各界人士捐款献物援助穷苦儿童。当然，更主要的是组织和教育儿童，鼓舞他们为争取解放和建设未来而奋斗。我们的工作意义重大，也是大有希望的。我们要有开拓精神，把事情做得越来越活跃。"停了一下，她又郑重地说："我要提醒你们，当前的形势风云变幻，大家都要注意安全，尤其是要注意小先生的安全，他们都将成为骨干，成为有用之才。我说的这些话，我想你们是会懂得的。"

在此后两年的时间里，宋庆龄曾多次表达她对"小先生"

* "小先生"卫生服务队

的殷切希望。她说:"在今日中国,我们发现这是最现实、最有效的传播文化的方法。这些'小先生'以负责任和自愿的精神帮助他人,无疑将成长为现代中国未来的领导。""采用这种办法,可使儿童负起社会责任,爱护和改进他们周围的环境。""通过'小先生'制,我们相信我们正在提供一种方法可以训练出许多未来的领袖——那些关注并实行改善全国同胞生活标准工作纲领的人。""我们认为这是一种最实际的'助人自助'的方法:给他们工具,让他们去锻造中国光明的未来。"

"小先生"们没有辜负宋庆龄的期望,他们将扫盲工作做得有声有色,同时很好地使自己得到了锻炼。上海解放前夕,他们集中到西摩路宋氏老宅,为迎接解放做准备。

5月25日,沪西区率先解放了,但战争还在继续。此时,"小先生"们已经组织了宣传队走上街头,写标语、贴传单、扭秧歌,尽情欢呼上海的新生。

儿童福利站就像一所大学校,培养出了一批革命骨干。他们有的参军南下,有的到工厂、学校当了领导干部,有的继续求学,日后成了工程师。

新中国成立了,苦难的岁月终于结束。当孩子们都可以走进学校大门的时候,识字班也失去了存在的必要,但这份记忆却是永存的。

1955年1月,在庆祝解放五周年之际,宋庆龄发表了《第一个五年》一文,其中有这样一段文字:"我国人民的生活比以前任何时候都更美好了。数以万计的工农大众参加文化学习,成千上万的人在进一步地受教育。今年小学生有五千五百万人。"在写到这里的时候,她一定会情不自禁地想起那些衣衫褴褛的"小先生",那些聚在街头巷尾三角旗下的一双双渴求知识的眼睛。

* 照片中透出的平等 *

* 宋庆龄和志愿军女代表姜淑华、刘秀珍,戏剧界女代表李再雯合影

照片中透出的平等

* 宋庆龄和志愿军女代表姜淑华、刘秀珍，戏剧界女代表李再雯、范瑞娟合影

1951年10月23日至11月1日，政协全国委员会第三次会议在北京召开。会议期间，宋庆龄留下了与两位志愿军代表和两位戏剧界代表的合影照片。

照片送给宋庆龄之前，摄影者用钢笔在其背面做了说明。一幅是："宋庆龄副主席和志愿军女代表姜淑华、刘秀珍，戏剧界代表小白玉霜、范瑞娟合影。"另一幅是："宋庆龄副主席和志愿军女代表姜淑华、刘秀珍，戏剧界女代表小白玉霜合影。"宋庆龄收下了这两幅照片，但将两处"小白玉霜"都划掉，改成了"李再雯"。

* 照片背面的钢笔字

宋庆龄时任中央人民政府副主席，是国家领导人，年轻的志愿军女战士在合影时，随意地将手搭在她的肩上，她却毫不

在意，脸上还露出会心的微笑。

　　小白玉霜是评剧演员李再雯的艺名。评剧是从"莲花落"和"蹦蹦戏"演化而来的，原本是纯民间的艺术，难登大雅之堂。李再雯出身很苦，五岁随父亲从天津逃荒到北京，因为家里养不起，就把她卖给评剧演员白玉霜做养女。她十四岁登台，十六岁就担任主演，成为评剧新白派的创始人。由于在各剧种中，评剧更便于表现现代题材，新中国成立初期涌现出了一批脍炙人口的评剧现代戏。其中有李再雯主演的《兄妹开荒》《农民泪》《九尾狐》《千年冰河开了冻》《小女婿》《罗汉钱》等。特别是《小女婿》，在当时可以说是家喻户晓。小白玉霜所饰演

* 李再雯（小白玉霜）剧照

* 李再雯（小白玉霜）便装照

照片中透出的平等

* 左：范瑞娟剧照
  右：范瑞娟便装照

的杨香草的形象，也成为反对包办婚姻的艺术典型。

宋庆龄将"小白玉霜"改成"李再雯"，显然是觉得，在政协会议中对代表以艺名相称显得不够尊重。

范瑞娟是越剧范派的创始人，工小生，成功地饰演过梁山伯、焦仲卿、贾宝玉、文天祥、韩世忠、李秀成等等人物，代表作为《梁山伯与祝英台》。越剧也是宋庆龄喜欢的剧种。

* 电影《梁山伯与祝英台》海报

1954年，上海电影制片厂将越剧《梁山伯与祝英台》拍摄成中国第一部彩色电影艺术片。袁雪芬饰演祝英台、范瑞娟饰演梁山伯。宋庆龄很喜欢这部影片。1956年1月，宋庆龄出访巴基斯坦，曾特意邀请穆罕默德·阿里总理和夫人到中国驻巴大使馆观看这部中国电影。

此前，在1949年9月的中国人民政治协商会议第一届全体会议上，参加会议

宋庆龄往事 续编

* 1949年9月，宋庆龄同出席中国人民政治协商会议第一届全体会议的女代表在中南海怀仁堂前合影。前排右起：罗叔章、廖梦醒、区梦觉、何香凝、宋庆龄、刘清扬、曹孟君、邓颖超、李秀贞

的女代表也曾经拍过一张合影。在七十个人的大合影中，坐在台阶上的是资历最深、威望最高的宋庆龄、何香凝、邓颖超等领导人。

这些历史瞬间，使人们真切地感到了"平等"的意义。

* 为陈毅送行 *

* 1964年2月，宋庆龄与周恩来、陈毅在昆明

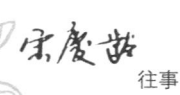

陈毅是共和国十大元帅之一。

众所周知，陈毅的革命资历很深。1924年，孙中山改组国民党、实行国共合作之后，陈毅就成为参加国民党北京特别市党部的共产党三代表之一。其他两位代表是李大钊和张国焘。

1941年，皖南事变爆发，叶挺被扣押、项英牺牲。中共中央决定由陈毅任代军长、刘少奇任政委，重组新四军。在这段最艰难的日子里，宋庆龄尽全力支援着新四军，但她一直没有机会与陈毅谋面。

1949年5月12日，陈毅率领的第三野战军发起淞沪战役。25日，上海解放。28日，上海市人民政府宣告成立，陈毅任市长。陈毅对宋庆龄十分景仰，但他万万没有想到，正是他的部队冒犯了宋庆龄。

抗战胜利后，宋庆龄回到上海。国民政府安排她居住在靖江路四十五号。1948年夏天，进行了简单的清理修缮后，宋庆龄搬回了她和孙中山的"老房子"香山路七号（即原莫利爱路二十九号）。但搬入不久，宋庆龄就发现这里已不适宜居住。她说："我现在的房子快要塌了。特别是屋顶，楼上漏雨漏得很厉害，修了多少次也无济于事。这房子太老了，木头都腐烂了。工人不愿意再去修屋顶，如果他们踩上去，怕整个屋顶都会塌下来。因此，他们请我尽快搬出去，以便他们着手修缮，把它改成一处纪念馆。"

1949年初，国民政府将林森中路一八〇三号拨给宋庆龄居住。4、5月间，宋庆龄迁入了新居。当时，因为宋庆龄离开了香山路七号，上海曾谣传她是躲到朋友家里去了。在兵荒马乱之际，很少有人知道林森中路的这处幽静的院落已经是宋庆龄的寓所。

上海解放时，宋庆龄搬进新居还不到两个月，刚刚进入上海的解放军对此当然更是一无所知。5月27日，上海全市解放。第三野战军二十军六〇师一七八团的一个营进驻林森中路。连长见到武康大楼对面有一所宽敞的房子，便指定一个排到那里宿营。排长敲开门后准备带部队进驻。门房拦住他说："这里不能住。"听到这个答复，排长很反感："连长命令我们住这里，为什么不能住？"他强硬地说：如果下午四点前不把房子腾空，他就派士兵来搬走东西。在双方争执时，宋庆龄亲自走下楼来，对战士们说："我是宋庆龄。这里是我的公馆，你们部队不能住。要住，请陈司令打电话给我。"连长听到报告，为挽回影响，赶忙前来道歉赔罪。

得知这件事，陈毅非常生气。他严厉地批评了师、团干部，亲自打电话向宋庆龄表示歉意，并派人前往宋庆龄住所慰问。

5月31日，陈毅与华东局书记饶漱石、邓小平等专程到宋庆龄寓所赔礼道歉。敲开门后，仆人因不认识他们，坚决不予放入。无奈之下，陈毅只得请来宋庆龄的朋友史良。在史良的帮助下，陈毅一行才得以跨进大门，第一次见到了久仰的孙中山夫人宋庆龄。

陈毅把这件事看得很重。6月1日，他以华东局的名义向中共中央书面报告了这一情况。报告称："孙夫人宋庆龄处，我们到后即决定首先拜访。因她有点病，故迟了三天才见面。在此三天内，我们部队因找房子（因她现住宅系国民党政府行政院另拨的）曾进去麻烦了两次，引起她一些误会。昨日陈、饶、邓与吴克坚、史良同往拜访道歉，已检讨问题责任，我们已派卫兵在其住宅警卫。又据史良说，她现经济困难，决定由潘汉年先送一百万人民票给她，以后当陆续供给。"接到报告后，中共中央回复上海市委：要保存孙中山先生在上海的旧居，以资纪念；从优供给宋庆龄的日常费用及实物。

1949年6月30日，中共中央华东局、中共上海市委举行庆祝中国共产党成立二十八周年大会。陈毅邀请宋庆龄参加。晚六时，陈毅在会场门口迎候宋庆龄，并亲自引导她入席。宋庆龄在会上发表了题为《向中国共产党致敬》的祝词。

7月7日，宋庆龄又和陈毅等一起，出席上海各界纪念"七七"庆祝解放大会，并在会上发表了讲话。

陈毅知道，香山路七号孙中山故居的修缮和保护是宋庆龄最挂心的事。上海解放后资金紧张，亟待处理的问题堆积如山。在这种情况下，陈毅为首的上海市军管会及市人民政府决定拨出一笔款项对孙中山故居进行维修。征得宋庆龄同意后，工程于8月19日启动。对此，宋庆龄当然是心存感激的。

* 1950年5月17日，陈毅致宋庆龄信

陈毅很关心宋庆龄的生活，也了解宋庆龄的爱好。1950年5月17日，陈毅致信宋庆龄，为庆祝上海解放一周年向其约稿，并送去新疆友人远道带来的哈密瓜和白葡萄数斤。陈毅建议宋庆龄适当看些电影作为消遣。

1952年6月1日，为庆祝六一国际儿童节，上海市少年儿童在逸园举行营火晚会。宋庆龄和陈毅、谭震林等出席晚会，观看了中国福利会儿童剧团演出的广场歌舞《为了幸福的明天》。

此后，宋庆龄与陈毅多次共同参加国事及外交活动。特别是在1956年，印度尼西亚总统苏加诺来访

* 1952年6月1日，宋庆龄与陈毅在上海逸园举行的营火晚会上

192

* 1956年9月29日，宋庆龄与陈毅欢迎来华访问的印尼总统苏加诺

* 1956年10月3日，苏加诺、陈毅等在宋庆龄上海寓所花园

* 宋庆龄与毛泽东、周恩来、张闻天、陈毅在中南海

* 1962年1月6日，宋庆龄与陈毅在纪念《中国建设》创刊十周年招待会上

期间。从9月30日至10月12日，宋庆龄与陈毅一起参与了多次接待、宴请等活动。

1958年，陈毅兼任外交部部长。宋庆龄是与国外联系最多的新中国领导人之一，在外交方面起着无可替代的作用。因此，她和陈毅的联系也日益增多。

新中国成立伊始，为了加强国际宣传，宋庆龄创办了《中国建设》杂志。1962年1月6日，《中国建设》杂志社举办创刊十周年招待会和展览会。宋庆龄、周恩来、陈毅、邓颖超和廖承志等出席。周恩来对前来参观的各界朋友说："这个展览会很好，大家要给《中国建设》写稿子！"宋庆龄和陈毅勉励该杂志社的工作人员："要用心学好外语。"之后，宋庆龄与周恩来、陈毅、邓颖超等前往《中国建设》编辑部，接见全社工作人员及外国专家，并同他们合影留念。

* 1962年1月6日，宋庆龄与陈毅为纪念《中国建设》创刊十周年与编辑部人员合影

*1964年2月26日，宋庆龄、周恩来、陈毅在锡兰。前排右三为锡兰总理西丽玛沃·班达拉奈克夫人

　　1963年是中国福利会成立二十五周年。6月14日下午，中国福利会主席宋庆龄在北京后海北沿四十六号寓所举行庆祝酒会。周恩来、朱德、董必武、何香凝、陈毅、聂荣臻等党和国家领导人、相关方面负责人以及国际友人出席了酒会。

　　1964年，宋庆龄和陈毅更加频繁地共同出现在外交活动中。2月26日至3月1日，宋庆龄在周恩来和陈毅夫妇的陪同下出访锡兰。这次出访给宋庆龄留下了美好的记忆。上海寓所的客厅中，就摆放着她同周恩来、陈毅即将出访锡兰时在昆明的合影。出于谦逊，她把合影中自己的肖像裁掉了。

　　1966年11月12日，纪念孙中山诞辰一百周年的万人集会在北京人民大会堂隆重举行。大会开始前，宋庆龄同周恩来、陈毅等一起接见了参加大会的部分外国朋友、华侨代表和港澳人士。宋庆龄在大会上发表了长篇演讲。这次大会一定给宋庆龄和陈毅都留下了深刻的印象。因为，

*纪念孙中山诞辰一百周年大会上，陈毅（前排左四）坐在宋庆龄身后

宋庆龄再一次在公众场合发表讲话，已是在 1972 年 9 月 5 日的何香凝追悼会上；陈毅更是在饱受批判后，被打成"二月逆流"的黑干将，从政治舞台上彻底消失了。

1972 年 1 月 6 日二十三时五十五分，陈毅病逝，享年七十一岁。

8 日上午十时半，国务院机关事务管理局军代表办公室电话通知："中央请宋副委员长于今日下午三至六时间，到三〇一医院向陈毅同志遗体告别。"宋庆龄心情很沉重，刚一上汽车她就对秘书杜述周说："真可惜，真可惜。"

三〇一医院的太平间设在地下室，宋庆龄艰难地走下一层层台阶。告别的房间不足十平方米，三面是洞开的大门，寒风直接从外面吹进来。陈毅的遗体上却只盖着一条薄薄的白布床单。宋庆龄的印象中，陈毅仍是那位心直口快、机智勇敢的元帅，仍是那位反应机敏、精力过人的外交家。但眼前的陈毅，却已与她阴阳两隔。

宋庆龄向陈毅遗体深深鞠躬，然后走向张茜。这位曾多次与陈毅一起陪同宋庆龄出访、会客的光彩照人的外交部部长夫人，强忍着内心的悲痛，她虽然只有五十岁，却已两鬓染霜。宋庆龄与张茜紧紧拥抱，表达她的同情与安慰。

陈毅逝世时已不是党和国家领导人，他的追悼会由中央军委出面组织，参加人数为五百人。追悼会定于 1 月 10 日下午三时在八宝山革命烈士公墓举行，而在此之前，没有重要领导人在八宝山举行追悼会的先例。

参加追悼会的名单已经敲定，作为国家领导人的宋庆龄和外国元首西哈努克亲王都提出了参加陈毅追悼会的请求。

9 日晚，国管局办公室电话通知宋庆龄的秘书杜述周："关于陈毅同志的追悼会，在 7 日军委向中央的报告上，中央批注：八宝山公墓气候较冷，宋副委员长就不要去了。"杜秘书立即将中央的意见报告宋庆龄。宋庆龄听到后的第一反应便是："是不让我参加，还是客气？"虽然如此，面对中央决定，宋庆龄还是选择接受。

根据这个通知，杜述周没有做去八宝山的准备。正巧，住宅院内

宋庆龄往事 续编

* 作者在医院病房中与杜述周交谈

的电话线被下沉的房基压坏，10日这一天市电话局的工人来更换电缆。

下午一时三十分，正在午休的毛泽东突然起身，指示工作人员立即安排车辆，他表示要去八宝山参加陈毅的追悼会。得到这一消息，周恩来立刻拨通了中央办公厅的电话："我是周恩来。请马上通知在京的政治局委员、候补委员，务必出席陈毅同志追悼会；通知宋庆龄副主席的秘书，通知人大、政协、国防委员会，凡是提出参加陈毅同志追悼会要求的，都能去参加。"搁下电话，周恩来便乘车赶往八宝山。

下午二时十四分，维修电话的工人把宋庆龄住宅切断的电话线重新接通。就在这一刻，电话铃突然响起来，把在场的人都吓了一跳。来电话的是国务院值班室主任吴庆彤。他急匆匆地说："陈毅同志追悼会，伟大领袖毛主席来了，问宋副委员长来不来？"杜述周顾不上向宋庆龄请示，当即回答："去！肯定去！"

宋庆龄接到报告，立即下楼，乘车赶赴八宝山。宋庆龄抵达公墓，进入休息室后，提前到达的毛泽东正穿着长睡衣坐在沙发上。他起身与宋庆龄握手，并请宋坐在自己身旁。陈毅夫人张茜和家属也都走来和宋庆龄握手。不一会儿，柬埔寨国家元首西哈努克亲王和夫人莫尼克公主到了。宋庆龄便起身，将自己的座位让给西哈努克亲王。毛泽

198

*　陈毅追悼会会场

东向西哈努克通报了"九一三"事件。他评价说:"陈毅跟我吵过架,但我们在几十年的相处中,一直合作得很好。……林彪是反对我的,陈毅是支持我的。"

追悼会开始,莫尼克公主搀扶着宋庆龄进入灵堂,与毛泽东、西哈努克等人并肩站在前排。

追悼会结束后,毛泽东坚持让宋庆龄先上车。一再谦让之后,宋庆龄走向自己的红旗车,周恩来赶忙上前搀扶。这时,毛泽东似乎想起了什么,对江青说:"你去,扶宋副主席上车。"

汽车启动后,宋庆龄自言自语地说:"毛主席,真聪明。"杜述周秘书曾经向我讲起过这件往事,并揭示了其中的奥秘。据他回忆,在一次宴会上,江青祝酒时故意绕开了宋庆龄。这个小动作当然是十分失礼,甚至是带有敌意的。应该是毛泽东知道了这件事,这次才让她用搀扶的方式当众向宋庆龄赔礼。

宋庆龄上海故居书房的墙上,至今还挂着一幅1956年宋庆龄与毛泽东、周恩来、张闻天、陈毅在中南海的合影。照片中,除了毛泽东略显沉思外,其余四个人的脸上都洋溢着灿烂的笑容。

在给友人的信中宋庆龄曾写道:"尽管我碰到许多困难,我还是要去参加陈毅的追悼会。我深深地景仰他,因为他是一个胆识过人、具有真诚性格的人。"

* 1974年国庆招待会 *

1949——1974

* 1974年国庆招待会请柬

宋庆龄与周恩来相识相知半个世纪。在过去的岁月里，他们之间的过往是很多的。但在"文革"中，周恩来超乎寻常地忙碌，他的健康也亮起了红灯。所以，在这个阶段，宋庆龄与周恩来的接触越来越少。

1972年9月5日，何香凝追悼大会在人民大会堂举行，宋庆龄亲致悼词，周恩来出席。此后，周恩来曾多次打电话问候宋庆龄，对宋庆龄的医疗和日常起居中的问题也经常做出具体安排，但他们一直没有再见面。当时，社会上悄悄流传着周恩来生病的消息，宋庆龄当然对周恩来也更加牵挂。

* 宋庆龄在何香凝追悼会上致悼词

1974年8月2日清晨，宋庆龄突然出现面瘫。第二天，病中的周恩来仍然十分周到地亲自打来电话问候。经过一个多月的治疗，宋庆龄的面瘫已大致康复。她惦记着两年没有见面的周恩来，提出要在自家庭院的南湖中为周恩来打一条鱼。9月20日，宋庆龄站在窗前看工作人员捕鱼，第一次下网就捉到一条二十三点五斤重的大草鱼。她很高兴，指示秘书杜述周立刻把这条大鱼送到中南海。当天下午，总理办公室的秘书赵炜电话报告宋庆龄，鱼收到了，并代表周恩来表示感谢。

新中国成立后，大多数年份都要举行国庆招待会。建国之初的1950至1952年间，国庆招待会是以中央人民政府主席毛泽东的名义举办的。1954年政务院改为国务院，此后即改为以国务院总理周恩来的名义举办。唯一的特例是1964年，这一年是建国十五周年，9月30日，由毛泽东、刘少奇、董必武、宋庆龄、朱德、周恩来联名举办国庆招待会。1974年是建国二十五周年，按惯例要隆重庆祝。

9月27日，宋庆龄接到电话，她被邀请出席30日举行的国庆招

待会。国管局局长在电话中解释说,这次招待会规模空前,要有四千五百人出席。考虑到宋庆龄的身体,他还特别说明,招待会时间不会太长,约一个多小时。宋庆龄表示同意出席。

* 招待会请柬内页

为庆祝中华人民共和国成立二十五周年订于一九七四年九月三十日(星期一)下午七时半在人民大会堂宴会厅举行招待会

请参加

周 恩 来

30日晚,人民大会堂灯火通明。和所有与会者一样,宋庆龄也在担心,长期抱病的周恩来总理是否能像以往那样主持国庆招待会。

招待会开始时,周恩来的身影出现在宴会厅的入口处。人们欣喜若狂,情不自禁地起立,长时间热烈鼓掌。为了看清周恩来,不少中外来宾不顾礼节,站到了椅子上。

周恩来穿着深藏青色中山装,虽然身体消瘦、脸色苍白,但他仍如人们熟悉的那样仪表堂堂、气度非凡。主宾席是一个长桌,破天荒地安排了六十三个人。周恩来在正中就坐,左侧第七位是江青,右侧第六位是宋庆龄。这个"排座次"恐怕是周恩来很费了些脑筋的。因

* 招待会会场

为在见报的党和国家领导人名单中，江青排在第七，宋庆龄则被排在第二十。

当周恩来走到话筒前准备致祝酒词时，全场再次爆发出经久不息的掌声，人们似乎渴望用这种方式使周恩来留下的时间更长久些。等待了片刻，周恩来双手做向下压的动作。在他的一再示意下，宴会厅里才渐渐地平静下来。周恩来的苏北口音和温暖的微笑，使人们如痴如醉。短短的祝酒词，竟被不时爆发的热烈掌声打断十余次。有些根本不到断句的地方，也被人们不适当地插入长时间的掌声。

很多人并不知道，周恩来身患癌症已有两年多，而此时他刚刚做完第二次手术。对他出席这次招待会，医护人员是持反对意见的。但周恩来坚决地说："我要出席这次招待会。"他心里明白，这次相聚，很可能就是与大家的永别。

医疗组的妥协方案是：一、周恩来出席，但不讲话；二、只讲前面几句话，后面的话由别人代念讲话稿；三、必须提前退席。

为了实现自己的愿望，周恩来表示同意。

来到宴会厅，周恩来亲自完成了他的祝酒。他举杯提议："请大家为中国各族人民大团结，为世界各国人民大团结干杯！"他的祝辞将招待会的气氛推到了高潮。为了照顾医疗组的感受，祝酒后周恩来没有再次入席就座。他歉意地和临近的宾客握手告别，提前退场。

最初，在给朋友的信里，宋庆龄曾几次表示：自己对出席这次招待会是很不情愿的。她说："当我被劝告去参加上月30日晚的庆典时，我被告知我只要到到场就行了。""30日我被'硬拉'去参加一次宴会，当时我的眼睑还肿着呢。"所以持这样的消极态度，是因为她预测周恩来难以出席。她不愿意被当作一个"文革"中"大团结"的标志。1974年10月5日，伦敦《经济学家》周刊的报道中说："周参加了宴会，几乎所有能够抬得起头来的中国领导人都出席了。六位八旬老人出现在主桌，包括八十八岁的国家代主席董必武，他已经有一年未见活动了；以及八十四岁的孙逸仙遗孀宋庆龄，自1972年以后只见到过她一次。"老朋友陈翰笙事后向宋庆龄提供了这份剪报。

* 周恩来在招待会上致祝酒词

* 陈翰笙为宋庆龄抄录的伦敦《经济学家》周刊剪报

"Chou was joined at the banquet by virtually every Chinese leader capable of holding up his head. Six octogenarians turned up at the top table, including 88-year-old Tung Pi-wu, the acting head of state, who has not been visibly acting for a year, and 84-year-old Soong Ching-ling, the widow of Sun Yat-sen, who has been seen only once since 1972. Also present were Kang Sheng, the ailing politburo member whose main public activity during the past three years has been sending funeral wreaths, and several others who have been uncharacteristically inconspicuous lately."
(Page 37, The Economist, London, Oct. 5, '74)

能够在国庆招待会上见到周恩来，宋庆龄又是惊喜又是心酸。

10月6日，宋庆龄在给瑞士女教师奥尔加·李夫人的信中写道："虽然长期患病显得清瘦，周作了一次极好的讲演。有些客人站在他们的座位上，为了看清楚这位肩挑重担而又拒绝一切诱惑的人。"

10月7日，邓颖超打来电话说："国庆宴会看到您在主宾席很高兴。外宾多，不便打招呼问好。回去累吧？听总理讲，看到您身体还好，很高兴。"宋庆龄答："谢谢亲切慰问。想见面谈几句话，愿望没有达到。"

10月11日，宋庆龄致信老朋友邓广殷："我参加了二十五周年国庆宴会，有四千五百个宾客。总理说能看出我的眼睛因为面瘫的缘故还有点肿。"

10月15日，她又致信陈翰笙："我的眼皮仍然肿着，是我六个星期以来面瘫的后遗症。但是我还是待在那里坚持到了最后。我见到了总理。"

10月22日，宋庆龄致信老朋友爱泼斯坦："在宴会上，我见到了总理。他很憔悴而且面带倦容，但他以高亢的声音，发表了一篇精彩的演讲。当然他是做出了巨大的努力，表现他身体健康。但是他现在仍然在住院治疗。"

应该说，1974年的国庆招待会给宋庆龄留下了深刻的印象。遗憾的是，这也是周恩来生前与宋庆龄的最后一次近距离相见。此后的1975年1月13日，宋庆龄曾坐在全国人大四届一次会议的主席台上，看到瘦骨嶙峋的周恩来发表《政府工作报告》的背影。宋庆龄再次见到周恩来，就是在北京医院与他的遗体告别了。

宋庆龄 往事 续编

* 宋庆龄书房中放置重要物品的黑角柜

宋庆龄一生中出席过多少次会议，恐怕是很难统计的。会议上发给与会者的讲话稿，她刻意收在身边的并不多。特别是开幕词、闭幕词、祝酒词之类的礼节性讲稿，似乎更不具留存的价值。但是我们确实在宋庆龄的遗物中见到了一份祝酒词。

这是《周总理在国庆二十五周年招待会上的祝酒词》。这份祝酒词十分简短，包括标点也只有短短的四百二十字。这份十六开大小的讲稿有一道折痕，显然是宋庆龄对折之后放到衣袋里带回来的。当我找到它的时候，它放在宋庆龄书房的黑色角柜里。与它放在一起的有宋庆龄亲笔书写了书皮的《广州蒙难记》，有毛泽东签名送给宋庆龄的第一版《毛泽东选集》等等极具纪念意义的物品。

* 宋庆龄保存的《周总理在国庆二十五周年招待会上的祝酒词》

206

* 宋庆龄与宋子安 *

* 宋庆龄保存的宋子安照片

宋家兄弟姐妹六人，宋庆龄排行第二。排行第六的弟弟宋子安生于 1907 年，比宋庆龄小十四岁。

1913 年 8 月，孙中山领导的"二次革命"失败。为了躲避袁世凯的迫害，也为了继续帮助孙中山的革命，宋耀如偕全家流亡到日本。七岁的宋子安也与父母同行。

1915 年，即宋庆龄嫁给孙中山的那年，宋耀如全家回到上海。幼年时宋子安一直由母亲倪太夫人照管。但此时，宋耀如身体已大不如前，肾病日渐加重，倪太夫人也分身乏术。1917 年 8 月，宋子文、宋美龄自美国留学归来，倪太夫人就把宋子良、宋子安暂时委托给宋美龄照管。1918 年 5 月，宋耀如在上海病逝。

宋子安性情温顺、勤学苦读，中学未毕业就考入了上海的圣约翰大学。

1925 年 3 月，孙中山在北京病逝。4 月 21 日，倪太夫人、宋子文、宋美龄、宋子安等，陪同沉浸在悲痛中的宋庆龄，一道前往南京勘察孙中山墓址，并最终选定紫金山南坡的中茅山。

次年，宋子安自圣约翰大学毕业，随即考入美国著名的哈佛大学，攻读经济学硕士。

1926 年 4 月 16 日，宋庆龄在给美国同学阿莉的信中写道："宋子安，我们的小弟弟，将于今秋进哈佛大学。他将于 8 月赴美。起先我计划与他同去，但后来我决定最好还是等一等，因为今年在国内有许多事要做。"

1926 年秋，即将离开中国的时候，宋子安看到的是这样一番景象：已经去世的孙中山在全国民众中威望空前；宋庆龄在国民党内受到高度尊崇，几乎全票当选为中央执行委员；宋子文在国民政府财政部部长、国民党中央商民部部长的职位上做得风生水起；国民革命军正式出师北伐；孔祥熙全力以赴忙于孙中山陵墓的筹划。总之，宋氏家族内部相互关怀、扶持，国民党士气高涨，全国革命潮流澎湃。

宋子安在哈佛的岁月是称心如意的。在研究生里，他是最年轻的一位。他待人温和有礼，是个中规中矩的好学生。同时他又受到师生的格外关照，因为他的哥哥宋子文是1915年毕业的哈佛大学的经济学硕士（1917年哥伦比亚大学经济学博士），回国后就任中央银行行长和财政部部长，自然是一个为母校增光的典范。

宋子安在美国的两年中，中国国内政局却出现了令人瞠目的剧变。

随着北伐的推进，国民政府按既定计划北迁。1926年底，宋庆龄、宋子文、孔祥熙等作为先遣人员离开广州北上，调查和部署迁都事宜。1927年1月，国民政府明令以武汉为首都，开始在武汉正式办公。宋庆龄、宋子文等均为中央党政联席会议成员。倪太夫人和宋霭龄、宋美龄结伴从上海来到汉口看望宋庆龄和宋子文，一家人其乐融融。3月，孔祥熙就任国民政府实业部部长，更是锦上添花。

然而，1927年4月12日，蒋介石在上海突然实施"清党"，屠杀共产党人和工农群众。随即，他在南京另立政府，形成宁汉对峙的局面。蒋介石的这一举动，迫使在政局中占有重要地位的宋氏家族作出反应。宋霭龄、孔祥熙、宋美龄迅速选择了站在蒋介石一边，宋子文在家族内外的强大压力下，经过痛苦的挣扎，最终也加入了蒋介石的阵营。孔祥熙、宋美龄、宋子文、宋霭龄先后来到武汉争取宋庆龄，倪太夫人也特意来信劝说宋庆龄回归"家庭"，但执拗的宋庆龄没有妥协。

7月15日，汪精卫步蒋介石的后尘实施"分共"，武汉政府迅速右转。事变发生的前一天，宋庆龄拒绝出席"分共"会议，并发表《为抗议违反孙中山的革命原则和政策的声明》，痛斥国民党领导人背叛孙中山、背叛工农，宣布将不再参加"新政策的执行"。团结一致的宋氏家族分成了壁垒森严的两个阵营，尽管在人数对比上是那样悬殊。

8月23日，宋庆龄秘密启程，流亡苏联。

12月，宋美龄嫁给了宋庆龄最不耻的蒋介石。

1928年上半年，宋子文就任南京政府财政部长；蒋介石任国民党中央军事委员会主席、国民革命军总司令；孔祥熙就任工商部部长。

1928年6月下旬，宋子安获得硕士学位。7月初，他从哈佛大学整装回国。自离别上海到踏上归途，时光仅仅走过了七百天，国和家对他来说都变得陌生了。想到二姐宋庆龄一人独自流亡在外，宋子安特意绕道德国前去探望。见到幼弟学成归国，宋庆龄心中有说不出的高兴。她详细询问子安在美国学习和生活的情况，耐心地向子安讲解了国内的政局。她还陪子安参观了柏林大学（特别是该校的图书馆），游览了柏林最大的公园——蒂尔公园和其他一些名胜古迹。当时与宋庆龄同在柏林的章克写道："在宋子安与她在一起的五天里，我在旁观察到宋庆龄对宋子文和宋子安的感情是比较深厚的。她是多么渴望她能和她的母亲和这两个弟弟经常在一起，叙天伦之乐啊！但因种种原因，这个愿望很少得到实现，他们之间，分离的日子多于相聚的时光。"章克说："宋子安因急欲回上海，所以在柏林只住了五天，临别时宋庆龄还亲自陪他到汉堡市，送他登上赴上海的邮轮。"

从章克的文字看来，他并没有陪同姐弟俩一起去汉堡，很可能只是听宋庆龄的讲述。因为事实上，宋庆龄与宋子安是一起离开德国的。他们7月12日抵达法国巴黎，其后又到欧洲的几个国家游览。

1928年8月21日，宋庆龄在致杨杏佛的信中写道："我们刚从布拉格回来。我与子安旅行了一个多月，先到巴黎去美国医院作X光治疗，再去瑞士湖间镇这可爱的阿尔卑斯区，还去了奥国、捷克。……

* 宋庆龄致杨杏佛信

在旅途中我曾寄上几张明信片，让你了解我们访问的国家。"从语气中我们可以体会到宋庆龄在长期政治重压下难得的轻松。根据她的叙述，宋子安7月6日或7日抵柏林，12日抵巴黎，8月21日回到柏林。这一次的结伴旅游不仅在姐弟二人之间是唯一的一次，即使在宋庆龄的一生中，这样长时间的休闲，也是绝无仅有的。

由于缺乏足够的生活费用，宋庆龄在德国的生活很是艰苦。章克每天中午会陪宋庆龄到中国餐馆吃一份快餐（即由饭馆事先准备好的一份菜肴和主食。大多是放在一只椭圆形的盘子里的大米饭、猪排或牛排和蔬菜。），每份一个马克，外加二十分小账。当时一马克相当于一块中国法币。听到这种情况，宋子安很为宋庆龄的健康担忧。启程回国前，他背着二姐将自己的余款全部交给章克，用作二姐的生活补贴，并嘱咐章克照料好二姐的生活，如生活中出现困难就立即给他写信，他一定全力支持。

宋子安将宋庆龄在国外生活的最新情况带给了国内的亲属，他也因此成为宋氏家族与宋庆龄沟通的最佳渠道。

1929年，中山陵建成，孙中山的国葬即将举行。3月，国民党第

* 1929年5月18日，宋庆龄回国参加孙中山奉安大典。宋庆龄与宋子良、宋子安步出北平东车站

三次全国代表大会提议委派宋子安赴德国迎接宋庆龄回国（后改为"出关迎迓"），参加孙中山的奉安大典。5月17日，宋庆龄抵达沈阳，宋子安和哥哥宋子良作为蒋介石和国民党中央的代表在车站迎接。此后，子安又陪同宋庆龄抵达北平，举行孙中山遗体改殓仪式，并全程陪同宋庆龄随孙中山灵榇南下。奉安大典结束后不久，宋庆龄再度回到德国。

宋子安回国后，参与了宋子文推行的盐税改革，出任松江盐务稽核所经理，后升任松江盐运副使。为了打击食盐走私，宋子文加大了武装缉私的力度，宋子安被任命为苏属盐务缉私局局长。

1931年7月，宋太夫人倪桂珍病逝。宋庆龄从德国匆匆赶回上海。兄弟姐妹终于又相聚一堂，只是他们的身边再没有了母亲。

1932年8月，宋蔼龄、宋庆龄、宋子文、宋美龄、宋子良、宋子安一起，在上海万国公墓宋氏墓地为父母宋耀如、倪桂珍营建合葬墓。建墓之前，他们对父亲宋耀如墓做了最后祭扫。宋庆龄和宋子安在父亲墓前合影。这张照片宋庆龄一直带在身边，并在照片背面亲笔写上"树长万代，叶落归根"八个字，表达了自己将来要回归宋氏墓地、期盼家族团圆的心愿。宋庆龄去世后，这张合影保存在北京宋庆龄故居。而宋庆龄也是兄弟姐妹中唯一践约的成员，死后安葬在上海宋氏墓地

* 1932年，宋庆龄与宋子安在父亲宋耀如墓前

与父母相伴。

1934年，中国建设银行公司在上海成立，宋子文、宋子良、孔祥熙等被选为董事，孔祥熙任董事长，宋子文任执行董事，宋子良任总经理。初出茅庐的宋子安就任监察。数年后，宋子安接任总经理。此后，宋子安又担任了广东银行的董事长。总体上看，宋子安与他的哥哥姐姐不同，他的活动基本上在自己所学金融专业的范围内，而且始终追随宋子文的脚步。

宋子安是宋氏家族中与政治距离最远的一位。但身为家庭成员，他也身不由己地被卷入一些矛盾。

由于理念上的差异，宋子文与蒋介石曾多次发生冲突，甚至动手。为此，宋子文在政坛上起起落落。1943年10月，在对史迪威的看法上，时任外交部部长的宋子文又与蒋介石发生了激烈的争辩。两人矛盾升级，蒋介石自此拒绝与宋子文见面。宋子安为郎舅之间的隔阂深深担忧。11月6日，他去见蒋介石，要求蒋召见宋子文。蒋介石评价宋子安"彼诚幼稚而天真之人也"。在政治斗争中，"幼稚而天真"不是赞誉之词。显然，蒋介石认为宋子安是不懂政治的。

* 宋子文与宋子安

1938年春的一天，李云到宋庆龄家做客。宋庆龄对她说："昨天我的小弟子安来看我，对我说：'三姐（指宋美龄）来到香港，我们都聚在一起，三姐关照大家，任何事情不要告诉你。'我听了很生气，就对我的小弟说：'你不要对我说什么，我也不要听。'我的小弟子安是和我比较好的，他还来告诉我一点消息。"

以上这两件事都可以说明，宋子安不具备政治手腕，对政治也没有什么兴趣，他更关心的是家族的团结和睦。对于家族在政治上的分裂，

*　宋子安一家

他很痛心，但又无力解决。

1949年下半年起，宋子安定居在美国旧金山。他仍然担任广东银行董事长，经常往来于旧金山和香港之间。1954年起，宋子安开始到台湾探望宋美龄和蒋介石，至1966年前后共达十一次。其中大多是与夫人和两个儿子同行，每次到台都受到蒋介石夫妇的热情接待。特别值得一提的是，宋子安促成了宋子文1963年的访台。

因与蒋介石的多次反目，宋子文对其毫无好感。国民党撤退到台湾之初，蒋介石曾邀请宋子文赴台，被宋拒绝。1963年，宋子文到菲律宾办事。2月4日，他写信给在美国家中的夫人张乐怡，表示将很快返回美国，问夫人能否到旧金山或洛杉矶与他会合，一起在加州湾区度过几周。第二天宋子安抵达马尼拉，与宋子文会面，代表蒋介石和宋美龄邀请宋子文访台。宋子安成功地说服了宋子文。与子安会面后，宋子文改变了行程。2月6日，他再次致函张乐怡，表示决定去台湾一至两周，月底前回家。随后，他即从马尼拉前往台湾。这次宋子文与蒋介石夫妇的相聚是愉快的，因为他们已经没有涉及任何政见分歧的必要。直到3月，宋子文才离开台湾，经菲律宾返抵纽约。宋子安也于当月离开台湾返回旧金山。显然，宋子文的台湾之行是宋子

* 1956年7月29日，宋美龄与宋子安之子宋伯熊、宋仲虎做游戏

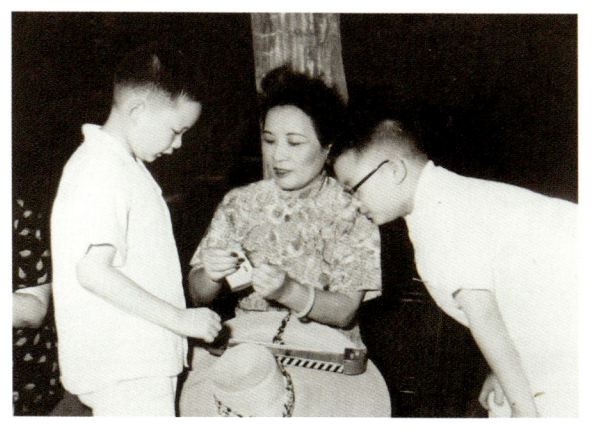

安穿针引线的结果。这是1949年后宋子文唯一的台湾之行。宋子安肯定十分乐见自己的哥哥与姐夫的和解。

在宋子安为宋子文与蒋介石牵线的同时，一个与他感情最深的姐姐却无奈地在中国大陆牵挂着他。前中国银行香港分行经理郑铁如解放后曾多次见到宋庆龄。他说："我每次见到孙夫人，孙夫人总要探问宋子安先生的近况，如果我说得笼统，孙夫人就会叫我回港后再设法了解得详细些，然后告诉她。"宋庆龄告诉郑铁如，小时候在兄弟姐妹中，她跟这位幼弟是最要好的。在向郑铁如谈起宋子安时，她总是满含深情。宋庆龄还曾托郑铁如带口信给宋子安："他的二姐非常想念他，希望在有生之年能跟他见一次面。"当时中美没有建交，宋庆

* 1963年2月，宋子文接受蒋介石、宋美龄邀请前往台湾小住。图为宋子文（戴墨镜者）与蒋介石、宋美龄一起视察。左一为蒋经国次子蒋孝武

龄不便去美国，因此希望宋子安能够回国来一叙姐弟之情。

1969年2月25日，宋子安赴香港参加广东银行开幕。当天，因脑溢血猝然离世，年仅六十二岁。

* 蒋介石与宋伯熊、宋仲虎在一起

宋蔼龄、宋美龄赴旧金山参加了他的追悼仪式。宋子安最终安葬在美国加州阿拉米达县奥克兰的观山公墓（Mountain View Cemetery）。

宋庆龄是怎样得知这个消息，她又是如何处理的呢？宋庆龄的英文秘书张珏写过不少回忆宋庆龄的文章，后来油印了文集《往事不是一片云》。在叙述这件事时，张珏写道：当时宋庆龄"从外国杂志上看到宋子安去世的消息，她亲自拟了电报，要我发出，表示哀悼。她说宋子安在弟辈中是最了解她的"。文集印出后，张珏曾送给宋庆龄的警卫秘书杜述周一册。杜述周在张珏的文章旁用红笔做了一些批语。在上面所述的文字旁，杜述周写了这样一段说明："给宋子安夫人的电报，是我到电报大楼拍发的。去时人家说，未接到通知。过一会说国办通知来了，发。我才知道是宋子安事。当时和美国未建交，电报是发瑞

* 杜述周在张珏文集《往事不是一片云》油印本上的批注

士转的。发报前告总理、邓大姐,总理那(里)通知电报大楼的。"这段经历杜秘书印象很深,生前几次向我讲述过。爱泼斯坦曾就此发表议论说:"她(指宋庆龄)为了要往美国发一个唁电,还得请周恩来和邓颖超帮忙获得特许——在那段紧张的时期,事情就是这样的。"的确,当时举国上下正在积极备战,最大的敌人就是苏修和美帝。

电报的内容究竟是什么?两位秘书都没有披露。好在电报原件现存北京宋庆龄故居,全文如下:

* 1969 年 4 月 5 日,宋庆龄发给 Peter S. Sommer 律师的电报

```
URGENT

       Attorney Mr. Peter S. Sommer
            625 Market St.
          San Francisco ( USA )

Just received your airmail stop Please inform Mrs. Soong Tsan
my deepest shock and grief over our bereavement stop I wish to
renounce any bequests to me in favour of Ts-an's children.
                        Soong Ching Ling
                        Mrs. Sun Yat-sen
                        1969-4-5日
```

急件

致:Peter S. Sommer 律师

美国旧金山市市场大街(Market St.)625 号

刚收到你的航空邮件。请向宋子安夫人转达我丧亲的巨大的震惊和深切的哀痛。我愿放弃给我的任何遗产,将它们留给子安的子女。

宋庆龄

孙逸仙夫人

1969 年 4 月 5 日

* 宋子安去世前一年,宋伯熊大学毕业

从电报内容看，宋子安去世后宋庆龄接到了其律师的航空邮件。是律师通知她，宋子安已逝世，请她接收由宋子安代管的属于她的遗产。由此看来，张珏关于宋庆龄通过外国杂志得知这个消息的说法是存在疑问的。在电报中，宋庆龄请律师代其向宋子安夫人致哀，因为她不知道如何与之联系。

电报中提到的遗产问题，公众过去从未听说过。其实这笔遗产是有蛛丝马迹可寻的。倪太夫人去世后，父母的遗产分给兄弟姐妹，其中也有宋庆龄一份，但当时因与家族其他成员政治立场不同，宋庆龄没有接受这笔遗产。1939年3月5日，为推动全民抗战，重庆举行了爱国献金竞赛。《申报》报导：宋美龄在妇女界集会上宣布，其兄弟宋子文、宋子良、宋子安及其两姊孙夫人宋庆龄及孔祥熙夫人宋霭龄，均各由遗产中捐出万元。1978年8月26日，宋庆龄在致陈翰笙的信中曾提到：1931年她从德国带病回上海参加母亲葬礼时，胡兰畦一路陪伴着她。回上海一周后，宋庆龄从母亲的遗产中借了一些钱，让胡兰畦返回柏林读书。以上这两个事例都说明遗产是存在的，但宋庆龄没有接受。在特殊情况下不得不使用时，她便以"借"的方式来变通处理。

2002年，我们采访了杜述周，在谈到宋子安去世后的情况时，他说：后来据宋庆龄身边比较亲近的人讲，宋家分配财产，她大概分到六十多万美元，可她没拿，由宋子安代管着。当时这件事未引起我们的重视，所以没有追问杜述周，宋庆龄究竟是跟哪个人说的。

对于宋子安的突然去世，宋庆龄痛心不已。

1971年2月，她在致廖梦醒的信中写道："我亲爱的小弟，他身体很健康，却在香港暴死，死因至今还没有弄清楚。"

1979年4月，宋庆龄致函杨孟东："最近听上海的一个老朋友谈起，子安（已故）的妻子婷婷嫁给一个埃及人！大约六七年前，我的亲爱的小弟弟在香港突然去世之后，她就到美国斯坦福大学去念书了。他们有两个儿子，但我从来没有见过他们，因为子安是战时在美国结婚的。"

宋庆龄很想得到宋子安的照片，于是设法通过对外友协联系宋子安夫人胡其英。1979年9月5日，胡其英终于从旧金山给宋庆龄来信。这封信寄到了中国人民对外友好协会。

亲爱的孙夫人：

近日得知您想要子安及其家庭的照片。请允许我借这个机会，对您在1969年子安去世后发来的亲切的电报表示感谢。

附上十张照片。为了您可以详细查阅，照片是按照片背面的年月为顺序排列的。

因为不知道您的家庭住址，所以我将照片寄到您给我来信的

* 1970年，宋仲虎大学毕业

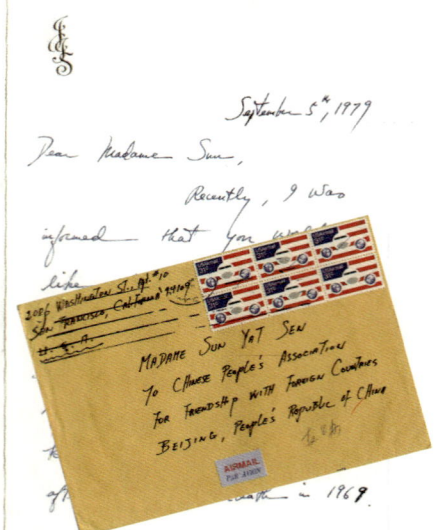

* 1979年9月5日，胡其英致宋庆龄信

地址。

第五和第六张照片是宋子安在儿童医院的学习实验室，里边有供医生和医务工作人员使用的医疗设备。第八和第九张照片，是在 De Young 纪念博物馆的宋子安陈列室，那些发掘出的 Avery Brundage 先生久已湮没的收藏品，将总会勾起对宋子安在旧金山的回忆。

当前，我们的大儿子罗尼（Ronnie）在纽约工作。小儿子利奥（Leo）在加利福尼亚经营他自己的矿泉水生意。去年，我到位于西雅图的华盛顿大学的土木工程学教授穆罕默德·谢里夫（Mehmet Sherif）那里去了，但我家还留在旧金山。

祝您健康快乐

敬礼

婷婷

她还在每张照片的背面用钢笔做了说明。

胡其英是 1941 年 12 月 20 日与宋子安在美国举行的婚礼，所以宋庆龄从未见过这位弟媳。

* 宋仲虎、宋曹琍璇及子女在海南文昌宋耀如之母王氏墓前

* 作者在北京宋庆龄故居接待宋曹琍璇

收到这封信的时候,宋子安离开人世已经整整十年。宋庆龄百感交集!她立即写信给杨孟东:"婷婷终于把子安的照片寄给我了。我真难以相信他已经离开了我们!他是我的多好的弟弟,他从不伤害任何人。对他的猝然去世,我止不住掉泪。现在我见到了婷婷本人的照片,我能理解为什么她同那埃及人结了婚。"宋庆龄把宋子安的照片放在身边,以便可以随时看到。此时,宋庆龄的健康状况已经很差,几乎每天都在同疾病抗争。仅仅过了一年多,宋庆龄在北京病逝。宋子安夫人胡其英从旧金山向北京发来唁电:"对我丈夫的姐姐逝世谨表示诚挚的哀悼。"

宋子安与胡其英膝下有两个儿子——长子宋伯熊、次子宋仲虎。由于宋子文与宋子良都没有儿子,所以宋子文把子安的儿子看作宋氏家族共同的子嗣,两个侄儿的中文名字也是他取的。

现在,宋仲虎的夫人宋曹琍璇是美国斯坦福大学胡佛研究所的访问学者,负责阅看捐到那里的蒋介石、宋子文、孔祥熙、蒋经国的私人档案,并进行筛选分类,以便陆续将其公开。我们祝愿她一切顺利,能为海内外学者的研究提供更多依据。

* 宋庆龄与毛泽东 *

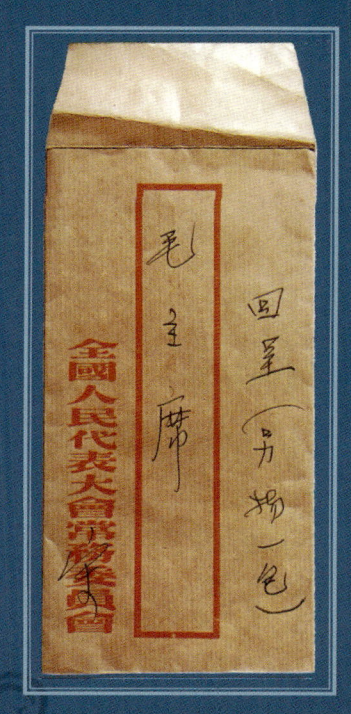

* 1957年12月1日，宋庆龄致毛泽东书信信封

宋庆龄与毛泽东同年出生，但两人的成长环境和生活轨迹却截然不同。宋庆龄出生于一个有着浓厚西方文化背景的基督教家庭，十四岁就远赴美国留学，对西方文明了解很深，她熟谙英语，英文水平远远高于中文。毛泽东则基本没有离开过中国，他出生在农民家庭，而且始终保持着农民的本色。

宋庆龄知道毛泽东的名字，应该是在1924年中国国民党第一次全国代表大会上。当时，宋庆龄已经很深地介入了孙中山的工作；而在筹备"一大"时，毛泽东也已是中共的骨干之一。孙中山提名的十七名候补中央执行委员名单中，毛泽东等七名中共党员赫然在列。虽然宋庆龄并没有出席这次大会，但她参与了大会的实际筹备工作。在"一大"上，毛泽东崭露头角，他"说话的热情与精力充沛的姿态"引起了国民党老人们的"面面相觑"。

1926年1月，宋庆龄与毛泽东一起出席了在广州举行的国民党第二次全国代表大会。两人都在会上发表了讲话。在这次大会上，宋庆龄当选为中央执行委员；毛泽东当选为中央候补执行委员，并在之后根据汪精卫的提议，继续代理国民党中央宣传部部长。

1927年，国民政府迁都武汉。在这一年的1、2月份，毛泽东考察了湖南湘潭等五个县的农民运动，并就此写出了《湖南农民运动考察报告》。3月，国民党二届三中全会举行，宋庆龄被推选为五人主席团成员。在这次全会上，毛泽东多次发言，对农民运动做了生动而详细的说明。在他的影响下，会议宣布，土地是贫苦农民的"核心问题"，而他们是革命的动力，党将支持他们的斗争，直到"土地问题完全解决"

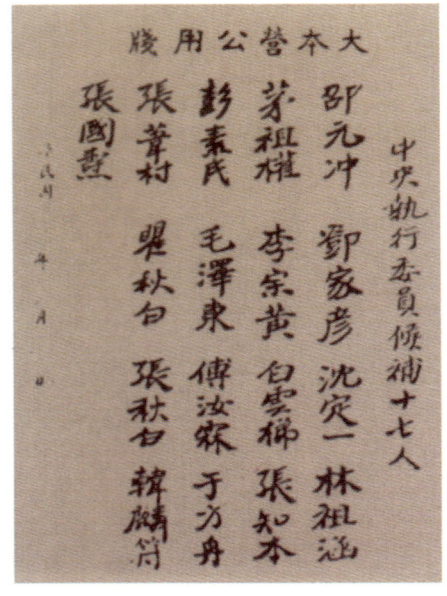

* 1924年1月，中国国民党举行第一次全国代表大会。孙中山手书中央候补执行委员名单，其中就有毛泽东

* 1927年3月，中国国民党二届三中全会在汉口召开。图为部分与会者合影。前排右起：吴玉章、经亨颐、陈友仁、宋子文、宋庆龄、孙科、谭延闿、徐谦。中排：林伯渠（右二）、毛泽东（右三）、董必武（右九）。后排：邓演达（右三）、恽代英（右四）

为止。毛泽东的表现给宋庆龄留下了深刻的印象。他不同于其他官僚、军阀，没有个人利益的考虑，着眼于最底层的百姓；而他提出的土地问题，又与孙中山"耕者有其田"的主张相呼应。毛泽东脚踏实地的工作态度更是当时国民党高层中无人可比的。

4月12日，蒋介石在上海实行"清共"，背弃了孙中山"联俄、联共、扶助农工"的政策。4月22日，宋庆龄与毛泽东等四十人联名发出《中

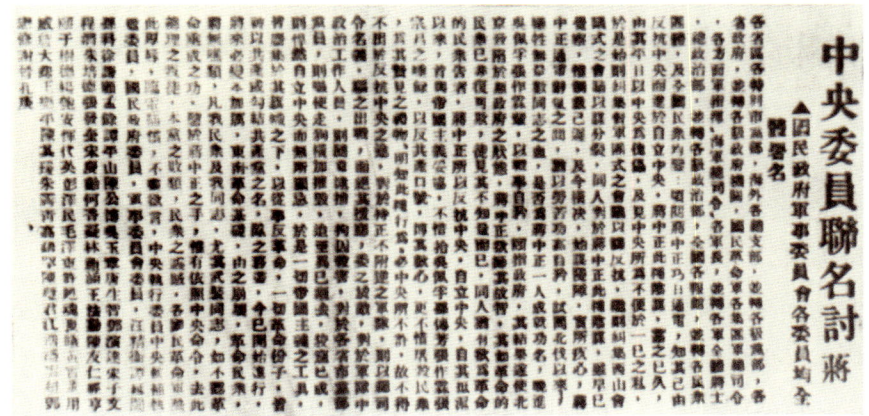

* 1927年4月22日，宋庆龄、毛泽东等中央委员在汉口《民国日报》上发表宣言，声讨蒋介石发动四一二反革命政变

央委员联名讨蒋》宣言，指出蒋介石是"总理之叛徒，本党之败类，民众之蟊贼"，号召打倒蒋介石。

7月15日，汪精卫为首的武汉政府发动"清共"政变后，宋庆龄领衔，与毛泽东等二十二名国民党中央委员发表《中央委员宣言》，痛斥蒋介石、汪精卫背叛革命的行径，表示"誓遵总理遗志奋斗到底"。

第一次国共合作破裂后，共产党发动了八一南昌起义，宋庆龄是七人主席团中的第一位；毛泽东则在湖南组织"秋收暴动"，建立了工农革命军，开展武装斗争。此后的十八年间，宋庆龄与毛泽东再未谋面，但她对毛泽东仍评价颇高。

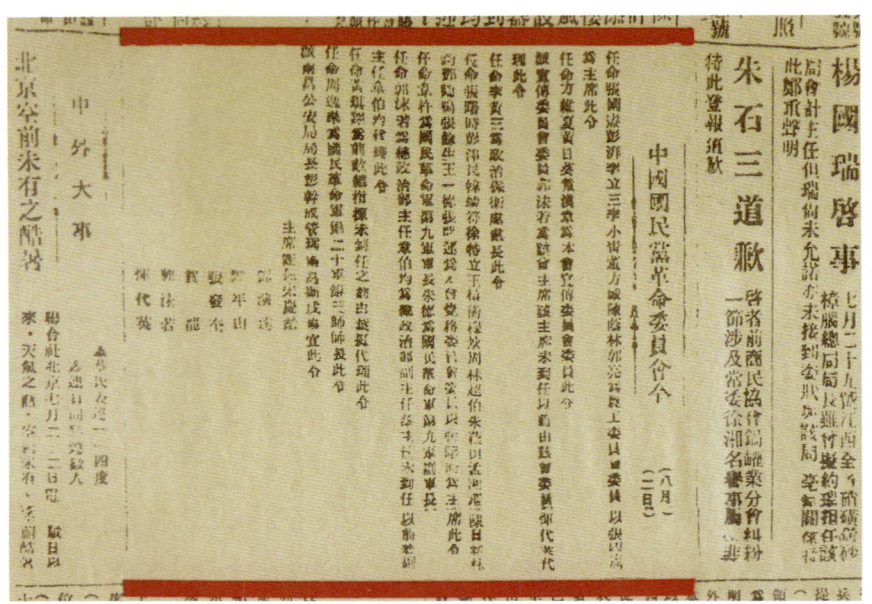

* 1927年8月1日，中国共产党举行南昌起义，由周恩来等二十五人组成革命委员会。宋庆龄当时虽在上海，仍被推选为七人主席团成员。这是当时南昌报纸上刊登的《中国国民党革命委员会令》

为了继续坚持孙中山的理想，宋庆龄毅然脱离了国民党。对于中国"政治家"的尔虞我诈、争权夺利、朝三暮四、眼光短浅，她十分失望。她曾说："除了孙逸仙博士以外，我从来就不信任中国的任何政治家。"

一次，斯诺问她："你现在还是不相信中国的任何政治家吗？"宋庆龄摇了摇头，然后她补充道："比起他人来，我对毛泽东还是信任的。"

抗战爆发后，为挽救民族危亡，宋庆龄决定出面为国共两党斡旋，

* 1945年9月18日，宋庆龄偕王安娜到重庆桂园看望毛泽东

力图再次促成国共合作。1936年1月，她委托董健吾带密信给毛泽东和周恩来，传达国民党中央与中共谈判的意愿。3月，董健吾带回了毛泽东、周恩来给宋庆龄的回信，提出了国共谈判的条件。同年9月，潘汉年受中共中央委派，到上海商谈第二次国共合作。抵达上海后，他首先拜会宋庆龄，面呈毛泽东9月18日致宋庆龄的亲笔信。信中说：

"武汉分别，忽近十年。每从报端及外来同志口中得知先生革命救国的言论行动，引起我们无限的敬爱。一九二七年后，真能继续孙中山先生革命救国之精神的，只有先生与我们的同志们。"

1945年8月28日，毛泽东与周恩来应蒋介石之邀抵达重庆。8月30日，毛泽东专程到两路口新村三号去看望宋庆龄。这说明了他对宋庆龄的尊重以及宋在他眼中的重要性。9月6日，宋庆龄以保盟主席的名义宴请毛泽东、周恩来等人。9月9日，宋庆龄又专程到桂园回访毛泽东。

1949年8月28日，在毛泽东、周恩来等人的多次敦请下，宋庆龄来到北平参与筹划建国。此后，她与毛泽东一起从事着重要的国务活动，彼此间更为了解，情谊与日俱增。

1950年5月，宋庆龄准备返回上海，她在罗叔章的陪同下到毛泽东住处辞行。毛泽东留宋庆龄吃饭，席间只有四菜一汤，而且都是家常菜。遗憾的是菜的辣味太重，宋庆龄没有吃好。毛泽东对此看在眼里记在心上。吃饭时，两人谈论了一些国际问题。宋庆龄向毛泽东提到："斯特朗听说还关在监牢里。这是为什么？我知道她是个好人，她不但在本国，在国外都做了不少事，是一个马列主义者，是个很有影响的人物。我认识她很久了。我想这事要请主席助一臂之力，应设法把她放出来。"不久，毛泽东就将斯特朗营救出来，安排她来华定居。

回到上海后，宋庆龄因工作劳累旧病复发，不能及时返回北京开会，她特意于6月3日给毛泽东写信请假：

"在京畅聆谠论，深感万分愉快。告别以来，倏忽二旬，想您最近身体健康，甚盼及时珍重，作充分休息。

*《为新中国奋斗》书影

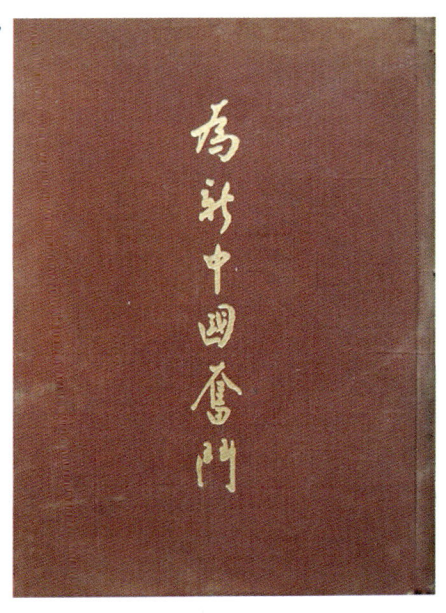

"我返沪后即着手筹备救济总会宣传部工作,因事属创举,不得不周详计划,昕夕从事,刻无暇晷,致最近旧疾复发,正在诊治之中,故本月恐未克来京开会,尚希见谅。"

得知宋庆龄身体不适,毛泽东非常挂念,立即叮嘱上海市委的有关领导人前去探望。

当年9月底,宋庆龄从上海回到北京,毛泽东又请她去吃饭。罗叔章回忆:"这次,主席请夫人吃的是西餐,陪同的人都是夫人熟悉的中央领导人。"

1952年,宋庆龄将1927年以来发表的六十三篇文章、演讲和声明,汇编成《为新中国奋斗》一书。出版后,宋庆龄即将书赠与毛泽东。

10月10日,毛泽东亲笔复函致谢:"承赠大著《为新中国奋斗》,极为高兴,谨致谢意。另承赠他物,亦已收到,并此致谢!"

宋庆龄把毛泽东当作值得尊重的朋友。看到自己喜欢的东西,她就会想到毛泽东。1952年12月,宋庆龄去维也纳参加"世界人民和平大会",归途中在莫斯科小住。与她一起出访的姜椿芳有这样一段回忆:当时他们在逛街时,买到了一种旅行闹钟。宋庆龄见这个闹钟外面套着反盒子,放在枕边也听不见钟走动的声音,到点儿闹起来声音不大但又能听得到。她很喜欢,就请随行人员替她买了两只,一只自己用,一只送给毛泽东。

宋庆龄每次从上海到北京,都给毛泽东带礼物,过年时也要送贺年卡。1956年元旦,毛泽东收到了宋庆龄寄来的贺年卡。他很开心,于是提笔写了一封有趣的回信。

* 1956年1月26日,毛泽东致宋庆龄信

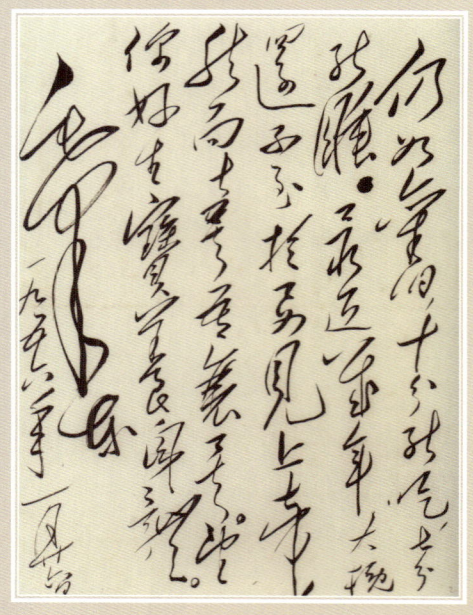

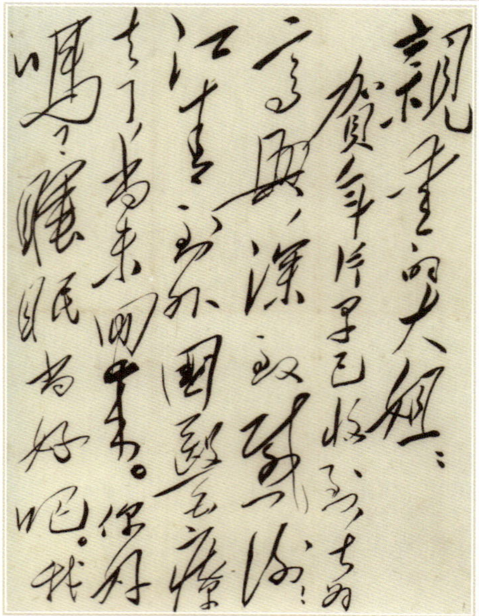

亲爱的大姐:

贺年片早已收到,甚为感谢。顺致深切的谢忱。江青亦同题这里天气不冷,你们那里如何?还好吧。我身体尚好,谢谢你的关怀。你近来好吗?我因事冗,未能早日奉复,尚希见谅。遥祝健康!

毛泽东
一九五六年一月二十六日

亲爱的大姐：

　　贺年片早已收到，甚为高兴，深致感谢！江青到外国医疗去了，尚未回来。你好吗？睡眠尚好吧。我仍如旧，十分能吃，七分能睡。最近几年大概还不至于要见上帝，然而甚矣吾衰矣。望你好生宝养身体。

毛泽东
一九五六年一月廿六日

　　在二人共事的几十年中，毛泽东对宋庆龄始终保持着远远超出其他人的特殊的尊重。

　　1957年11月，毛泽东率领中国代表团赴苏联参加十月革命四十周年庆典。从莫斯科归国时，毛泽东与宋庆龄同乘一架飞机。飞机只有一个头等舱，办公厅主任杨尚昆将它安排给了毛泽东。毛泽东则坚持让宋庆龄坐头等舱。宋庆龄极力推辞道："你是主席，你坐头等舱。"毛泽东说："你是国母，应该你坐。"结果是宋庆龄坐头等舱，毛泽东和其他人在外面的统舱里休息。

　　当时在场的摄影师侯波向我讲述这件往事时，特意在叙述了毛泽东的话后，加了三个字的解释："开玩笑。"

　　孙中山是中华民国的国父，所以宋庆龄的国母也是民国的国母。新中国成立后，"国母"的称谓就不再使用。宋庆龄本人是十分低调的，即使是民国时期，她也从未以国母自居。中华人民共和国成立后，

* 1957年，中国代表团赴苏联参加庆祝十月革命四十周年活动。毛泽东、宋庆龄登机前与送行者告别

* 毛泽东、宋庆龄、邓小平等与苏方会谈

只有这一次毛泽东用了这个称谓。当然，这不仅仅是玩笑，也表示了毛泽东对宋庆龄在民主革命中所做贡献的肯定。

宋庆龄知道毛泽东有在床上看书的习惯，担心床的靠背太硬，特意给毛泽东送去了一个松软的鸭绒靠枕。两人的生活习惯差别毕竟太大，毛泽东完全无法适应软软的枕头。1949年12月第一次访苏时，苏方为他准备了鸭绒枕头。他用手按了一下说："这能睡觉？头都看不见了。"随即换上了从国内带去的硬枕头。这次见到宋庆龄送的靠枕，他当即婉言谢绝。来人走后，毛泽东忽然觉得不妥，赶忙派人追去。他收下这件礼物，而且始终把这个靠枕放在身边，既没有使用，也没有上交。

从苏联回国后不久，毛泽东收到山东胶县农民送来的三棵个头特别大的白菜。他从中选了一棵重达二十七八斤的大白菜，派人送给宋庆龄。

* 韶山毛泽东旧居陈列馆珍藏的宋庆龄送给毛泽东的鸭绒枕

收到这棵大白菜，宋庆龄非常高兴，当即复信毛泽东。

敬爱的毛主席：

　　承惠赠山东大白菜已收领。这样大的白菜是我出生后头一次看到的。十分感谢！

　　您回来后一定很忙，希望您好好休息。

　　致以

敬礼！

宋庆龄
一九五七年十二月一日

1959年4月，第二届全国人民代表大会第一次全体会议即将举行，中共中央拟提名宋庆龄为国家第一副主席。当时，宋庆龄已经六十六岁，不时受到风湿关节炎和神经痛的袭扰。所以，在正式提名前，毛泽东和刘少奇亲自去看望她，希望她接受这一职务。宋庆龄曾将这件事告诉老朋友陈翰笙，并说，正因如此，她"不便推辞"。

在宋庆龄与毛泽东的合影中，有一幅始终没有查到确切的时间和地点。陈翰笙的回忆提醒了我们。根据二人的年龄推

* 1957年12月1日，宋庆龄致毛泽东信

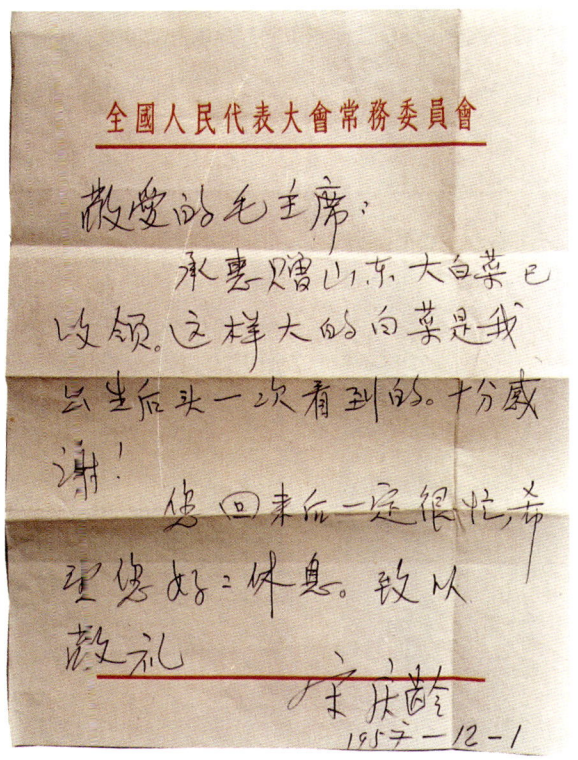

宋庆龄 往事 续编

* 1959年4月，毛泽东到北京方巾巷四十四号寓所看望宋庆龄

测，这幅照片应当就是毛泽东亲自出马劝说宋庆龄担任国家副主席的职务时拍摄的。时间是1959年4月11日至14日之间，地点是北京方巾巷四十四号宋庆龄寓所。

据周福明回忆，对党和国家领导人，毛泽东唯一直呼职务的只有宋庆龄，见面就称她"宋主席"。20世纪60年代，每逢重大节日去天安门参加庆典，毛泽东先到达天安门，下车总要等一下随后的宋庆龄，搀扶着她一起乘坐电梯，犹如对待一位长者。

对于宋庆龄的健康冷暖，毛泽东也总是关注着。1961年5月11日，毛泽东在上海视察时，亲自到宋庆龄家中探望。宋的客厅在楼下，卧室在二楼。为了让年事已高的宋庆龄上下楼更安全，毛泽东赠送了一条织有梅花

* 上海宋庆龄寓所楼梯上铺用的毛泽东赠送的梅花图案地毯

234

* 1959 年 4 月 15 日，宋庆龄出席毛泽东主持召开的扩大的最高国务会议。前排左起：邓小平、林伯渠、程潜；右起：沈钧儒、黄炎培、李济深、宋庆龄、班禅额尔德尼·确吉坚赞

图案的地毯，铺在楼梯上。

1966 年夏，"文化大革命"爆发。形势的动荡，使宋庆龄忧心忡忡。她和毛泽东见面的机会越来越少，但她仍然关心和信任毛泽东。

1970 年国庆节，毛泽东在西哈努克亲王夫妇陪同下登上了天安门。在城楼上，他看到了久违的宋庆龄。此时，宋庆龄也看到了他。忽然，两位老人同时朝对方走去，直到两双手紧紧握在一起。比起前些年，宋庆龄明显地臃肿和衰老了。看着这位与中国共产党荣辱与共几十年的战友，毛泽东的目光充满了深情。这突如其来的一幕，使在场的所有人都停下脚步，自觉地与两位难得会面的老友保持着距离。摄影师孟昭瑞迅速抢拍下了这个感人的瞬间。至于他们之间的对话，则没有人知道。

林彪事件后，毛泽东健康状况日趋恶化，但他始终没有忘记这位"亲爱的大姐"。1974 年底，中共中央着手筹备召开第四届全国人民代表大会。因四届人大将不再设置国家主席的职务，身在长沙的毛泽东于 11 月下旬特意托人转告周恩来：全国人大常委会的主要领导人在朱德、董必武之后，要安排宋庆龄。

1976 年 9 月 9 日，宋庆龄在上海的住宅中，从收音机里听到了毛泽东逝世的噩耗。她立刻请秘书安排回京，然后亲自动手与保姆钟兴宝一起整理行装。她不断地重重叹气,流着泪喃喃道:"唉,国家又去了要紧人。"

第二天下午,宋庆龄乘专机赶回北京。不顾自己年迈多病,她在11日、12日、17日三次为毛泽东守灵。18日,天安门广场举行毛泽东追悼大会。拄着拐杖的宋庆龄站立已经非常困难。起初,她还能斜靠着搀扶自己的杜述周勉力支撑,后来,由于过度悲伤和衰弱,她再也坚持不住,身体直往下坠。在场的党和国家领导人急忙要人送来了一把椅子,她"扑通"一下坐了上去!就这样,宋庆龄成了毛泽东追悼大会上唯一坐着与会的国家领导人。

周恩来、朱德、毛泽东相继去世,使宋庆龄悲痛万分。此后的半年时间里,在给朋友的私人信件中,她不断通过倾诉,缓解自己的压力。这里我仅摘录其中的几封:

"你可以想象我现在是一种什么样的情绪。参加三个领导人的葬礼,他们都是我个人非常好的朋友。现在我无法得到迄今为止我所需要的任何帮助了。"(1976年9月20日,致邓广殷)

"现在是个让我们都很难过的时候。8个月里,领导我们走向强大和团结的三位最好的同志和朋友永远离开了我们。毛主席为我们指明了道路。实际上,我们一定要,也必将严格按照这一路线走下去。"(1976年9月25日,致邓勤)

"当然,我们早就知道毛主席将要离我们而去,对于他的逝世我们无力回天,但是这一事实真的确实发生的时候让人难以置信。我们有那么多的岁月在中国革命中是联系在一起的。……现在我们认识到这样一个事实,那就是随着我们年龄的增长,必须更加努力工作来巩固毛泽东思想。"(1976年11月3日,致邓广殷)

"尽管我们知道毛主席的逝世就在眼前也不可避免,但是这个事实却是悲痛得让人难以相信的。9个月内我们失去了很多有经验的同志,他们都是不可取代的。"(1976年11月3日,致邓勤)

"我迟迟没有动笔是因为我有很长一段时间心情很不好,听到了一些不愉快的事情,因毛主席的逝世又无力回天——光是这件事情已足

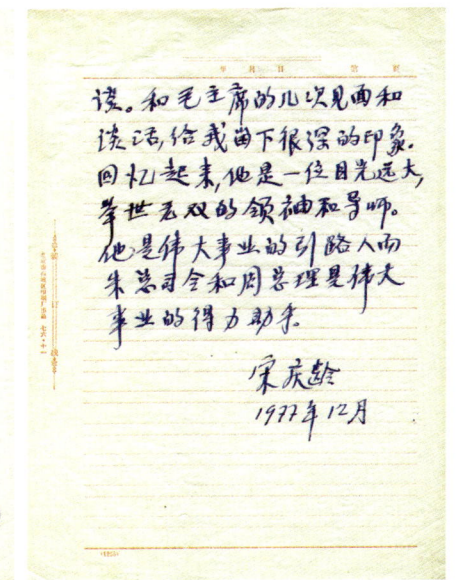

使人难以承受。我们的主席的一生,在实质上是这一伟大时代革命斗争的历史长卷。正如他自己所说,'人民英雄永垂不朽',这实际上是他的墓志铭。"(1976年11月3日,致爱泼斯坦)

"在遭遇一年内失去三个最好的朋友的极度悲痛经历后,我的健康情况恶化。因此我来到上海,这里似乎常常使我好受一些。"(1977年2月27日,致米密)

"我非常遗憾在北京时没能见到你和米勒夫人以及其他朋友们。那种场合太令人悲痛了,我只能把自己完全隔离起来。我们都知道人不能永生,但一年中失去我的三个好朋友真使我受不了!"(1977年3月1日,致汉斯·米勒)

"我正在看大量材料,发现许多美国的中国报道,其中有很好的关于毛主席和周总理的回忆文章。"(1977年4月9日,致爱泼斯坦)

"一年之内失去三个极好的朋友是巨大的悲痛,毛主席、周恩来、朱德他们就像我的兄弟。"(1977年3月12日,致杨孟东)

正如宋庆龄所说,她与毛泽东"有那么多的岁月在中国革命中是联系在一起的"。

* 宋庆龄《追念毛主席》手迹

宋庆龄
往事 续编

* 宋庆龄与康克清及工作人员在毛泽东《水调歌头·游泳》手迹前合影

1977年，出版社邀请宋庆龄写一篇回忆毛泽东的文章。12月6日，她就此致函陈翰笙，信中写道："我想我可以写一篇短文，谈谈我对他作为一个普通人的看法。我认为他是我有幸遇到过的最明智的人——他的清晰的思想和教诲引导我们从胜利走向胜利，我们必须忠实遵守。"

宋庆龄所写的这篇短文题为《追念毛主席》，在文中，她用"目光远大，举世无双"这样的词汇评价了自己的这位战友。

文章写就，宋庆龄郑重地用钢笔誊写了全文。这是她漫长的一生中，唯一一次用最规范的中文写成的文章。

直至今日，宋庆龄在北京和上海住所的客厅里，仍然悬挂着她亲自挑选的孙中山和毛泽东的照片。在北京故居大餐厅的东墙上，还保留着一件大幅的毛泽东词作《水调歌头·游泳》的手迹。宋庆龄生前很喜欢以这幅草书作品为背景，与朋友们合影留念。

* 宋庆龄眼中的江青 *

* 1966年，宋庆龄与江青见面的后海北沿寓所小客厅

江青是毛泽东的夫人。虽然很长时间里她没有在政治舞台上露面，但宋庆龄对她是尊重的。

1949年8月，宋庆龄来到北京，她给朋友们带来了一些上海的特产。在她的礼单上，送给毛泽东的礼品前写着："毛主席、江青大姐"。

第一次见面，江青给宋庆龄留下了不错的印象。开国大典后，宋庆龄于10月15日离京返沪，毛泽东派江青到车站为她送行。后来在与别人谈到江青时，宋庆龄称赞她"有礼貌，讨人喜欢"。

* 1956年11月3日，宋庆龄在北京方巾巷寓所举行家宴，招待印度尼西亚总统苏加诺

1956年，宋庆龄在自己的住所举行家宴，招待印度尼西亚总统苏加诺，刘少奇夫妇和江青等出席作陪。宋庆龄对江青文雅的举止、得体的服饰都表示了赞赏。爱泼斯坦曾写道："据说就在那一天，江青要宋庆龄劝毛泽东穿西装、打领带，因为孙中山常穿西服，而且外国人总认为中共官员们的穿着太单调。"

1962年9月，苏加诺再次访问中国，《人民日报》在头版上刊登了毛泽东接见苏加诺夫人的消息。人们在新闻照片中看到了略显拘谨的江青。与毛泽东结婚二十五年后，她终于出现在公众场合。此后，江青开始插手文艺工作，并在意识形态领域中充当"哨兵"，专门从政治的角度上挑毛病、打棍子。

这时，江青的目空一切已经令人侧目。在组织排演现代京剧的工作中，与江青有过接触的北京市委常委、宣传部部长李琪对江青的蛮横和霸道忍无可忍。1966年3月,在写给市委的信中,李琪说:"江青比西太后还坏。她主观武断,简单粗暴,像奴隶主对待我。……江青如此胡来,我总有被杀头的一天。"

1965年,江青到上海指挥姚文元撰写《评新编历史剧〈海瑞罢官〉》。正是这篇文章的发表,引爆了一颗威力极大的政治炸弹,使中国陷入了十年内乱的深渊。

1966年5月,江青成为中央文化革命小组的第一副组长。陈伯达这位挂名组长完全听从江青的指挥。中央文革小组直接隶属于中央政治局常委,实际上掌握了左右全国形势的大权。此时的江青不仅走上了前台,而且陡然间呼风唤雨、权倾一时。她忙得不可开交,游走于各大学,不停地组织各种大会,不停地表态、讲话,到处煽风点火。8月,红卫兵运动兴起,破旧立新的风暴席卷全国,出现了人心惶惶、秩序混乱、法纪荡然、草菅人命的种种社会乱象。虽然宋庆龄对党内的斗争并不了解,但她对形势的发展很是担心。

为了争取宋庆龄的理解,毛泽东派江青专程来到后海北沿,向宋当面解释"文化大革命"。此时,出现在宋宅小客厅里的江青,完全颠

* 1966年,宋庆龄与江青见面的后海北沿寓所小客厅

覆了宋庆龄过去对她"举止文雅,讨人喜欢"的印象。这位意气风发的"旗手",用傲慢的口吻,大讲红卫兵的丰功伟绩。宋庆龄表示:"对红卫兵的行动应该有所控制。不应伤害无辜。"听到这句话,江青的脸立刻沉了下来。她认为以她的身份屈尊来看望宋庆龄,已经给了宋极大的面子,而宋庆龄居然如此不知进退。这次拜访成为两个人关系的转折点。宋庆龄不喜欢眼前热衷于夺权而变得张牙舞爪的江青,从此远离了这个政治狂人。江青也无须再谨慎地隐藏自己长期以来对宋庆龄地位和声望的妒忌。

担任过江青秘书的阎长贵曾写道:"我感觉江青痛恨'两个女人',王光美和宋庆龄。都是'第一夫人',但是江青并没有这么风光过。"

作为国家主席的夫人,王光美曾随刘少奇出访。毛泽东则很少出国,即使在国内进行的一些国务活动,毛泽东也从不让江青露面。所以江青对王光美嫉妒得牙根痒。阎长贵说:"清华大学造反派批斗王光美那天,让她穿旗袍、戴项链,那是江青的主意。那天她还跟我们工作人员讲,你们去看看嘛!"

说到宋庆龄,她在国内外的崇高威望是江青无法企及的。过去,江青对宋只能表现出尊重。"文革"开始后,情况就大不相同了。1966年11月,孙中山诞辰一百周年时,人民出版社出版了《宋庆龄选集》,书名是周恩来题写的。见到这本书,江青当众失态,把书扔到地上用脚踩,并说:"总理真是!还给她题字。"她对宋庆龄已经毫不掩饰地从嫉妒演变成仇恨。

江青对宋庆龄的这种特殊的态度,局外人看得清清楚楚。《宋家王朝》的作者斯特林·西格雷

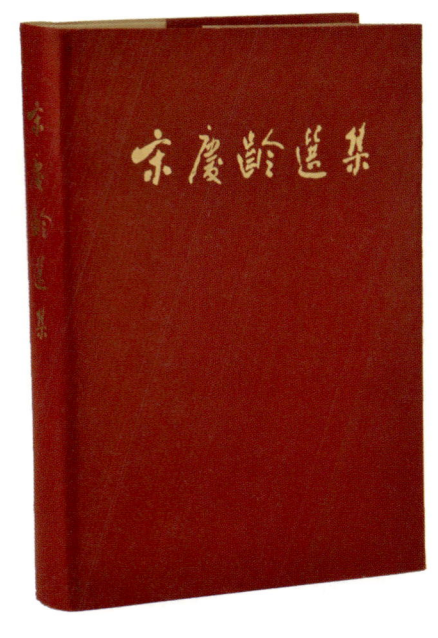

* 1966年11月人民出版社出版的《宋庆龄选集》

*1972年3月24日，宋庆龄在致陈翰笙的信中将"文革"称为"浩劫"

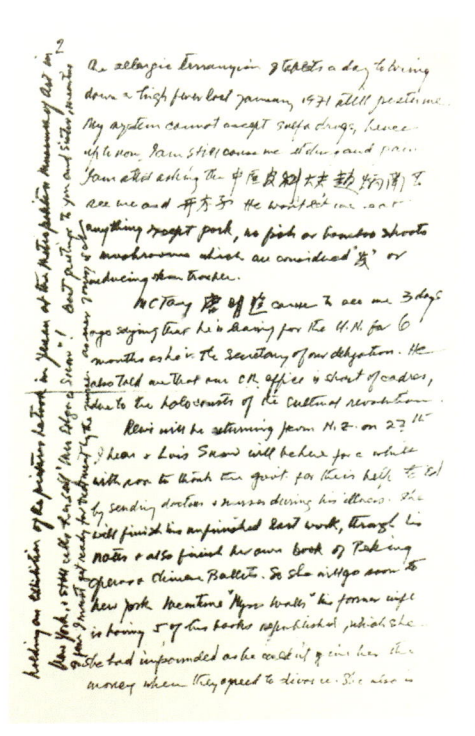

夫在谈及晚年宋庆龄时说："她的主要反对者是毛泽东主席的夫人。每次提到宋庆龄的时候，都称她是中国地位最高的妇女，毛夫人对此显然感到不满。"

在长达十年的"文化大革命"中，江青没有放过任何能够发挥作用的机会，搅得神州大地乌烟瘴气。从开始阶段的煽风点火，挑动派仗，到抛出"文攻武卫"的口号掀起武斗，她都竭尽全力。为了从根本上打倒刘少奇，她亲自主持"专案组"的工作，拼凑、捏造证据，给刘少奇扣上叛徒的帽子。她多次发动针对周恩来的运动，给周施加了极大的压力。她制造大量冤案，给党和国家带来不可弥补的损失。

宋庆龄虽然深居简出，但对"文革"造成的破坏非常清楚。大批干部被迫害，使她十分忧虑。1972年3月24日，她致信老朋友陈翰笙："唐明照三天前来看我，说他将去联合国六个月，担任我们代表团的秘书长。他还告诉我，由于文化大革命的浩劫，我们的《中国建设》缺少干部。"使用"浩劫"这个词来评价"文革"，宋庆龄比中央的正式结论早了整整六年。

被关在"政治笼子"里几十年的江青终于爆发了。"文革"十年中，她的倒行逆施几乎无往不胜。江青成为一个令人不寒而栗的恶魔。她已经把自己凌驾于毛泽东之外的所有人之上。

1967年初，老一辈革命家们忍无可忍，不满的情绪终于在几次会议上连续集体爆发。他们的正义之举却被定性为"二月逆流"。2月16日，"大闹怀仁堂"的第二天，余怒未消的谭震林在给林彪的信中指称

江青:"真比武则天还凶!"为了讨好,林彪把这封信交给了毛泽东。事后,毛泽东对林彪说:"江青哪能比武则天呢,她没有武则天的本事!"

谭震林不顾身家性命的指斥,本应让江青有所收敛,但此后江青却更加自我膨胀,忘乎所以。1972年,美国学者罗克珊·维特克来华访问。江青立刻抓住这个机会,主动向维特克发出邀请。于是,维特克先后在北京和广州对她做了长时间的采访。回国后,维特克根据江青的谈话,整理出版了《红都女皇——江青同志》一书。这分明是江青自己在为谭震林的评价做注脚。

1975年,得知江青私自接受维特克采访后,毛泽东大怒,斥责江青"孤陋寡闻,愚昧无知",要把她"撵出政治局,分道扬镳"。当时"红都女皇"已经被传得沸沸扬扬。这一年的年底,宋庆龄在房间里摔了一跤。她在给爱泼斯坦的信中说:"我再次滑倒了,现正在治疗中,(虽然我不想像某人那样成为'××女皇')不过我还是希望能活着再次见到你们。"几年后,宋庆龄终于有机会"拜读"了这本书,她的评价是:"对我而言,女作家和她的'女英雄'除了狂妄自大外一无是处。"当然,宋庆龄认为该书也不是完全无用,因为其中"无论如何,还是有很多关于她的讨厌的第一手故事"。

宋庆龄很看不得江青的飞扬跋扈。1974年5月10日,曾经响应"保卫中国同盟"的号召,多次捐款支援抗战的老朋友、美籍华人李兆焕来看望宋庆龄。在茶叙中,他主动表示愿意给宋庆龄提供任何帮助。宋庆龄提出,希望拍一部正面反映中国形象的电影。李兆焕马上回应说,可以由他提供资金并挑选技术人员来中国拍摄。能在世界上正面宣传中国,宋庆龄十分高兴,她当场表示愿意亲自担任这个摄制班子的助理。李兆焕告辞后,很快就有人提醒宋庆龄,电影是江青把持的地盘。6月4日,懊恼的宋庆龄就这件事写信给陈翰笙,表示:"哦,后来我被告知我侵入了主席夫人的禁地!我不该触犯她!!"

这一年的9月30日,宋庆龄出席了国庆招待会,国内的女主宾,除了宋庆龄只有江青。在10月23日给陈翰笙的信中,宋庆龄写道:"江青从天津为她自己定做了一百件衣服!她希望我们所有的人都穿衬衫和裙子，可我认为我们目前的这种服装风格看上去并不舒服。作为文艺界的头，我猜想她大概要妇女们的穿着更有女人味儿些。哦，既然她现在需要接待'第一夫人'，我认为她必须穿得比以前多一些。"后来，江青曾在全国强行推广她认可的被称为"江青服"的女式裙装，但由于其服装设计既不好看也不实用，无法被人们接受，只得不了了之。这件事大概很多过来人还留有印象。

宋庆龄最为痛恨的，是江青及其同伙对周恩来的迫害。

1975年11月底，宋庆龄突然打电话给正在北京医院住院养病的陈翰笙，约他到寓所来谈一谈。陈翰笙一进门，宋庆龄就忧心忡忡地对他说："我告诉你一个很不好的情况，周恩来同志病情严重，而江青还闯进医院撒泼……"

1976年1月，周恩来逝世，宋庆龄悲痛万分。3月9日，她在给廖梦醒的信中，谈及邓颖超的坚强。她写道："每个人都在分担她的损失，除了'可怕的四人帮'以外。只要时机一到，他们必将得到应有的惩罚。"当时的政治环境十分险恶，几乎没有人敢提到"四人帮"这几个字。

1977年4月，在给邓广殷的信中，宋庆龄又一次提到周恩来和江青："随信寄去我为已故的总理写的纪念文章的中文译稿。他是每个人的朋友。江青恨他，因为他总是批评她那些不光彩的行为。"

在1978年给杨孟东的一封信中，宋庆龄还惋惜地说：要不是"江青这帮家伙进行破坏，不让他得到必要的药物治疗"，人民敬爱的周恩来总理可能不会那么早去世。

1978年11月2日，宋庆龄前往八宝山参加了原总理办公室主任齐燕铭的追悼会。两天后她致函陈翰笙："这么一位能干的人过早地离开了我们，真是叫人伤心。但我知道，在他被隔离的那些日子里，他一定受尽了精神上的折磨！这一定是那个寡妇干的，因为他同总理关系很密切。"

1976年，周恩来、朱德、毛泽东相继去世。宋庆龄在9月25日致邓勤的信中写道："现在是个让我们都很难过的时候。八个月里面，

领导我们走向强大和团结的三位最好的同志和朋友永远离开了我们。毛主席为我们指明了道路。实际上，我们一定要，也必将严格按照这一路线走下去。当然，人民已经觉醒，即使是基层也知道谁是谁，什么是什么。"宋庆龄最后的这两句话，表达了她对"文化大革命"的判断。她认为，十年内乱是"四人帮"特别是江青的罪过。她把江青一伙与毛泽东做了区别。

* 1976 年 9 月 25 日，宋庆龄致邓勤信

的确，在"文革"中，江青发挥了极其恶劣的作用。她在接过每个"左"的政策后，总是尽力向左再推一把，使其变得更加荒谬。毛泽东也曾多次批评过江青，说她"有野心但没有能力"；说她自己想当党的主席，要组阁（当后台老板），而且"迫不及待"。他还提醒江青"积怨甚多"，"你有特权，我死了，看你怎么办"？毛泽东非常清楚，江青几乎受到所有人一致的厌恶。她虚荣心强、自私狭隘、贪恋权力、倨傲无礼。

江青实在是扶不上台面的人。"文革"十年中她表演得十分充分——搅浑水、打闷棍、造谣扯谎、撒泼耍赖，样样登峰造极。毛泽东在去世前不久，也已经对其非常讨厌。一次，在与基辛格的交谈中毛突然说：中国是一个穷国，但是"我们过剩的东西是女人"。如果美国想进口一些，他会很高兴的，那样他们那里就会出乱子，而让中国安宁起来。毛泽东的这番话使基辛格完全摸不到头脑。

1974 年 7 月，在政治局会议上，毛泽东公开表达了对江青的不满。他说：她"不代表我，她代表她自己"。毛泽东还第一次把江青和王洪文、张春桥、姚文元称为"四人小宗派"。这就是留在历史上的"四人帮"的由来。宋庆龄对"四人帮"恨之入骨，而且，她始终认为江青

* 1977年6月26日，宋庆龄致邓广殷信

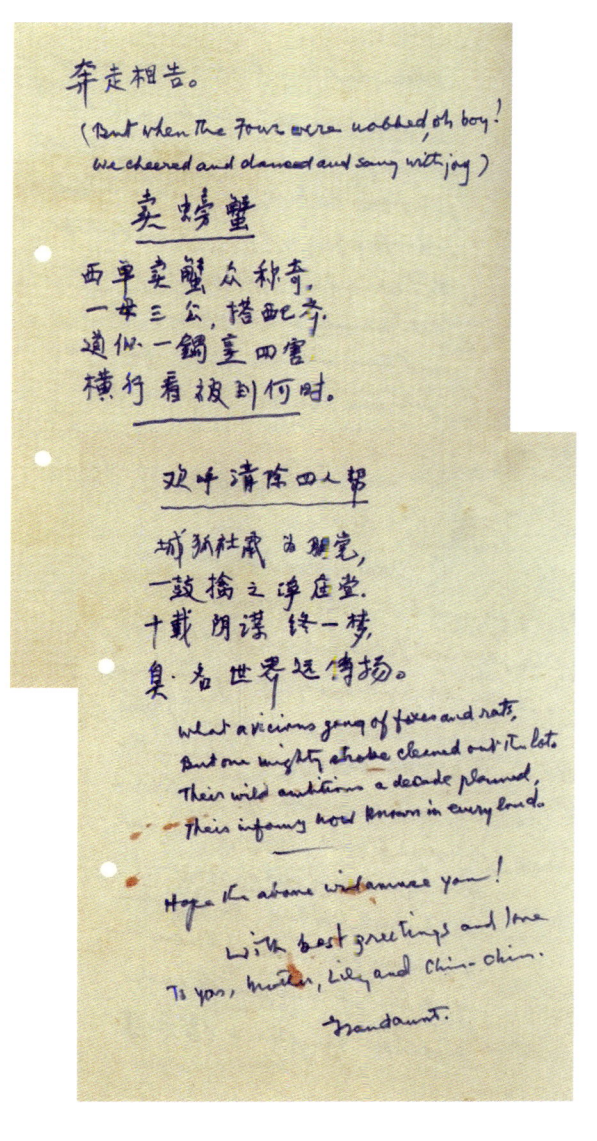

是其中的首恶。

出乎宋庆龄意料之外的是，江青一伙那样快就从权力的顶峰上跌落下来。她兴奋得不能自已。

1976年11月3日，宋庆龄致信爱泼斯坦："快活起来，艾培！现在是那些'横行夫人'的最好时节。如果你和邱茉莉这个时候能来，你们一定要尝尝我们南方的特别风味。放松一下吧！"她以螃蟹来讽刺曾横行一时的江青。在全民吃螃蟹的高潮中，宋庆龄与众不同地把流行的"三公一母"改为"一母三公"，突出了江青在其中的作用。

1977年后，年迈体衰的宋庆龄心情大好。

9月5日，宋庆龄设晚宴招待来访的《纽约时报》副主编、作家索尔兹伯里。宋庆龄并不特别喜欢北京，而更喜欢她住了多年的上海。可上海正是"四人帮"活动的中心。宴会上聊起这个话题，宋庆龄讲了个冷笑话。她说："我在上海住的时间太长了，因此我的朋友给我开玩笑，说我是五人帮。"在记录了这件事后，索尔兹伯里写道："实际

上这并不是很可笑的玩笑，因为大家都知道，江青是激烈反对她的。"

在给朋友们的信中，宋庆龄尽情地表达了自己对江青和"四人帮"的仇恨，抒发了自己面对胜利的欢欣鼓舞。她说：

"特别令人高兴的是，'四人帮'已被监禁。总有一天会拍一部有关他们的电影。"

"毛和周的路线坚不可摧，这使我欣慰！他们两位都是如此具有远见，即使是'可怕的四人帮'也休想使我们转向，哪怕只有一天！当然，有些以各种不同方式进行破坏的迹象，但这些都只是暂时的。"

"凯瑟克爵士和夫人来喝下午茶，……他们问了许多关于声名狼藉的女皇江青的问题，但是我没有说很多，因为我不想在国外的媒体上被引用。"

"你有没有看到关于江青的消息？即我们已故主席的那位缺德的老婆。随信寄上《时报》上有关她的剪报，不必还我。"

"四人帮被捕后，噢，我们快乐地欢呼、跳舞、歌唱。"

"四人帮就是恶毒的狐鼠之徒。但是我们重拳猛击清除了他们。他们计划了十年的野心和他们的丑行现在已经尽人皆知。"

"我想你一定听说了我们这里近年来的动荡不安——这都是由于一个自大狂患者和她那一帮人的贪婪恶毒所造成的！这些人现在已无权再制造麻烦了。人民痛恨这些人，知道怎样去弥补我们所遭受的损失。"

"那部关于江青这条可怕的毒蛇的大作已经寄到。她是如此妄自尊大！你将和我一样感到惊奇。一个女人，在她那种环境里，怎么能变成这么卑鄙的卖国贼？"

"昨天晚上全城欢腾，党的十届三中全会选举邓小平再度担任要职，因为江青和她的三个黑帮头子已经永久地被扫进了历史的垃圾堆。他们对国家和人民犯下了滔天罪行。他们是叛徒，造成了人民的无尽痛苦。"

"下次你来的时候，我想带你去北海公园，江青那个恶魔般的女人之前把它关闭了，她想把公园变成她的私人跑马场！"

"最近因为参加人民代表大会那些长时间的会议，我感到精疲力竭。……不论怎样，我很高兴，因为我们的内部敌人终于被抓起来了，中国终于能够向它的目标奋进了。一个统一战线已成为现实，在你的有生之年，你一定能亲眼看到一个现代的、强大的社会主义中国。"

"'四人帮'用尽一切手段想要摧毁我们的事业，但我们想方设法维持了下来——除了为儿童和家长们所喜爱的《儿童时代》，但它现在也复刊了。"

1977年12月6日，在致陈翰笙的信中，宋庆龄赞扬毛泽东"是我有幸遇到过的最明智的人"。但在这段文字后面，宋庆龄加了一个括号，其中提出了一个她百思不得其解的疑问："但我感到困惑的是，他为什么不一举断绝他和江青的关系，以防止她制造麻烦？"

1978年，"四人帮"的罪行被大量地揭露、公开，这加深了宋庆龄对江青一伙的仇恨。她说："当我读到我们的同胞在受苦受难的材料时，我的血都要沸腾了。"一生文雅的宋庆龄，向朋友控诉了"那个无耻到极点的婊子江青所炮制的'文化革命'"。

中华人民共和国成立三十周年前夕，宋庆龄在《人民日报》上发表了一篇充满激情的文章——《人民的意志是不可战胜的》。文中写道：

"人们还记得，在解放后的最初几年里，我们的工业、农业、科学文化教育事业，以惊人的速度突

* 1977年12月6日，宋庆龄在致陈翰笙信中，就江青问题提出质疑

飞猛进。意气风发的几亿人民在社会主义道路上团结前进的脚步声，使全世界为之注目，为之惊异，从而对中国人民另眼相看。

"前途是光明的，道路是曲折的。奔腾的江河总还有险滩暗礁。不幸的是，我们的立命航船几乎被险滩暗礁所倾覆。从六十年代中期到七十年代中期的一年中，妄想篡权复辟的阴谋家、野心家林彪、'四人帮'之流，推行一条极左路线，使大批老干部、知识分子和人民群众遭到了残酷的迫害，使我们的国民经济走到了崩溃的边缘，使我们的科学技术本来同世界先进水平缩小了的距离又拉大了。总之，我们的国家遭到了一场浩劫，我们的建设进程至少被推迟了二十年。中国革命处于危难之中。这是多么惨痛的教训！"

在这篇文章中，宋庆龄特别指出，"四人帮"推行的是"最黑暗、最愚昧的法西斯文化专制主义"。她的这种提法十分深刻。

宋庆龄认为："一切野心家、阴谋家都没有能够、也不可能战胜九亿人民的坚强意志。而且这些野心家、阴谋家，没有一个不是在人民的钢铁意志面前碰得头破血流。过去是这样，今后仍将是这样。我坚信，人民的意志是不可战胜的。"

1980年11月，宋庆龄终于等到了对"四人帮"的审判。平日里，因为担心伤害眼睛，她很少看电视。而在审判"四人帮"的日子里，她几乎每天都准时坐到电视机前，收看中央电视台转播的审判实况。

12月4日，她写信给德国的老友王安娜："你一定通过电视关注着这里正在进行的大审判，这些激进派很快就要被宣判了。毋庸置疑，江、张将被枪毙，这是全中国人民的共同愿望。江干尽了坏事，她干的最大坏事就是玷污了她丈夫的名誉，说什么她所做的一切都得到了他的'首肯'！她也许以为这样说自己就可免遭极刑？一个多么可怕的女人！"

审判进行中的1981年1月7日，宋庆龄撰文："在审判林彪，江青反革命集团十名主犯期间，我正在从事写作。我们耳闻目睹了法庭上出示的一桩桩铁证。那些无可争辩的事实和详尽的材料，证实了这一伙罪魁祸首是如何把我们的国家和事业推到了毁灭的边缘。在审判

* 宋庆龄卧室中的电视机

过程中，我们还了解到他们是如何诬陷、迫害一些最优秀的革命家和一大批好同志的。起诉书上列举的受害者姓名如此之多，以致一个外国作家称之为'姓名之林'。其实，岂止如此，这简直是血和泪的海洋。几乎每个中国人都因其中的一些名字回忆起他们的音容笑貌而悲痛万分。"

对于江青最终没有被枪毙，宋庆龄肯定感到心有不甘。她的心情正像她说过的一句话："党对这种缺德的娘儿们真是太仁慈了！"

在宋庆龄八十八年的生涯中，她几乎没有爆过粗口。可惜的是，她没能保持"晚节"。对江青，她使用了所有她知道的、却从来难以启齿的恶言恶语。

有时骂人也是释放恶劣心情的有效方法，这一点我们是很容易理解的。

* 宋庆龄与陈赓 *

陈赓

中国军队将领中，陈赓无疑是颇具传奇色彩的一位。他曾是在战场上冲锋陷阵的骁将，曾是在龙潭虎穴中出生入死的优秀的秘密工作者，曾是指挥数十万大军的智勇双全的统帅。在近四十年的革命生涯中，宋庆龄对陈赓关怀备至，他们之间始终保持着真切的情谊。

陈赓1922年加入中国共产党。1923年，按照党组织的安排，他前往广州学习军事。这一年，孙中山在苏俄的帮助下创办了黄埔军官学校。陈赓率先离开陆军讲武学校考入黄埔军校，成为黄埔一期学生。

* 黄埔时期的陈赓

在军校，陈赓曾亲耳聆听过孙中山先生的演讲，参加过孙中山指挥的平息广州商团暴乱的战斗。黄埔军校里有一间孙中山的办公室。孙中山有时会在那里找一些学生谈话。1923年底到1924年，为了改组国民党，孙中山积极寻求共产党的帮助。陈赓的夫人傅涯回忆：国民党"一大"前后，孙中山在这间办公室里和二十岁的陈赓谈过话。也就是那时，陈赓认识了孙夫人宋庆龄。虽然当时的经费很困难，孙中山仍然资助了陈赓一些钱，让他去开展革命活动。陈赓把这些钱全部上交，作为共产党的活动经费。

1925年3月，孙中山先生在北京病逝。叛军陈炯明认为时机已到，蠢蠢欲动。于是，国民革命军发动"二次东征"讨伐陈炯明。10月11日，国民革命军强攻陈炯明的老巢惠州。陈赓奋不顾身冲在最前面，不料一颗子弹打进他的右脚。陈赓弯下腰，自己用手把子弹抠出后继续冲锋。

由于作战英勇，陈赓率领的连队被调去担任总指挥蒋介石的警卫连。10月27日，国民革命军分兵攻击陈炯明。周恩来与何应钦率第

一师攻打海丰。蒋介石的总指挥部则与第三师一起行动。走到华阳，第三师遭遇陈炯明的主力林虎部，甫经交手便全师溃散。蒋介石亲自跑到前线督战也无济于事。蒋羞愧难当，表示要杀身成仁。陈赓力劝他不要自杀。陈赓说："这个部队的军官不是黄埔军校训练出来的，不是你的学生。我们撤退到安全地点，再收拢部队，还可以再打。"听了陈赓的劝慰，蒋介石放弃了自杀的念头，但由于紧张，哆嗦得连路都不能走了。眼看敌人越来越近，情况危急，陈赓背起蒋介石就跑。他一口气跑到河边，把蒋介石送上了一条船，然后立即回转身组织部队顶住追击的敌人，掩护蒋介石过河。就这样，陈赓救了蒋介石一命。为了保证蒋介石的安全，陈赓又自告奋勇去请救兵。当时，他在打惠州时负了伤的脚还没有痊愈。但他咬紧牙关，用了一夜半天的时间，独自一人翻越大山，以坚强的毅力连续奔跑一百六十里路找到周恩来。此时，陈赓的双脚已是血肉模糊。周恩来立即派兵接回了蒋介石。这件事轰动了东征军和黄埔军校。

　　黄埔军校第一期有六百多名学生，他们公推出"黄埔三杰"。这三人不又学习成绩出类拔萃，作战身先士卒，各方面起表率作用，而且都有与众不同的长项，即所谓："蒋先云的笔，贺衷寒的嘴，灵不过陈赓的腿。"但谁也不会想到，陈赓的这两条备受赞美的腿，日后会是那样多灾多难。

　　1927年上海的四一二政变和武汉的七一五政变，宣告了第一次国共合作的破裂。7月27日，陈赓随周恩来秘密抵达南昌。8月1日，南昌起义爆发，打响了武装反抗国民党反动派的第一枪。陈赓负责保护中央军委领导人的安全，还参与了接收银行等工作。

　　起义军撤离南昌时，陈赓所在的第三师准备打回广东，重新发动革命。8月24日，陈赓率领的一营作为先头部队，挺进到江西与福建交界处的会昌，与敌人接了火。陈赓率兵从正面进攻，一口气夺下三个山头，但因两翼策应部队没有及时赶到，陈赓的一个营陷入敌人四个团的包围。从早上八时鏖战至中午，陈赓所率营弹尽粮绝。于是，他决定自己带领小分队掩护部队撤退。坚持到下午一时，敌人的机枪击中陈赓，他左腿三处中弹，膝盖骨和胫骨、腓骨都被打断，完全不能行动。为了对付敌人搜索，他脱掉军衣，把腿上涌出的鲜血抹了自己一脸一身，并顺山坡滚到一条杂草丛生的小沟里，屏住呼吸装死，瞒过了敌人。几个小时后，叶挺的部队反攻上来，陈赓才得以获救。

陈赓被送进福建长汀的福音医院。当时他因失血过多，面色焦黄，身体非常虚弱，伤口已经感染。院长傅连暲用"保守疗法"，留下了他的伤腿。陈赓拖着伤腿随军南下，不料在汕头与部队失去了联系。在好心人的帮助下，他几次侥幸逃脱搜捕，经过近两个月的辗转流亡，终于回到上海。陈赓通过他的妻子王根英（1939年3月8日，在抗日根据地反扫荡战斗中壮烈牺牲。）与中共中央接上关系，又在组织的帮助下，住进了牛惠霖骨科医院。

牛惠霖大夫看他的穿着打扮和伤情，怀疑他是坏人，可能是作案时受的伤，不很乐意为他治疗。陈赓编了一套假话作"解释"，仍不能骗过牛大夫。陈赓感到这位医生很正直，索性把自己的真名实姓告诉了他。牛惠霖和他的弟弟牛惠生都是著名的骨科医生，而且是宋庆龄的表兄弟。牛惠霖随即把陈赓的姓名告诉了宋庆龄。宋庆龄当然心知肚明，便嘱咐牛氏兄弟，一定要想方设法治好陈赓的腿，还亲自前往医院探望。陈赓的腿伤是十分严重的。傅涯几次讲述这段经历时都曾比画着告诉我，陈赓的脚可以从正前方拿到大腿上来，也就是说，他的小腿彻底被打断了。虽然傅连暲全力保住了这条腿，但由于条件的限制，当时被打断的骨头并没有接好，以后又经过长时间的流亡，伤势更加恶化，按照常规非截肢不可。在宋庆龄的关照下，牛氏兄弟尽其所能，重新把陈赓的断骨接了起来，并采用当时最先进的技术，千方百计地保住了这条腿。

牛惠霖骨科医院当时在上海很有名气，许多国民党军官和高层人士都来这里看病或住院。为了避免暴露身份，陈赓总是躲在病房里闭门不出。后来，一个国民党军队的团长住进了他的隔壁，此人恰好也是黄埔军校的毕业生。一个偶然的机会，他的马弁认出了陈赓，那个团长马上就过来找陈赓攀谈。陈赓把那人应付走，感到大事不好，于是急忙找人将自己背出医院逃走。

一天，牛惠霖在街上遇见了陈赓，忙问他为什么出院也不和他打个招呼。陈赓告以实情后，牛惠霖弯下腰摸着他的伤腿说："我担心你的愈合情况。你要多注意休息，避免再出意外。"

经过一段时间的休养，1928年4月，陈赓遵照指示，化名为王庸，留在上海从事中共中央的保卫工作。1930年，张克侠在上海见到陈赓，曾问起他腿伤的复原情况，他立刻当场表演起来，一会纵身跳跃，一会又下蹲屈腿，显示他的伤腿已经痊愈。

1931年，陈赓奉命到鄂豫皖苏区工作。第二年秋天，在第四次反围攻的战斗中，担任红四方面军参谋长的陈赓右腿膝盖又负重伤。上级决定让他回上海，向临时中央汇报鄂豫皖红区的工作，同时医治腿伤。

到上海后，陈赓再次找到牛惠霖骨科医院。牛惠霖将他安置在最好的房间，还请几位专家来会诊。他把陈赓受伤的骨头都整好形，用石膏固定，经过近三个月的治疗，陈赓的腿伤痊愈了。虽然两次疗伤，陈赓与牛惠霖之间已经非常熟悉，但由于地下工作的纪律，牛惠霖只知道陈赓的名字，对于其他情况只能猜测。陈赓出院前，牛惠霖才开口问道："你是红军高级军官吧？"陈赓正想否认，牛惠霖接着说："我是骨科大夫，还分不清工伤和弹伤吗？我不是共产党员，但我佩服你们共产党为国为民的精神。这次住院就不收你的钱了。"当然，后来党组织还是替陈赓支付了一笔费用。

牛惠霖、牛惠生兄弟的精心治疗，使陈赓保住了腿，得以继续为革命奔走了三十多年。对陈赓来说，牛氏兄弟为他做的一切，的确是再珍贵不过了。1949年，陈赓在渡江战役前曾表示，解放上海后他一定要去探望牛惠霖大夫。但当他回到上海时，牛大夫已故去。陈赓站在上海街头对傅涯说："我的这个伤腿，就是在宋庆龄的表兄弟牛惠霖、牛惠生的医院里治疗的。到现在我还能保持这样，真不错啊！"陈赓生前没有得到当面感谢牛氏兄弟的机会，他的妻子和儿女对陈赓的恩人始终怀着感恩之情。直到傅涯去世后，他们的子女还在设法寻找牛惠霖的后裔，希望能够当面表达他们的谢意。

1933年3月，中共中央指示陈赓到江西中央苏区工作。离开上海的前一天，由于叛徒的出卖，陈赓被捕。关押他的地方是老闸巡捕房，巡捕房里有一位探长认识陈赓，便悄悄地将他被捕的消息通知了共产党。

3月29日，宋庆龄和蔡元培等召开中国民权保障同盟会议，决议"检查租界及华界监狱待遇政治犯之情形"。

陈赓在关押中态度十分强硬。一次工部局英国特务兰普逊提审，打了陈赓一个耳光。过了两天，兰普逊又来找陈赓，很客气地说："陈先生，我们对待政治犯一向很文明，你有什么要求可以提。"陈赓知道他要耍花招，没有理睬。没过多久，管监的人来带陈赓，说有人要见他。陈赓出来一看，眼前竟然是宋庆龄，她身旁还站着一批中外记者。

"监狱待你怎么样？"宋庆龄问。

兰普逊抢先回答："我们一向优待政治犯。"

"他们虐待政治犯，还打人骂人。"陈赓对兰普逊说，"就是你打了我的耳光，我表示强烈抗议！"

"大家都听到了！"孙夫人说，"公共租界巡捕房虐待政治犯，请新闻界主持正义。陈赓不是犯人，是爱国者，他拥护中

* 宋庆龄晚年关于营救陈赓的回忆手迹

山先生的三大政策最坚决。我要求释放他！"

3月30日上午，宋庆龄又一次主持召开中国民权保障同盟临时执行委员会会议，讨论营救陈赓等人的办法。她还与蔡元培一起出面委托上海著名律师吴凯声博士为此案辩护。

3月31日，租界法庭开庭审判陈赓等人的案件。在一场事先安排好的审判闹剧后，法庭宣布陈赓等人"有罪"，并将其引渡给上海市公安局。于是，陈赓等人的营救变得更加困难了。

虽然在预料之中，对于这一结果宋庆龄仍然怒不可遏。第二天，她发表了《告中国人民——号召大家一致起来保护被捕的革命者》的声明。她指斥这次审判是一幕"丑恶的滑稽剧"，"是中国政府与帝国主义分子狼狈为奸、压迫中国人民的反帝抗日战士的鲜明例证"。她赞扬罗登贤、廖承志、陈赓等人"不是罪犯，而是中国人民最高尚的代表人物"。"他们全都是中国人民应该为之骄傲的典型。"她"号召全中国人民起来要求释放他们，要求不使他们遭受酷刑与死亡"。

4月2日，宋庆龄与蔡元培联名致电汪精卫等人，指出引渡是违法的，要求"由正式法院审判，勿用军法刑讯"。

4月3日，中国民权保障同盟再次举行会议，投票选举宋庆龄等为代表赴南京营救陈赓等人。

4月4日，宋庆龄与杨杏佛、沈钧儒、伊罗生、吴凯声赴南京，5日凌晨抵达后，即在饭店会见汪精卫，要求释放陈赓等人。宋庆龄还亲自找到蒋介石说："陈赓是黄埔军校的学生，东江之役一直跟着你打仗，你打了败仗还是陈赓救了你一命，不然你也活

* 宋庆龄发表的声明：《告中国人民——号召大家一致起来保护被捕的革命者》

不到今天。现在你要杀他,简直是忘恩负义。你天天说的礼义廉耻哪里去了?!"蒋介石理屈词穷,俯首无言。

当晚,宋庆龄一行带着新闻记者,来到南京警备卫戍司令部探视陈赓等人。得知这一消息,监狱当局急忙把陈赓调到宽敞、干净的房间,换了新囚衣,还做了一些虚假的布置。据当时报纸的报道,宋庆龄进了监狱大门就问:"陈赓在哪里?我是来看他的。他是我的老朋友,孙中山先生活着的时候也很喜欢他。东征时,他救过蒋总司令的命。"记者也写到了陈赓的情况:"陈赓是独自在一间牢房里,脸上长了一层胡子……他那黑眼从孔中闪着光出来。"

陈赓见到宋庆龄,当场揭露了监狱当局制造的假象,细数监狱里的黑暗和残暴,及自己受到的拷打和非人待遇。在探望中,宋庆龄还躲过特务的监视,巧妙地代中共投给陈赓一张字条,陈赓也机警地立刻将字条踩在脚下。就这样,宋庆龄为陈赓等人接通了组织关系。

* 1935年10月长征结束后,陈赓任红一师师长,重新活跃在战场上

宋庆龄紧锣密鼓的营救,使蒋介石十分为难,于是把陈赓弄到南昌行营,亲自出面劝他脱离共产党。劝说失败后,又改用软化的办法,把陈赓送到一个小楼里软禁。当时虽有四五个看守,但是允许陈赓到街上活动。陈赓见有机可乘,便同组织取得联系,在两名直接负责营救他的同志的协助下,逃离了监禁。1933年5月底,陈赓离开南京抵达上海,不久被派往江西中央苏区。

1949年7月1日,刚刚解放的上海隆重举行中共建党二十八周年庆祝大会,宋庆龄发表了热情洋溢的讲话。会上,宋庆龄出其不意地

见到了陈赓，这使她由衷地感到高兴。

几天后，宋庆龄设家宴招待陈赓和夫人傅涯，畅叙了分别十六年间的经历。此后，陈赓率军一路南下，一直打到云南。解放战争结束后，他代表中共中央赴越南参与指挥援越抗法；从越南归来，他又北上朝鲜，参加抗美援朝，担任中国人民志愿军副司令员。

1953年7月，朝鲜停战后陈赓终于回到祖国。宋庆龄亲自去饭店订制点心，到果园买回葡萄，邀请陈赓和傅涯到她家做客。那天宋庆龄非常高兴，与陈赓谈朝鲜战争，和傅涯谈妇女工作。陈赓发现宋庆龄喜欢听战斗故事，对部队的英雄模范非常敬佩。回家后，陈赓就为宋庆龄准备了几十枚各式各样的战役纪念章和英模代表会议纪念章。当时，陈赓正在筹办哈尔滨军事工程学院，必须立即离开北京，便嘱咐傅涯代他把这些纪念章转送给宋庆龄。

宋庆龄在住所的客厅里热情地接待了傅涯，高兴地收下了这份特殊的礼物。她抚摸着纪念章，一枚一枚地仔细欣赏。见此情景，傅涯十分感慨。

傅涯清楚地记得，1944年她和陈赓同时患病住在延安和平医院。那时，由于开展大生产运动，衣食方面的困难克服了，但缺医少药的现象仍然很严重。从前方撤下来的伤病员经常得不到及时有效的治疗。正在这时，宋庆龄把从世界各地募集来的大批物资运往陕北根据地。载着各种药品和医疗器械的汽车陆续开来，不仅为医院解

* 1953年，陈赓赠给宋庆龄的纪念章

* 1944年9月，延安和平医院全体工休人员给宋庆龄的致敬书

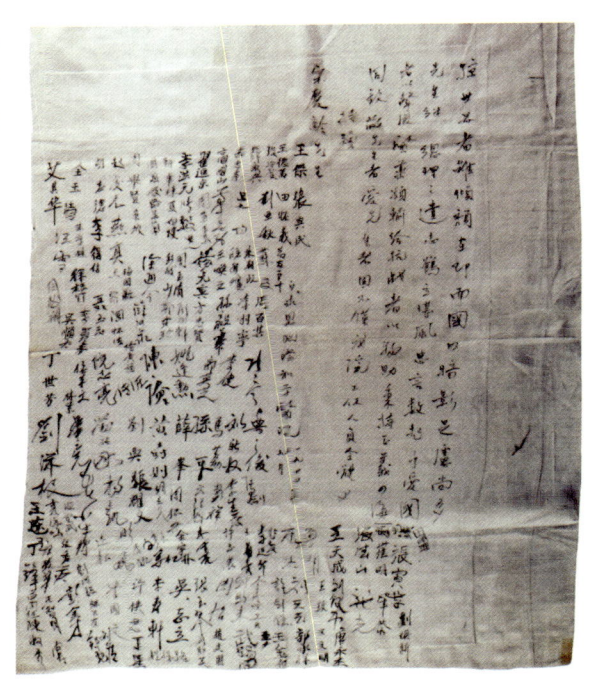

决了燃眉之急，还给前方转送了不少医疗物资。为了表达感激之情，住院的伤病员给宋庆龄写了感谢信。信写在一块两尺多长的白绸子上，陈赓和傅涯都在上面签了名。

陈赓和傅涯经常谈起宋庆龄对中国革命的贡献。她为困难中的共产党送药品，送器材，送经费，介绍医生，营救战友；从长征、抗战、解放战争，一直到抗美援朝，从未间断过。望着仔细端详每一枚纪念章的宋庆龄，傅涯很自然地想到：宋庆龄虽然没有直接在战场上消灭敌人，但这每一枚纪念章里，都凝结着她的心血和热忱。

陈赓对宋庆龄是十分尊重的。每次宋庆龄从外地返京，陈赓只要在北京，必亲自到飞机场或火车站去迎接。有一次，陈赓午觉睡过了头，耽误了接机的时间，他非常发愁，紧锁眉头问保健医生张愈："你说我该怎么向师母（指宋庆龄）做检讨呢？"张愈安慰陈赓说："凭你们的友谊，宋庆龄副主席不会不高兴。"后来，凡是新来的秘书、副官，陈赓都要交代：只要有宋庆龄来京的消息，一定要提醒他去机场或车站，千万不能耽误迎接。

由于长期紧张的战斗和工作，1957年12月，陈赓心肌梗塞发作了。宋庆龄知道后，派人把她的亲笔信和一束鲜花送到北京医院。她在信中写道："我离京前一天听说你生病，很想去探望你，但据悉医生不让探病，致惊扰病人，因而未果。特致函慰问，并希望你好好休养，早

复健康。"陈赓对此十分感动，病情稍有好转，便让傅涯去向宋庆龄当面汇报。宋庆龄详细地询问了陈赓的病况，嘱咐傅涯一定要照顾好陈赓，让他注意休息。

1961年初，陈赓到上海治病，恰好宋庆龄也在上海。春节前夕，她热情地邀请陈赓一家到自己家中做客，并让廖梦醒专程到丁香花园去接陈赓一家，以示郑重。

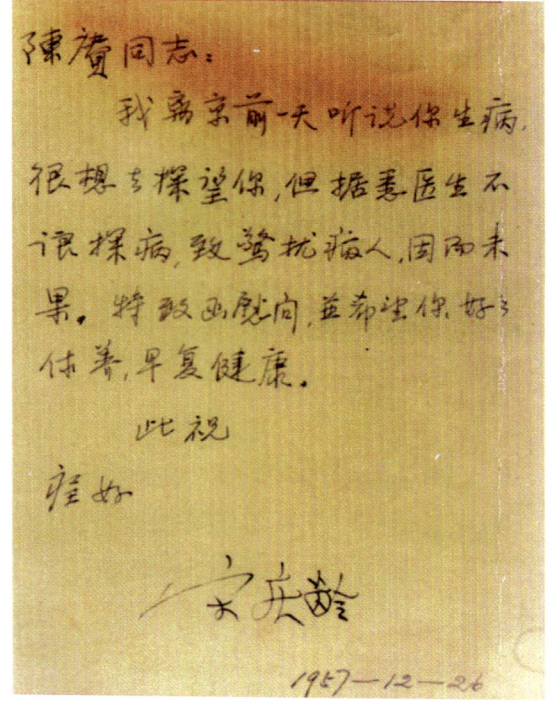

* 1957年12月26日，宋庆龄致陈赓信

廖梦醒一进陈赓的屋门，就对前来迎接的傅涯说："孙夫人很惦记陈赓大将和你的身体情况。"她又看看傅涯："你最好化化妆，涂一点口红、画一点眉毛。我有时去见她忘了擦口红，她就会送给你一个。她说不化妆像生病一样。"傅涯是当兵出身，从来不化妆，听了廖梦醒的话，她第一次简单地做了修饰。

在宋庆龄家里，老朋友谈天说地，共叙友情，十分愉快。但谁也不会想到，这是陈赓最后一次到宋庆龄家做客。

一天，廖梦醒突然来到陈赓的住处，进门就说："孙夫人问你是不是生病了。"原来，陈赓到华东医院做检查，正好被宋庆龄从楼上看到。看着陈赓一瘸一瘸地走进医院的楼门，宋庆龄很着急，问："陈赓是不是又犯病了？"所以立刻派廖梦醒来问候。

3月12日，是孙中山逝世三十六周年纪念日。为了表达对这位伟大的革命先行者的怀念和敬仰之情，陈赓将一个花篮送到宋庆龄的寓所。宋庆龄回信表示感谢，并嘱咐："气候不正，希陈赓同志多加保重！"

→→
* 1959年，陈赓一家在北京灵境胡同寓所

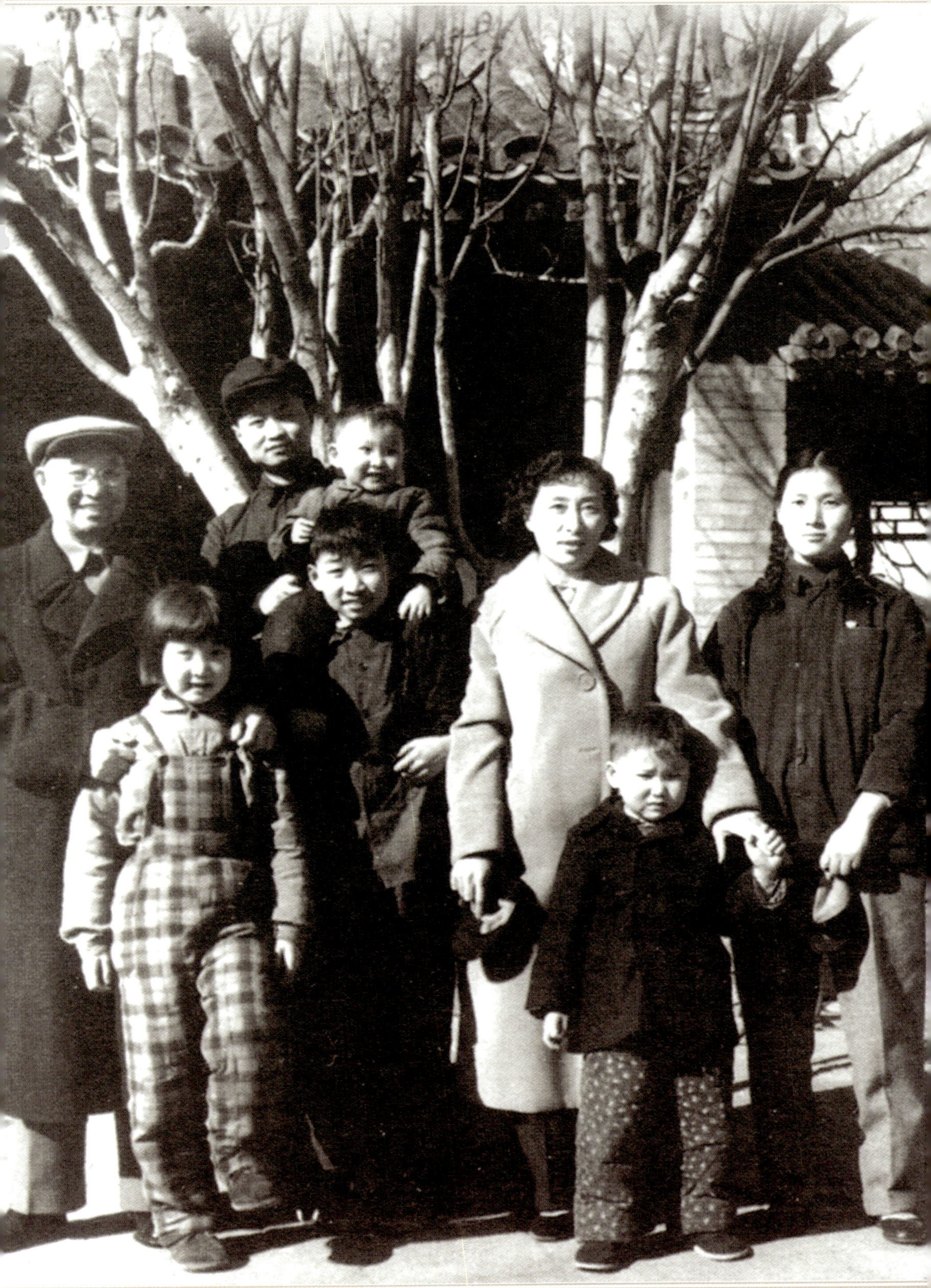

宋庆龄 往事 续编

可是，仅仅四天后的 3 月 16 日，陈赓心脏病复发，永远离开了这个世界。

宋庆龄身边的工作人员听到这一噩耗后，没有告诉宋庆龄。他们知道宋庆龄与陈赓之间的深厚友谊，想尽可能先瞒住她。他们扣下了刊登讣告的报纸，并且给收音机制造了故障。但事情是瞒不住的，宋庆龄得悉陈赓死讯后，痛哭失声。

3 月 17 日下午，傅涯刚刚护送陈赓骨灰回到北京就接到宋庆龄从上海发来的唁电："陈赓同志为中国人民的解放事业献出了毕生的精力，立下了卓越的功勋。陈赓同志的躯体虽逝，而精神永存。"但这一过于正式的唁电并不能真正表达宋庆龄的深切悲痛。

得知陈赓去世的消息，廖梦醒立即奔赴陈赓在上海的住所，但已是人去楼空，于是她又赶到机场为陈赓送行。回来后，廖梦醒思绪万千。她说："他是为党的事业贡献了一切精力积劳成疾而死的。这在党和国家，是个大损失。像他这样的猛将中国是很少的。在我，是失去一个最能关心我的老朋友。我伤心透了，回来就发烧，一日未起床。"廖梦醒把自己的悲痛告诉了宋庆龄。

* 1961 年，廖梦醒在上海华东医院

3 月 19 日，宋庆龄复信廖梦醒：

最亲爱的辛西娅：

尽管未能很快提笔写信，但我一直十分挂念你。我们的好同志和伟大的朋友陈赓突然去世，在如此巨大的损失之中，我真不知该如何安慰你。这个打击真是太大了。使我悲伤至极。我感到心力交瘁。为什么好人总是在英年谢世而去呢？

陈赓为我们共同的事业，鞠躬尽瘁，他在各个方面都堪称一个共产党人的楷模。

我难过万分，严重的失眠使我无法写长信。我想念你，并希

Dearest Cynthia:

Although I could not write sooner yet my thoughts have been with you constantly. I do not know how to comfort you in the loss we have just suffered in the sudden death of our good and great comrade and friend, Chen Keng. It is a hard blow and I feel much depressed. It gives me a sense of frustration. Why should good people die in the bloom of life?

Chen Keng never spared himself in working for our Cause. He was indeed a model communist in every way.

I feel so depressed and my acute insomnia prevents me from writing more at length. I think of you constantly and hope that your pains have not been worse these days. Take good care of yourself and know that I shall write when I am in a better frame of mind.

    With deep affection and thoughts.

March 19th

Always,
SCL

* 1961年3月19日，宋庆龄致廖梦醒信望这些日子你不致比我更痛苦。善自珍重。一俟心境好些，我会给你写信的。

深深的爱和思念。

宋庆龄

陈赓逝世后，傅涯开始着手整理陈赓的遗作和别人撰写的纪念陈赓的文章。在记述陈赓早年与孙中山、宋庆龄交往的片断时，傅涯遇到不清楚的地方常去请教宋庆龄。尽管宋庆龄年事已高，而且担负着繁重的领导工作，但她总是有问必答，从不拖延。

为了安慰傅涯，宋庆龄还曾邀请她到家中吃饭。见面时，宋庆龄拿出一块手织的毛蓝布对傅涯说："你看，这还是你们送给我的呢。"

后来，宋庆龄用这块布做了一件衣服，作为对陈赓永远的纪念。

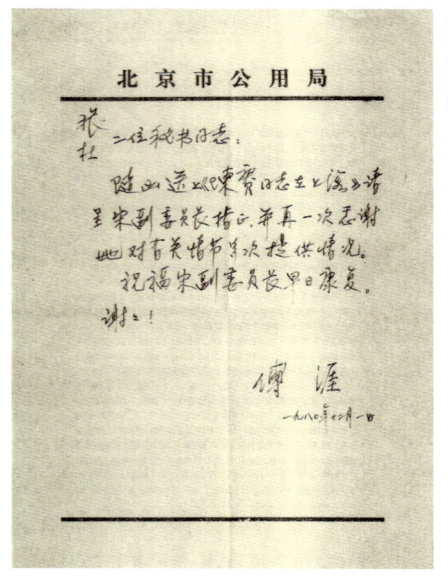

* 1980年12月1日，傅涯致宋庆龄秘书信

* 作者与宋庆龄故居原主任张爱荣（右）到灵境胡同寓所看望陈赓夫人傅涯

* 宋庆龄与叶恭绰 *

* 1931年的叶恭绰

宋庆龄
往事 续编

* 中山陵区中的"仰止亭"

　　在南京中山陵东侧的小山上，有一座形制古朴的亭子。这是整个陵区中唯一一处个人捐建的建筑——"仰止亭"。

　　亭前，中山陵园文物处竖立的刻石上有如下文字："仰止亭，为正方形，边长五米，高六点七米，钢筋混凝土结构。朱红色立柱，蓝色琉璃瓦铺顶，檐椽、雀替、藻井、额仿均施彩绘。仰止亭是曾任北洋政府交通部长的叶恭绰先生捐建的，一九三二年秋落成。叶恭绰先生去世后，即葬于此亭的西侧。"

　　"仰止亭"以西不远处有一方平卧的墓碑，上书："仰止亭捐建者叶恭绰先生之墓。"下方刻有墓主生卒年份"1881—1968"。

　　"仰止亭"及叶恭绰墓与万众瞩目的中山陵距离很近，但知道的人并不多。至于叶恭绰其人其事更

* 叶恭绰墓

268

* 十八岁时的叶恭绰

是很少被人提起。为什么叶恭绰能够安葬在中山陵墓区呢？这与他同孙中山宋庆龄几十年的交往密不可分。

叶恭绰和孙中山同是广东人。叶籍贯为番禺，孙籍贯为香山，两地相距仅百里。叶恭绰出身书香门第，家道殷实。他自京师大学堂毕业取得功名，做了近两年的教师后，便进入清朝衙门里做官。民国建立，叶恭绰又继续在北洋政府做官。

民国成立之初的1912年，孙、叶两人便为实现"铁路救国"梦携手前行，自此相识相知。

1922年6月16日，粤军总司令陈炯明发动叛乱，孙中山侥幸脱险。在之后讨伐陈炯明的日子里，善于理财的叶恭绰又尽力帮助孙中山摆脱捉襟见肘的财政窘迫。他担任过孙中山广州政权的财政部部长兼理广东财政厅厅长、盐务督办、中央银行董事，代理过大本营建设部部长。

1923年10月5日，直系军阀曹锟通过贿选当上总统。8日，孙中山颁布讨伐曹锟令，并致电天津段祺瑞、奉天张作霖、浙江卢永祥，"约共讨贼"。11月25日，孙中山派叶恭绰赴上海、沈阳，联络卢永祥、张作霖，从事建立反直三角同盟的工作。

1924年9月，孙中山筹备北伐。10日，正式派叶恭绰为其驻浙江代表，随时就北伐事宜与浙奉方面磋商。

1924年10月23日，冯玉祥发动北京政变，电邀孙中山到北京共商国是。11月13日，孙中山离广州北上。24日，段祺瑞宣布就任中华民国临时执政，组织政府，叶恭绰被任命为交通总长。据叶恭绰回忆，孙中山北上时曾有三次电报给他，但叶都没有收到。这无疑使他对自

* 1912年8月29日，孙中山在北京出席广东公会欢迎会时留影。右二为叶恭绰

* 1921年的叶恭绰。此后他协助孙中山工作至1925年

己的使命难以把握。

12月4日上午十一时四十五分，孙中山、宋庆龄等乘坐的"北岭丸"抵达天津法租界利昌码头。叶恭绰上船迎接，与孙中山等握手寒暄。下午，孙中山即拜会张作霖。孙、张会见时叶恭绰在座。

叶恭绰是奉孙中山的派遣到北方来联系段祺瑞、张作霖的。但这时，由于成了段祺瑞政府的阁员之一，他已身不由己。12月18日，叶恭绰与许世英作为段祺瑞的代表来见孙中山。孙中山当面怒斥段祺瑞所谓的"外崇国信"。看着病榻上愤怒的孙中山，叶恭绰的痛心与无奈是局外人难以感受的。

* 1921年8月4日，孙中山致叶恭绰信

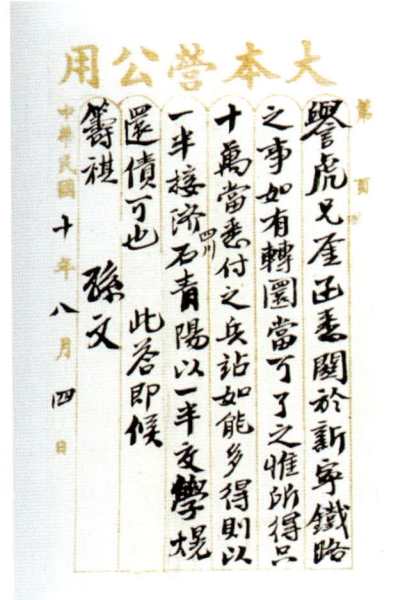

1924年12月31日，孙中山在宋庆龄的照顾下，扶病进京。叶恭绰到前门火车站迎接。此后，孙中山的病情每况愈下。

1925年3月12日上午九时三十分，孙中山病逝于北京铁狮子胡同行辕。临终时，叶恭绰侍立床侧，送了孙中山最后一程。

对于孙中山的逝世，叶恭绰十分悲痛。他手拟两副挽联：

一生超是非毁誉祸福而前行，万古云霄终独往；
举世正困辱憔悴悲哀而无告，八方风雨适安归。

人道先生未死，
我惟知己难忘。

孙中山的逝世，使叶恭绰对自己的人生道路重新做了思考。这年11月，他便离开了段祺瑞政府。

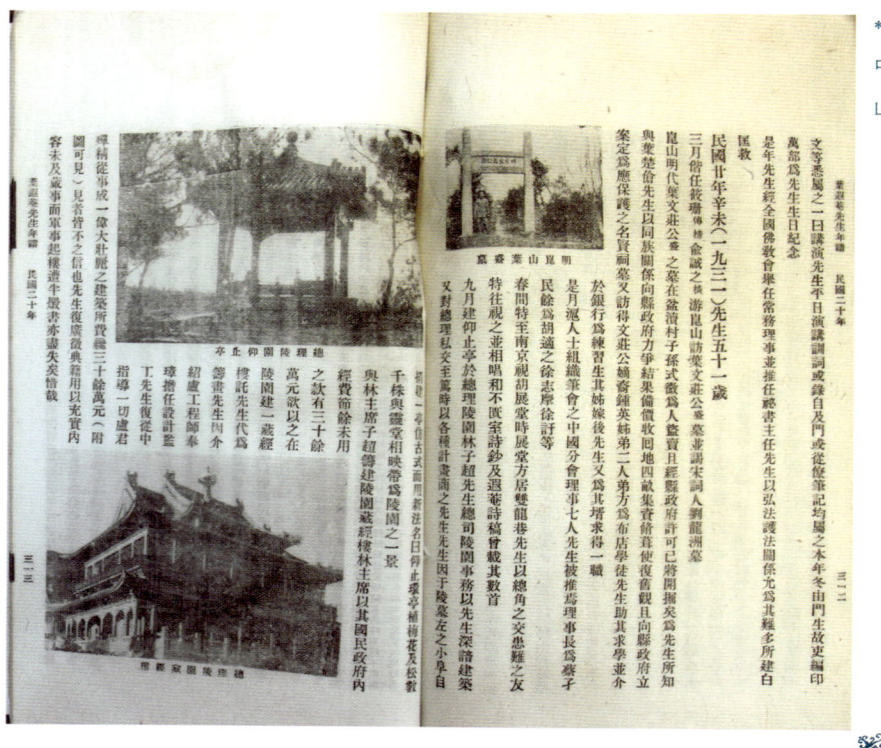

* 《叶遐庵年谱》中的仰止亭和中山陵藏经楼

* 1947年的叶恭绰

1929年，中山陵竣工。6月1日，叶恭绰以亲故资格到南京参加孙中山葬礼。"是日，由江边执绋步行至陵墓，感怆不已。"

奉安后，陵园的建设仍需完善。当时陵园事务由林森总管。因为叶恭绰对建筑颇有研究，又与孙中山私交很深，林森便经常与叶恭绰商议各种建设计划。其间，叶恭绰提出要在陵墓左侧的小土山上捐建一座纪念亭。他的这一意愿获得批准。1930年9月，陵园管理委员会决定将建亭的工程交由他自办。一年后，小亭建成，"仿古式而用新法，名曰仰止亭。环亭植梅花及松数千株，与灵堂相映带，为陵园之一景"。

当时国民政府主席林森拿出政府经费结余，准备在陵园建一藏经楼，托叶恭绰代为策划。叶恭绰介绍工程师卢奉璋担任设计监工，自己则从中指导一切。结果仅用三十余万元，就建成了一座庄严宏大的建筑。叶恭绰又广征典籍，用以充实藏品。可是这项工作还没有完成就遭遇了战争，楼遭半毁，书亦尽失。

离开孙中山之后，叶恭绰在段祺瑞政府做了一年的交通总长。1931年，他又在国民政府中担任了短时间的铁道部部长。从此便远远离开了他曾左右逢源的政坛，开始将精力投入文化事业。"曾经沧海难为水"，与孙中山的合作，使他无法再接受其他领袖。孙中山吸引他的是救国救民的诚心，是心底无私的品格。

1934年，叶恭绰又将其保存的孙中山写给他的信件，以《总理遗墨》为书名影印出版，为后人研究孙中山提供了第一手资料。

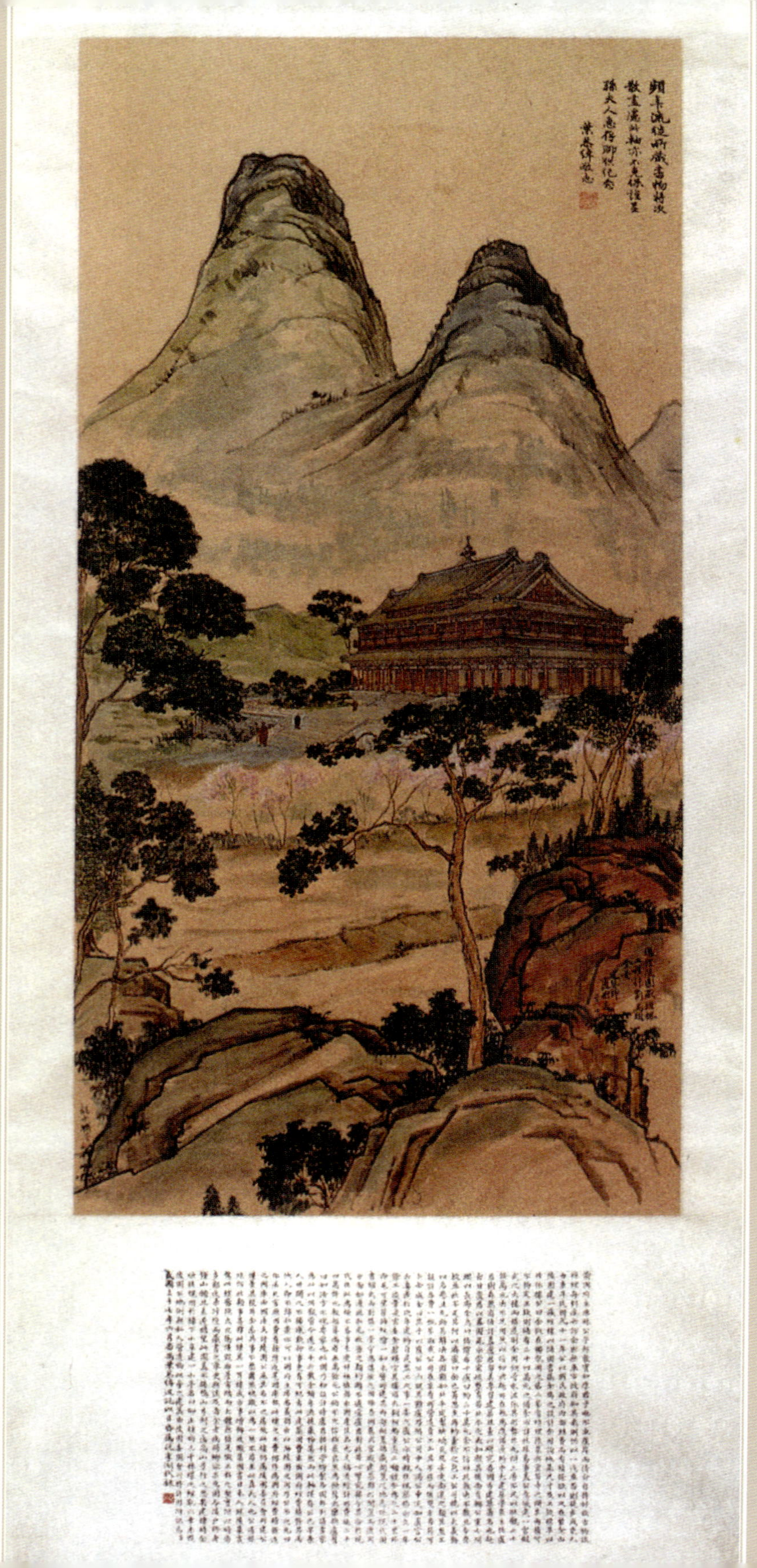

* 1948年6月，叶恭绰题赠宋庆龄《中山陵藏经楼图》

1956年是孙中山诞辰九十周年。全国政协决定成立纪念筹备委员会。宋庆龄等八十七人为委员，周恩来任主任。

纪念孙中山，宋庆龄当然十分欣慰，但她也存有遗憾。首先此事事先并未与她商量，致使整个纪念活动期间她都不在北京。其次，纪念筹备委员会和《孙中山全集》编辑委员会的组成没有征求她的意见。在给朋友的信中她写道："关于两会的成员，我无可奉告。"显然，她对人选是有些意见的。其中，宋庆龄特别提到了没有被选入两个委员会的叶恭绰。她说："叶恭绰是孙博士的好朋友，他非常爱戴并尊敬孙博士。我认为可以请他撰写《孙中山画传》。孙博士和我都非常欣赏他的中文书法。"当时，宋庆龄是政协副主席，叶恭绰则是政协常委。如果征求了宋庆龄的意见，没有道理不让叶恭绰参与孙中山诞辰的纪念筹备。

1966年，"文化大革命"爆发。作为从清朝的"三品顶戴"到袁世凯、段祺瑞为首的北洋政府"要员"，叶恭绰自然被当成名副其实的"封建余孽""反动官僚"遭到批斗。那些发动者和参与者，少数人是别有用心，大多数年轻人则是对复杂的历史现象缺乏了解。叶恭绰对此当然万分委屈而又哭诉无门。得知这件黑白颠倒的事，宋庆龄很是生气，可她无法左右大形势，只能派身边的工作人员给叶恭绰送去二百元钱，以为安慰。这哪里是区区二百元钱，这是宋庆龄在非常时期做出的一个郑重的政治表态！叶恭绰感动得老泪纵横。他说："孙夫人的心意我领了，但这钱不能收，因为夫人也是靠工资生活，没有财产。"叶夫人思前想后，认为却之不恭，劝说叶恭绰收下。面对前来的工作人员，叶恭绰激动地说："孙中山先生是一个脚踏实地、不屈不挠的人，我追随中山先生多年，希望死后埋在'仰止亭'，到九泉之下能见到中山先生。请将此意转告孙夫人。"听到工作人员的汇报，宋庆龄给叶恭绰复了信。她的表态是叶恭绰在人世间得到的最后安慰。

1968年8月6日，叶恭绰在北京逝世。1969年12月30日，叶恭绰夫人钟启明致信宋庆龄，报告了叶恭绰去世的消息，并追忆了叶恭绰和孙中山的友谊。信的最后，她就叶恭绰的安葬提出意见，希望得

到宋庆龄的支持：

我们初步计拟：

一、坟墓安葬地点：中山陵园仰止亭后距离一丈二尺地方。

二、坟墓为小小圆墩式，高仅三尺。碑高也三尺。碑文分三直行：右边一行："仰止亭捐建者"六个字；中行："叶恭绰先生之墓"七个较大的字；左边一行："中央文史馆馆长章士钊题"十一个字。

如认为圆墩式不适合，拟改为平卧竖碑式或平卧平碑式。坟身高仅八寸，长三尺四寸，宽二尺。碑文仍前。

三、时间：一九七〇年四月初。

四、工程请由中山陵园管理单位代办，工料费照付。

1970年1月9日，宋庆龄复函钟启明："我同意这样做，希望能在今年四月份实现。"并关切地问道："知道你身体不好，把骨灰盒安葬南京，有亲属帮你料理否？能有办法买到飞机票去南京？乘坐飞机，可能对你行动上方便些。"

1月16日，钟启明致函宋庆龄："捧读一月九日赐札，万分感激涕零！先夫叶先生安葬陵园仰止亭后一事，承您同意，当遵命务期于今年四月份实现。我自锯去一腿后，又患手术后遗留症等慢性病，行动困难，不能亲赴南京办理安葬。关于计拟安葬事务和整理遗著编选菁华印行等工作，深得先夫亲密学生茅以升、陈其英等同志帮忙。将来拟推陈其英同志负责赴南京办理安葬事宜。"

1月21日，宋庆龄复函："知道安葬叶先生事和整理遗著等工作，有人帮忙，感到放心。""现由邮局汇你一百元备用。因有负担，不能多汇。只能汇奉此数，表我心意。"宋庆龄还在信中嘱咐叶夫人安排好自己的生活，注意身体。收到汇款后，钟启明于1月27日致函宋庆龄表示感谢。

3月20日，钟启明致函宋庆龄报告叶恭绰安葬一事的进展，信中写道："为求符合简单、朴素、坚固原则，经商定将坟墓缩小为横长二尺四寸，宽一尺六寸，前高八寸、后高一尺八寸。碑文由左至右分三宋副主席：

当一九七〇年来临，衷心致祝
您身体健康：

我是叶恭绰先生的爱人，兹有关叶先生一件大事奉陈。

先夫叶恭绰先生于一九六八年八月六日去世，至深京痛！

先夫于一九二三年四月应孙中山先生邀请，到广州就任革命政府大本营财政部长兼建设部长。他向来在此方做事，与孙先生没有什么关系，未参加过同盟会和国民党，承孙中山先生特殊信任，感戴知己，终身难忘。孙中山先生安葬南京，他在中山陵园建造仰止亭，以志景仰。当时声明了身后附葬仰止亭，表示至死追随孙先生。他于一九六八年七月间病重时，郑重嘱托老友章士钊老先生等，死后将骨灰附葬中山陵园仰止亭。他去世后，由周总理派中央直属口军代表、国务院机关事务管理局高富友、全国政协王建栋、文政会关俊立四同志治丧，将遗体送东郊火葬场火化，骨灰由家属领回。我当时向高同志提出，叶先生遗嘱附葬陵园仰止亭事，高同志以现时正忙于斗、批、改，过了一个时期再办。文政会关同志也是相同的意见。现已一年多了，叶先生的骨灰应早日入土为安。私揣这四个单位现时要派出专人办这事，可能还有不便。只好由家属自行办理。至所有安葬费用，由家属自行

筹措，不用公款，只要求治丧的四个单位中任何一单位出具一封给江苏省革委或许世友主任的公函，由家属派专人奉骨灰到南京办理安葬这件大事。我们初步计划：

一、坟墓兴葬地区中山陵园仰止亭后距离一丈二尺地方。

二、坟墓为水泥圆墩式，高仅三尺，碑高也三尺，碑文分三直行，右边一行："仰止亭揭碑者"六个字，中行："叶恭绰先生之墓"七个较大楷字，左边一行："中央文史馆长章士钊题"十一个字。

如认为圆墩式不适合，拟改为平卧垫碑式或平卧平碑式。坟身拟八尺长三尺四寸，宽二尺。碑文仍前。

三、时间一九七〇年四月间。

四、工程请由中山陵园管理单位代办，工料费照付。

以上计划是否适当，敬恳

鉴核，予示宝贵意见，切盼

鼎力玉成，死生均感戴！

谨致
革命敬礼

叶钟启明[印]谨肃 1969.12.30.
地址东四锡金路26条30号(旧灯市口明灯胡同32号)

* 1968年12月30日，钟启明致宋庆龄信

行：中行'叶恭绰先生之墓'七个字，上行'仰止亭捐建者'六个字，下行'1881—1968'八个阿拉伯字。碑仰卧在坟身上。"

4月中旬，叶恭绰墓终于如期完工。28日，钟启明致函宋庆龄："查仰止亭后与东边均没有余地，唯西边有较多空地，坟墓就在西边。工程进行甚顺利，经于四月中旬完工。兹检附照片一套八张，敬请赐阅。此次叶先生得以安葬中山陵园，全赖鼎力支持，不仅我终身感激；即叶先生的学生们的衷心铭感！"

5月4日，宋庆龄复函："知叶恭绰先生安葬中山陵园仰止亭旁一事，如期办妥，实现了叶先生的遗嘱。这是我应该尽力的事，何必言谢。""附来照片一一看过。现在寄还，请收到后，好好保存。"

在短短一百二十天里，两人往返函件八封。对朋友的事情，宋庆龄是非常尽心的。

* 1970年1月21日，宋庆龄复钟启明函（底稿）

* 1970年5月4日，宋庆龄复钟启明函（底稿）

这些信函，揭示了叶恭绰墓修建的过程，包括选址、墓与碑的形制、经办人等。至于碑上的题字，因没有署名，曾有人传说是宋庆龄所题。现可以确认是章士钊手笔。

安葬于中山陵，使叶恭绰如愿以偿，也使宋庆龄得到了宽慰。

时隔近六年，1976年1月，钟启明致函宋庆龄："久未书信问候，行动又多不便，希请见谅。悉知身体康泰，甚释怀念。叶恭绰先生生前所录《全清词钞》手稿已由中华书局付印。兹敬上一套四册，请惠存。年节即临，顺颂春祺。"

收到赠书后，宋庆龄复函表示感谢。宋庆龄对诗词没有研究，但每当在书房里看到这部书时，她一定会睹物思人。

* 宋庆龄与中国共产党 *

* 1956年9月26日,宋庆龄在中共八大上致词

1981年6月3日，首都各界近万人聚集在人民大会堂，悼念国家名誉主席宋庆龄。邓小平在悼词中回顾了宋庆龄与中国共产党共同走过的几十年历程。他说："中国共产党和党的领袖毛泽东、周恩来、刘少奇等同志，很早以前就把她当作自己的亲密的战友、同志和可敬的无产阶级先锋战士。宋庆龄同志逝世以前不久，被接收为中国共产党正式党员，实现了她长时期来的夙愿。这是宋庆龄同志的光荣，也是中国共产党的光荣。"他盛赞宋庆龄为"中国共产党优秀党员"。

* 中共中央政治局接收宋庆龄入党的决定（1981年5月16日《人民日报》）

自1927年大革命失败，宋庆龄就坚定地同中国共产党站在一起。她认为只有中共才能实现孙中山的理想，所以竭尽全力为党工作，并期望成为其中的一员。

1925年，孙中山与廖仲恺先后去世。国民党右派背叛了"联俄、联共、扶助农工"的三大政策，国共合作彻底破裂。作为孙中山与廖仲恺的夫人，宋庆龄、何香凝公开谴责国民党右派，声明坚持三大政策。在残酷的斗争中，为提防国民党当权派斩草除根，何香凝将女儿廖梦醒送往法国，将儿子廖承志送往德国。宋庆龄则于1927年8月流亡欧洲。

1928年7月，宋庆龄来到法国，约廖梦醒到自己的住处见面。谈话间，宋庆龄询问廖梦醒是不是共产党员。当时，廖梦醒虽已与共产党员李少石订婚，但还未入党，所以回答："不是。"宋庆龄说："当共产党是件好事，你何必否认？"廖梦醒在回忆这一段经历时说："可见，当时她对党已很有认识。"

李云是中共应宋庆龄之邀，派到宋身边工作的联络员。1937年七七事变后的一天，宋庆龄与她谈了一些事情后，突然轻声问道："我算不算党员？"李云无法答复这个问题，只好笑着敷衍过去。回到家中，李云就宋庆龄提出的问题请示潘汉年与冯雪峰。潘汉年说："孙夫人坚定不移地与我党合作，她用她的特殊身份、特殊地位，起到了特殊作用，任何人也替代不了的。

* 1928年的廖梦醒

* 作者在上海采访李云

* 1957年11月，宋庆龄作为中国代表团成员，赴莫斯科参加庆祝十月革命四十周年活动。前排左起：郭沫若、毛泽东、苏联最高苏维埃主席伏罗希洛夫、宋庆龄

她的入党问题，必须中央来考虑。明天，你就对夫人说：'你和共产党员一样。'这样回答比较妥帖。"冯雪峰也同意这个意见。

第二天，李云见到宋庆龄，按照潘汉年的意见答复了她。宋庆龄听罢异常高兴。办完事情后，李云准备告辞，宋庆龄却坚持挽留她："你从来不肯在我这里用饭的，今天一定要在这里吃一顿便饭。"

宋庆龄一生中，只在1957年4月25日正式提出过一次入党申请。这天，苏联最高苏维埃主席伏罗希洛夫去杭州，宋庆龄同刘少奇等一起前往上海龙华机场为其送行。下午，刘少奇和夫人王光美到淮海路寓所看望宋庆龄。谈话中，他们议起了中共正在开展的整风运动。刘少奇说："孙中山先生很有才华和魄力，献身革命几十年如一日，之所

* 1957年11月16日，毛泽东在《社会主义国家共产党、工人党代表会议宣言》上签字。前排左起：邓小平、毛泽东、宋庆龄、乌兰夫

以没有成功,就因为没有一个好的党。"宋庆龄表示非常赞同这一见解。刘少奇又说:"我们党吸取了这个教训,才领导革命成功了。现在,我们号召群众帮助我们整风,目的就是使我们党更好。"宋庆龄兴奋地说:"党中央采取这个态度很好,我相信党一定会越来越好。"她稍停片刻后,很恳切地提出:"我希望参加共产党。"闻听此言,刘少奇很高兴,但他非常慎重地表示:"这是一件大事情,我将转报党中央和毛主席。"这次谈话,王光美在场。由于宋庆龄的上海地方话不好懂而英语很好,刘少奇说话有湖南口音;于是,王光美就用英语和普通话为他们翻译。

4月28日,刘少奇和周恩来一起到淮海路寓所看望宋庆龄。刘少奇告诉她:"党中央认真地讨论了你的入党要求,从现在的情况看,你暂时留在党外对革命所起的作用更大些。你虽然没有入党,我们党的一切大事,我们都随时告诉你,你都可以参与。"听到这个答复,宋庆龄的心情很不平静。她有些失望,眼睛里闪着泪光,但点了点头表示理解。

1981年初,宋庆龄病势日渐沉重,开始持续不断地发烧。

宋庆龄的是不习惯住院的。一生中,她唯一的一次住院是1936年在上海做阑尾切除手术。她生病的次数不算少,但治疗都是在其住宅

* 1979年6月28日,宋庆龄与王光美亲切会面,互致问候

进行。如果必须去医院进行全面体检或做耗时较长的检查，她会自带一顿中饭，晚上一定要回到家中。

　　宋庆龄极不愿意其他人进入她的卧室。所以，在后海居住期间，医生的治疗通常是在一层的按摩间进行。1981年，宋庆龄病情严重后，二层的书房临时安置了一张床。白天，医生的治疗和领导、朋友的探望都在这里。直到病情十分严重时，医务人员才不得不进入她的卧室，昼夜监护。

　　病情危殆之际，宋庆龄并不认为自己将要很快走到生命的终点。直到进入最后的昏迷前，她也没有失去希望，仍然觉得自己会好起来。去世前的几十天里，她还在准备接待客人，准备亲自整理孙中山先生的文物，准备迎接期待已久的安逸的退休生活。

　　3月3日，她致信上海住宅管理员周和康："有关房屋要改名的事，请你用我的名（宋庆龄），因为我过了五月就想回家退休。"

　　5月9日，她指示秘书杜述周到友谊商店买了三十二把扇子。其中二十二把作为公事接待的礼品，另外十把自己付费，准备送给私人朋友。

　　病重期间，她多次与沈粹缜谈到自己深深思念的上海。她说：那

* 医疗小组在宋庆龄的卧室中进行抢救治疗

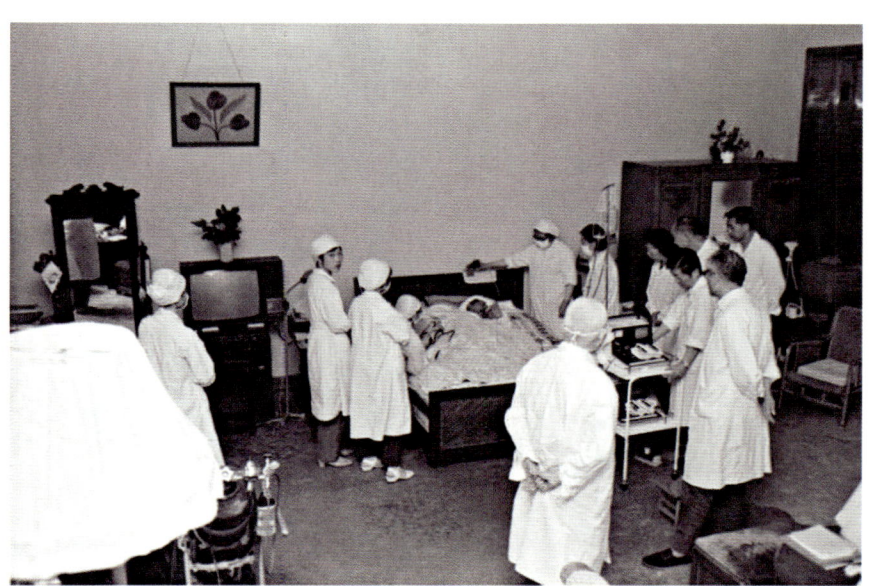

里有孙中山的故居，上海住宅还有中山先生的许多衣物，过去都是由李燕娥负责定期晾晒，现在李姐故去，只得由她自己动手了。她与沈粹缜相约，等身体稍好后，请沈帮自己一起整理孙中山的衣物。

按惯例，党和国家领导人的健康状况是保密的。宋庆龄长时间没有露面，大家私下都在猜测她的身体或许出现了问题。然而，5月8日，宋庆龄在人民大会堂出席了加拿大维多利亚大学授予她荣誉法学博士学位的授赠典礼。她神情一如往日，并用英语发表了二十分钟的讲话。王光美看到电视新闻，觉得宋庆龄身体很好，十分高兴。几天后，她打电话给宋庆龄的保健大夫顾承敏，询问宋庆龄是否能接见几位来自国外的客人。顾大夫回复："她的情况不好，已经几次病危。客人见不了，你要见快来！"王光美闻讯，立刻赶往宋庆龄后海寓所看望。

那是5月15日早晨，当时宋庆龄病情严重，间断地出现神志不清，已经几乎不能说话。

王光美心情十分沉重。她想起1957年刘少奇、周恩来告知宋庆龄中央暂不批准她入党的往事，清楚地记得宋庆龄当时难过的样子。王光美当即决定，要全力争取在宋庆龄临终之前让她实现这个心愿。但此事必须首先取得中央的认可。

* 作者采访王光美

于是，王光美驱车赶赴中南海面见中共中央总书记胡耀邦。当时胡正在瀛台会客。王光美就先到勤政殿，把车停在那儿，等他出来。两人会面后，王光美对胡耀邦说："我刚刚去看了宋庆龄，她已经病危。我想向党报告一件事，宋庆龄同志曾经向少奇同志提出要求入党，当时中央意见她暂时不入党为好，也是少奇同志答复她的。这事的经过我都在场。能不能在她现在还明白的时候同意她入党，给她一个安慰？如果中央同意，我可以去当面问她一下。"胡耀邦说："可以问。"

得到这个答复，王光美立即再次回到后海。当时探望领导人是有规定的。于是，她给宋庆龄的秘书杜述周写了一个条子："杜秘书，你向宋副委员长说一下，我再跟她谈一次话，只要一两分钟。"

这次宋庆龄很清醒，一见面就认出了王光美。当时，王光美身上带着在美国学习的女儿刘平平刚寄来的一张英文母亲卡，恰好没有写上款。她把这张卡送给了宋庆龄，宋看到后很高兴。王光美说："少奇同志在世的时候，我知道当时党中央很信任你，对你评价很高。现在小平同志、耀邦同志等也都对你有很高的评价。当年你曾当面向少奇同志提出过入党要求，不知道你现在是不是还有这个要求？如果有，我立刻报告党中央。"宋庆龄"嗯"了一声，点点头。

见到她还有入党要求，王光美赶紧跑下楼，通过杜秘书直接要通了胡耀邦的电话，她告诉胡："我刚才问了，宋庆龄同志要求入党！"胡耀邦说："好。这件事你就办到这儿，以后的事我们办。"

王光美离开后，邓颖超和彭真来到宋庆龄的寓所。邓颖超在回忆中写道："彭真同志和我去看你，向你陈述了党几十年来都把你作为同志看待，我们了解入党是你长期以来的宿愿，说明我们要向党中央报告。你睁开眼睛望着我们，轻声答复：'好。'"这显然是中央在了解了宋庆龄入党的意愿后，再次由组织出面对她的要求进行的证实。从这一安排可以看出，中央对宋庆龄的入党问题是十分慎重的。

当天下午，中共中央政治局举行紧急会议，一致决定接收宋庆龄为中共正式党员。会议结束后，廖承志和中共中央组织部部长宋任穷来到后海寓所，在宋庆龄的病榻前宣布了批准她入党的决定。我曾采

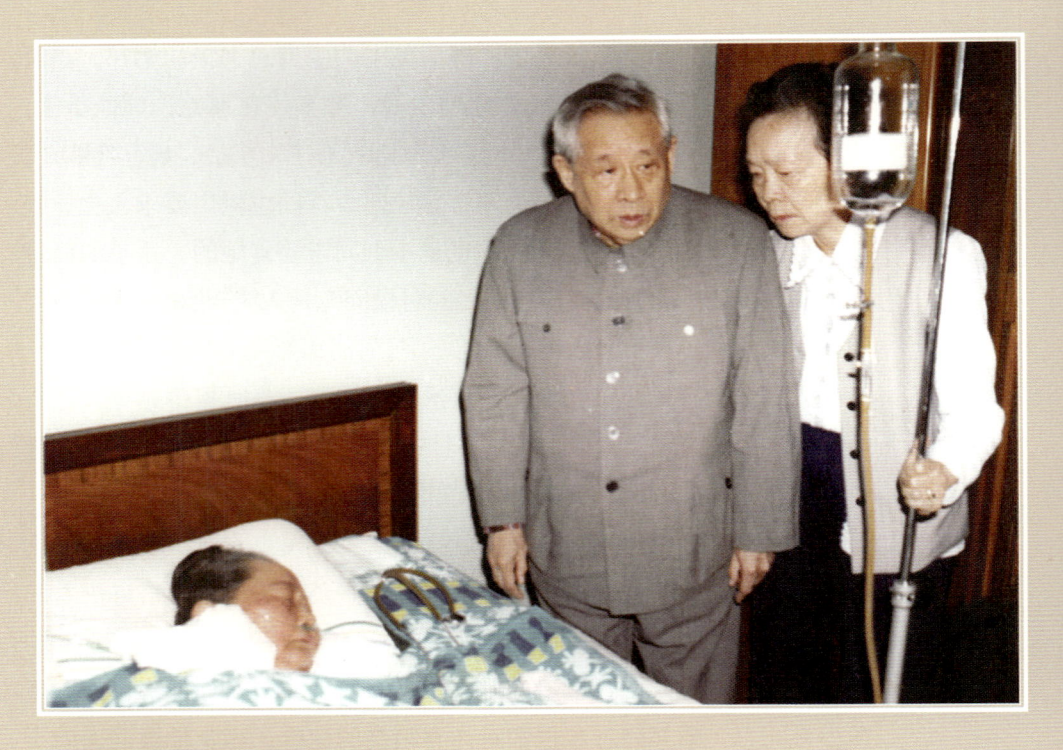

* 廖承志夫妇在宋庆龄病榻旁

访过时任国务院机关事务管理局副局长的汪志敏。他说，宣布入党决定时他也在场。

第二天上午十时，邓小平来到宋庆龄的病榻前，表示热烈欢迎她加入中国共产党，并就此向她致以祝贺。

5月20日上午九时十五分至九时三十五分，中共中央总书记胡耀邦等党和国家主要领导人一同来到宋庆龄病榻前。当时，宋庆龄情况不好，一直处于昏睡中，所以他们只是探望，与宋之间没有进行任何对话。

当天下午，宋庆龄神志清醒，廖承志与宋进行了长达二十分钟的谈话。宋庆龄对他说的第一句话是："你们为我所做的一切，我很感谢。"廖承志说："宋主席谈的'你们为我所做的一切'，自然是包括她成为正式党员，和国家荣誉主席的称号，这是十分明白的了。"

2002年，我们去采访汪志敏，他因身体健康状况不佳，表达已不够连贯。汪志敏说："她很早提出来要入党……她一直想加入共产党。""弥留之际才讨论通过了。……这次确实入了，这是真的。"

我还曾向顾承敏大夫和吴庆年护士长了解情况。王光美与宋庆龄谈入党问题时，她们都在现场。我问："当时宋庆龄有同意的表示吗？"她们一致证明说，是有肯定的表示。宣布入党决定时，她们二位也都在场。顾承敏回忆，当时宋任穷主要是讲："你多年提出的这个愿望，现在经中央讨论，同意接收你为中共正式党员。"她还说，宣布这个决定时，杜秘书在现场录了音。

宋庆龄是一位极特殊的党员。她与中国共产党合作的时间，超过了党内许多领袖的党龄；她对中国共产党做出的贡献更是难以估量的。

* 宋庆龄与常熟 *

* 建国初期的宋庆龄

* 王四酒家今貌

　　2006年10月，我应邀前往常熟参加虞山少年宫成立五十周年庆祝活动。在此期间，我曾赴"王四酒家"用餐，在走廊的宣传栏里看到了有关宋庆龄、宋美龄在酒家用餐的介绍。这使我十分惊异，因为所有关于宋庆龄的编年中，都没有这件事的记录。少年宫的老主任陆士贤同志见我很感兴趣，在我返京后，给我寄来了相关资料。

　　1947年10月19日，宋氏姐妹由上海淞沪警备司令部司令宣铁吾、行政院新闻局副局长曾虚白、名医曾耀仲（曾虚白之弟）、孔祥熙长子孔令侃等人陪同，从上海乘汽车，于中午十二时抵常熟，到虞山北麓千年名刹兴福寺游览。为了避免扰民，此事没有通报常熟县政府。

　　兴福寺曾名大慈寺、破山寺。唐代诗人常建在这里所作的《题破山寺后禅院》，成为人们吟唱千年的名篇："清晨入古寺，初日照高林。曲径通幽处，禅房花木深。山光悦鸟性，潭影空人心。万籁此俱寂，但余钟磬音。"

* 兴福禅寺

　　随着这首诗的传播，兴福寺声名大振，成为与杭州灵隐寺、常州天宁寺、镇江金山寺齐名的江南四大名刹之一。寺内古木参天，胜迹众多。曾氏兄弟自幼生长于常熟，而且是清末四

常少府题破山寺诗

清晨入古寺 初日明高林 竹径通幽处 禅房花木深 山光悦鸟性 潭影空人心 万籁此都寂 但余钟磬音

襄阳米芾书

余守襄郡日得元章书 因勒石破山栈上补所寺之阙也 乾隆三十二年中秋日柬园言如泗识

* 兴福寺中的常建诗碑

大谴责小说之一《孽海花》作者曾朴的公子，文学功底很深。一路上，他们介绍名胜古迹、掌故轶闻，宋氏姐妹听得兴趣盎然。

出兴福寺，一行人便到附近的王四酒家进餐。这是一家创办于清光绪年间的名店，烹饪技艺精湛，所用菜蔬新鲜，自酿的桂花白酒更是风味独特，所以总是顾客盈门。孔令侃与王四酒家主人王化民有过交往，事先已嘱咐其准备三桌上等酒菜，但没有说明来宾的身份。这天恰逢周日，秋高气爽，王四酒家更是座无虚席。孔令侃找到店主，店里却腾不出一张空桌。王化民只得表示歉意，请他们先在附近散步，过一会儿再入席用餐。好在大家游兴未尽，便到附近山麓观赏景色。

那天，宋氏姐妹头戴宽边草帽，身穿白色衬衫，绒线马夹，外罩浅灰外套及深灰西装裤，足蹬黑色皮鞋，庄重中带着几分休闲。唯一的不同是，宋美龄的马夹为红色，宋庆龄的为黑色。二十分钟后，一行人折返王四酒家，但仍无空位，只得再往各处游览。如此往返三次，还是无法入席。不得已，孔令侃将来宾的真实身份透露给店主。王化民得悉，急忙招呼伙计，在林间一处叫弯背枫杨树的草坪上设置餐桌，并请自己的母亲邵银宝亲自侍奉。片刻之间，松树蕈油、爁鸟醉虾、荷叶煨鸡、冰糖葫芦、桂花栗羹等当地名菜、名点摆了满满一桌。宋氏姐妹一边眺赏秋林山色，一边品尝美肴佳酿，不断赞叹"想不到这小地方有这么好吃的菜"。宣铁吾、孔令侃等随行人员则在王四酒家楼上分坐数桌用餐。下午二时五十分，宋氏姐妹一行尽兴散席，依依不舍地告别虞山美景，登车返沪。

这应该是宋氏姐妹一生中最后一次携手的休闲之游。其中是否具有政治的含义，已经无人知晓。此前的几天，宋庆龄曾应宋美龄之邀，同游杭州。在那次行程中，宋美龄问宋庆龄："共产党的底牌到底是什么？"也就是说，共产党需要什么条件才会停止日趋凌厉的攻势。宋庆龄回答："我不是共产党员，不了解。"政治斗争使姐妹间的交往也变得不再那么轻松。

宋氏姐妹的常熟之行见报后，引来了当地一些长者对宋蔼龄在常熟的追忆。1936年秋，宋蔼龄到常熟，曾兴趣盎然地一口气游览了虞

山上下、城内城外的清凉寺、兴福寺、维摩寺、慧日寺等四大古刹。

宋蔼龄、宋美龄相继离开大陆后,宋庆龄与常熟的联系仍在继续。1951年,宋庆龄听到了常熟群众对当地处理案件中一些不当做法的反映。4月7日,她即致函常熟县县长韩培信:

韩县长培信同志:
　　告诉你几件事如后,据贵县人士在途中谈及种种,地方干部为文化水准过低,对民间着手处理工作不合上级理论去做,缺点者随便被押人及敲打人,拿无根据的材料去处理人,或者稍有疑问人亦去被押等情。但政务院明文规定,应将各种不同的人,搜集准确的事实材料方可去被押或签死刑人。今后的办法,迅速加以将区乡干部统统教育,切不可如此玩弄手段,否则对国家有不利和民间的大大反应。勿责。
　　此布

宋庆龄手启
一九五一年四月七日

被押或处死者应有根据及证明人等方可实行。又及。

接到来信后,县委立即对信上所反映的问题作了认真的调查。当时新中国成立不久,社会情况比较复杂,少数干部在工作中确实存在违反政策、简单粗暴、强迫命令的倾向。对此,县委迅速予以了坚决纠正和严肃处理。

宋庆龄时任中央人民政府副主席,日理万机,但她始终把这件关乎依法行政和群众利益的"小事"挂在心上。后来到苏州视察工作时,她还专门将韩培信找去,当面询问常熟群众反映的那件事的处理情况。对于韩培信的汇报,宋庆龄频频点头,表示满意。

宋庆龄与常熟

当时，为了把妇女从家庭中解放出来，常熟县妇联计划建立第一个托儿所，但苦于没有资金。妇联干部陆钰想到宋庆龄一贯关心妇女儿童福利事业，便去上海向中国福利会求援。之后，根据中福会的要求，又报送了建三开间、二层楼，总面积二百平方米房屋的图纸和所需资金预算。

1951年底，常熟县人民政府收到了中国福利会寄来的一张批准书，十六开纸，竖印着"人民币贰亿陆仟万圆"（折合新币制二万六千元）六个大字，款项汇至江苏省人民政府办公厅，以便监管使用。该笔款项是从宋庆龄1951年获得的"巩固国际和平"斯大林国际奖金中拨付的。这件事在常熟街头传开了，人们都说：宋主席有一颗金子般的心，把自己获得的奖金，全部用在了儿童妇女的福利事业上。1952年底，一幢精致的小楼竣工，成了常熟城里的新景观。人们习惯地称之为"宋楼"。

1964年4月，托儿所因房屋不敷使用而外迁，常熟县人民政府把"宋楼"拨给虞山镇少年之家使用，并作了如下说明："那里的一幢精致的小楼房，是宋庆龄所获国际和平奖金中的二亿六千万元（旧币制）援建的。此房只能用于儿少事业，不宜给其他性质的单位。"

"文化大革命"开始后，少年之家被其他单位占用。1978年，虞山镇政府和县文化教育局在原址隔壁为少年之家建造了一幢五百平方米的三层楼，作为对"宋楼"的置换和补偿。原少年之家的负责人陆士贤主持筹建工作。

1980年儿童节前夕，陆士贤写信给宋庆龄，讲述了少年之家的演变，请她给新的少年之家题词。

* 2006年10月，在"宋楼"前留影。左起：少年之家原主任吴之棋、少年之家原主任陆士贤、作者。右一为时任少年宫主任董亚琴

没有想到，6月16日少年之家筹建处就收到了宋庆龄的亲笔题词：

> 愿少年儿童树新风，遵纪守法，有健康的身体，有知识，有志气，为祖国作贡献。

共青团虞山镇委大受鼓舞，再次写信，请宋庆龄为"少年之家"题匾。不到十天，宋庆龄亲笔书写的"少年之家"四个大字就从北京寄来了。在常熟小朋友的心中，宋庆龄真像自己的奶奶一样有求必应。

* 1980年6月，宋庆龄为常熟少年之家题名手迹

* 1980年6月，宋庆龄为常熟少年之家题词手迹

2006年，我在参加常熟少年宫成立庆典时，建议恢复"少年之家"的名字。我告诉常熟的同志们：宋庆龄在中国少儿事业中创造了几个第一：第一个妇幼保健机构——国际和平妇幼保健院；第一个少年宫——中国福利会上海少年宫；第一个少儿剧团——中国福利会儿童艺术剧院；第一个儿童剧场；第一本新中国创办的少儿刊物——《儿童时代》。今后在这个名单中要加上一个少年之家，就是常熟的少年之家，这是全国唯一的一座宋庆龄捐资建造、亲笔题字的少年之家。

2014年5月，我再一次来到常熟，少年之家已经完成了第九

* 2006年的常熟少年宫

次迁址。现在的少年之家，占地面积一万一千一百平方米，可使用建筑面积达六千多平方米。作为校外教育机构，少年之家设有兴趣活动项目四十多个，全年参加各类培训班的少年儿童近三万人次。在国际和全国性比赛中，常熟少年之家的孩子们屡屡荣获金奖。

我问起"宋楼"的情况，遗憾地得知，它在城市改造中已被拆除。但宋庆龄的关爱，将永远留在常熟人民的心里，留在常熟一代代孩子的心里。

* 2014 年的常熟少年之家

* 刻在石头上的宣言 *

* 1924年11月28日，宋庆龄在日本神户发表关于妇女解放的演说

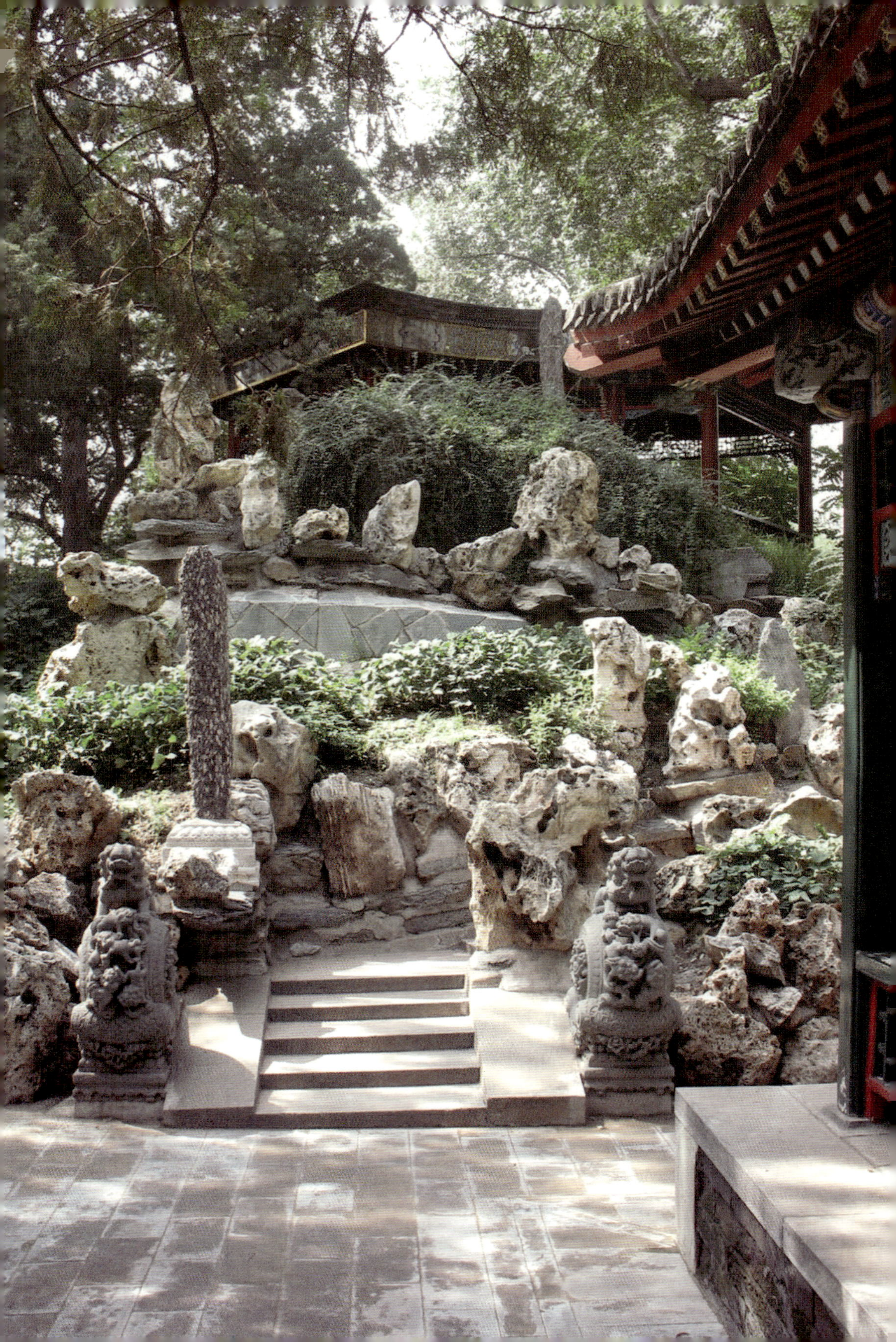

刻在石头上的宣言

* 远观抱鼓石

后海北沿四十六号是宋庆龄在北京的最后一处住宅。

从东大门进园，向左一转便是一带土山，山上有一座扇面形状的亭子名为"箑亭"。山路入口处，立着一对并不太引人注意的抱鼓石。

刚到故居工作时，我就觉得这对抱鼓石非常特别。它安放在清朝摄政王府的花园里，但从石质看，不是那么古老；从雕工上看，却又相当细腻，不像当下的作品那样粗陋。

仔细端详这对抱鼓石，疑问就更多了。抱鼓石的顶部是一对狮子，这在老年头儿的石雕作品中再常见不过；但我们通常看到的石狮总是一雄一雌；雄狮在左，右足踩着一个绣球；雌狮在右，左足下有一只幼狮。据说，这表示雄狮在外大权独揽，雌狮负责养育后代，意味着"男主外，女主内"。可是我们面前的这对石狮却大不相同。左边的狮子右足踩着绣球，下边有三只活泼的幼狮在嬉戏玩耍；右边的狮子左足下同样踩着一个绣球，下边有四只幼狮。其寓意非常明显，即无论雌雄，都要担负社会责任，也都要承担对后代的培育。这种造型的石狮子此前我从未见过。

从那时起，我就时时留意各处的石雕。除了北京，外省的城市乡村、台港澳地区，甚至亚洲、欧美各国的华人聚居区，只要见到石狮子，我就用相机拍下来。发现了我这个与众不同的癖好后，身边的同事们常常为我提供石狮子的信息。我女儿在旅游途中，也帮我拍回了不少石狮子的影像。十几年过去，我收集的石狮子数不胜数，但是始终没有找到哪怕一对与此类似的狮子。于是我开始猜测，它们应该是专属于宋庆龄的石狮子。

* 抱鼓石上的狮子

2012年，宋庆龄生前身边工作人员安茂成回到宋庆龄故居参加活动。我专门问起这对抱鼓石。安茂成告诉我,抱鼓石的确是宋庆龄个人的,购置的时间在1959年之后。当时因为修建北京火车站,宋庆龄从方巾巷四十四号迁居北海西河沿八号(今前海西街十八号)。在西河沿,宋庆龄买下了这对抱鼓石作为花园里的点缀。安茂成当时隶属于国务院机关事务管理局服务处,常常要到宋庆龄的住宅去整理园林花草。他曾听到有的工作人员为了这对抱鼓石私下里抱怨:"×秘书净让首长瞎花钱,买这没用的东西!"看来,宋庆龄是真心喜欢这对抱鼓石,她不但自己出钱买下,1963年从前海迁往后海时,还专门带上了这对石雕。

宋庆龄始终密切关注着妇女解放问题,自己也一直身体力行地进行着妇女解放的实践。

1907年,在维新大潮的推动下,清朝政府的教育部门首次为派遣女学生出国留学举行择优录取的考试。宋庆龄以优异的成绩,成为全国四名取得留学资格的女生之一。

1913年,就读于美国威斯里安女子学院的宋庆龄在校刊上发表了《现代中国妇女》一文。文中,她评价中国妇女的特点是"生性温顺软弱,一心只管家务,一心追求家庭乐趣"。宋庆龄感叹:"她们所具有的那种满足现状的心理,在其他地方是难以找到的。"但是,作为一个即将完成学业的留学生,她也满怀信心地宣称:"我们深信,用不着一个世纪的时间,中国妇女也将成为同男人们地位相等、平起平坐的伙伴。"

宋庆龄极力主张女子要和男子一样参与政治和其他公共事务。幸

* 《威斯里安》校刊上刊登的《现代中国妇女》一文首页

运的是，孙中山也有同样的想法。宋庆龄曾说："孙中山不仅为中国政治经济之革命家，并为妇女界之革命家。所至之地，无不提倡阶级自由、男女平等。"

1921年10月，孙中山准备率兵北伐，宋庆龄要求与他一道出征。当时封建传统思想仍然十分浓厚，人们普遍认为，军旅中有女人会使兵气不扬，不利于战事。听到传言，廖仲恺于10月13日急忙赶到总统府。廖对孙中山说："中西方的习俗是完全不同的。欧洲军队中有妇女一起出征是很正常的。但是中国军队绝对不容许妇女随军，因为会影响士气。先生是首次出师北伐，对这件事应该慎重考虑。"孙中山反驳："韩世忠在黄天荡大破金兀术，就得到了夫人梁红玉亲自击鼓助战，这证明中国军队并不是不许妇女随军的，也不见得就会影响士气。女人在军中兵气不扬的说法是腐儒见解，毫无根据。"廖仲恺坚持己见争辩道："梁红玉击鼓助战，是历史上的特例，所以才流传到今天。现在中国习惯上仍以妇女不随军为原则。因为在环境艰苦的战场上，妇女随军会使士兵发生反感，不能不加考虑。"孙中山最终接受了廖仲恺的建议。

但事情到这里并未完结。宋庆龄认准的事情是一定要做到的，何况这的确是歧视妇女的"腐儒见解"。15日，孙中山出兵广西；17日，率部抵达梧州。24日，宋庆龄即由广州抵梧

* 1922年5月6日，孙中山赴广东韶关督师北伐，宋庆龄率领红十字会员多人从行。图为孙中山、宋庆龄一行在韶关

州与孙中山会合。11月15日,孙中山出发前往桂林,宋庆龄则乘船返回广州。但她并非就此放弃随军,而是去完善准备工作。《申报》称:"孙夫人亦志切从军,将由梧抵粤,备行装再赴桂林。"12月6日,宋庆龄率红十字会会员离开广州。21日,孙中山亲到阳朔迎接宋庆龄一行。一直到1922年4月19日,宋庆龄才再次返回广州,而三天后孙中山也回到广州。他们只是在为下一阶段的大战做准备。5月6日,孙中山离开广州赴韶关督师北伐。这一次,他们不再做任何哪怕是形式上的妥协。宋庆龄率领红十字会会员,与大军一道出发。

　　1924年11月,宋庆龄陪同孙中山北上商讨国是。途经日本时,她在神户高等女子学校第一次独立发表演说,主题就是妇女解放。不幸的是,仅仅百天后孙中山就溘然辞世。

　　诀别孙中山之后的五十多年里,宋庆龄坚持充分重视妇女权益、真正实现男女平等的主张。她说:"我最可怜的就是我们的妇女同胞,受了国际上重重压迫之外,还要多受一层男女不平等的压迫。""中国妇女是世界上最受压迫的国家里最受压迫的阶层。""妇女在社会上及政治上都沦落到奴隶的地步,充其量也不过是二等公民。竭力把妇女锁在家庭工作的牢笼里,把妇女看做不配学习或工作的下等人。""中国革命主要任务之一是要使两万万以上的妇女从半封建的、中世纪的社会意识和习惯中解放出来。"她要求妇女自强,不要"只知道做贤妻良母",仅仅在家庭中"养育儿女与料理家庭琐事"。她大声疾呼:"我全国亲爱的姊妹啊,你们可以觉悟了,自己的权利是要靠自己奋斗来作代价的,指望别人恩赐是靠不住的。"

　　1942年7月,在艰苦卓绝的抗日战争中,宋庆龄为美国纽约的《亚细亚》杂志写了一篇长文——《中国妇女争取自由的斗争》。她从古代的花木兰、梁红玉、蔡文姬、李清照,讲到现代的秋瑾、何香凝、邓颖超、蔡畅;从杰出的妇女领袖,讲到千千万万战斗在民族解放第一线的妇女。她回忆起民国成立后,当国民党妇女领袖唐群英和张昭汉在国会中提出男女平等的议案时,反动派操纵的多数轻而易举地把提案否决;回忆起大革命失败后,大批积极投身革命的先进妇女被屠杀的惨景；回忆起国民党"裁去曾对它的胜利大有贡献的妇女部"，不让妇女参加政治和行政工作，造成的妇女解放运动的倒退。她也歌颂了为争独立、争解放、争民主、争平等，妇女们舍生忘死、前仆后继的动人事迹。宋庆龄的这篇长文，是中国第一部妇女解放运动的简史。

1949年3月，中国妇女第一次全国代表大会在北京举行，全国民主妇女联合会宣告成立。从那时起，宋庆龄连续三十二年被推举为全国妇联的名誉主席，是中国当之无愧的最杰出的妇女领袖。

新中国成立时，作为根本大法的中国人民政治协商会议共同纲领第六条规定："中华人民共和国废除束缚妇女的封建制度。妇女在政治的、经济的、文化教育的、社会生活的各方面，均有与男子平等的权利。"妇女的权利终于有了法律的保障。让宋庆龄倍感欣慰的是，"在通过这根本大法的会议中，妇女代表竟占全数十分之一"。

但宋庆龄是清醒的，作为妇女解放运动的推动者，她随时发现存在的问题。1953年，她说："我们在铲除男女不平等的封建关系方面已有了伟大的进步。"同时她指出："首先就男尊女卑的观点来说，它是根深蒂固的，而且在思想行动之中随时会表现出来。这种缺点需要反复不断地教育来改正，而不是立刻可以根绝的。其次，妇女们到处都受到家庭繁重工作的束缚。不仅使她们无法参加生产，甚至阻碍了她们的发展，使她们既不能随着社会的前进而前进，又不能依照社会对于公民的要求来使自己前进。"

1979年，已经八十六岁高龄的宋庆龄仍然密切关注着妇女的处境。她说："没有生产力的极大提高，权利上的平等不可能成为事实上的平等，包括从繁重的家务等劳动中解放出来。""我们要建立革命的民主的和睦的新家庭，在这个家庭里和社会中一样，男女平等，合理分担家务劳动。"

这一对体现"男女平等"的独一无二的石狮子，在宋庆龄身边度过了二十多年。今天，它们仍忠诚地向人们展示着宋庆龄妇女解放的主张。这简直就是一篇石刻的男女平等宣言！新婚的男女，应该在这对石狮前拍他们的结婚照，留下他们对于社会和家庭责任的承诺。

在这里，我还想简略地介绍一下这对抱鼓石上除狮子之外的其他精美石刻。因为这也表现了宋庆龄对中华民族传统文化的喜爱。

抱鼓石相向的两块浮雕，表现的是中国最古老的传统文化。一幅是"龙马负图"。据传在上古伏羲时，河南荥阳一带的黄河中有龙马背负着《天地自然河图》（后世称为"太极图"）浮出水面，向人们揭示自然变化的奥秘。《周易》称之为"河出图"。另一幅为"麒麟献瑞"。传说孔子的母亲颜氏曾遇见一只麒麟。她看到麒麟从嘴里吐出一块方帛，上面还写着文字，第二天孔子就降生了。所以麒麟被视作瑞兽。"麒麟献瑞"意为祥瑞降临。（在这幅石刻中，帛书已被演化成一套书籍。）

"龙马负图"下方雕刻的是白头翁和石榴，即"白头多子"。"麒麟献瑞"下方雕的是梅花和喜鹊，即"喜上眉梢"。

抱鼓石正面下方的两幅石雕，一为凤凰和牡丹花，即"凤戏牡丹"；一为绶带鸟和花卉，即"寿代吉祥"。

* 龙马负图

* 麒麟献瑞

* 白头多子

* 喜上眉梢

* 寿代吉祥

* 凤戏牡丹

* 宝相花

* 暗八仙

抱鼓石的外侧刻着通过对自然花卉的抽象、提炼、变形而来的"宝相花"，象征着富贵吉祥。"宝相花"的下方分别雕刻了"暗八仙"中的两件宝物。一件是钟离权的扇子，可以起死回生；另一件是吕洞宾的宝剑，可以震慑妖魔。

这对抱鼓石雕刻得十分细腻。特别是大小九只狮子，塑造得神气灵动。抱鼓石上一幅幅精美的石雕，蕴含着世世代代的中国人民对于夫妻和睦、子孙兴旺、健康长寿、喜乐吉祥的美好祈愿。

* 后海寓所的"影事" *

* 英国影片《红菱艳》剧照

* 宋庆龄放映电影的大客厅

　　1963年4月1日，周恩来和邓颖超前往机场迎接由上海返京的宋庆龄，并将她直接送到了后海北沿二十八号的新居。（后改为四十六号，即今宋庆龄故居。）当时宋庆龄已经七十岁。此后，她在这个院落里生活、工作了十八个春秋。

　　来到后海的前三年里，由于工作忙碌，喜爱看电影的宋庆龄很少安排娱乐活动。1966年"文革"开始后，几乎所有的电影一夜之间都成了毒草，在家中放映电影更不可能。那几年里，她一部电影都没有看过。"文革"中由于正常的国务活动停止，宋庆龄无事可做，十分寂寞。所以当急风暴雨稍稍过去后，宋庆龄又开始在家中放映电影；与过去不同的是，她每年仅看一到两次电影（其中1970年为四次），而且基本上是纪录片。直到1973年12月，她调看的影片才开始以故事片为主。

　　到了晚年，宋庆龄看电影可以说单纯是为了消遣，但我们仍能从中看到宋庆龄的性格和价值观等许多内在的特质。

　　熟悉宋庆龄的朋友都知道，看电影是她的爱好。说起喜欢看什么片子，他们几乎会异口同声地说，是20世纪30、40年代的美国片。

　　其实，在建国前和建国初期，宋庆龄看了相当多的苏联电影。建国后，她还看过不少日本、意大利、苏联、印度、朝鲜的影片。大陆国产片和香港片她也看了很多。但是，为什么大家会不约而同地认为宋庆龄喜爱美国老电影呢？这是因为，宋庆龄经常看的是英文原版的美国片，这给人们留下了深刻的印象。

* 美国影片《音乐之声》剧照

宋庆龄的确很喜欢美国老片，其原因之一是她曾在美国生活了六个年头。那时她正值青春花季，对周围的一切都极感兴趣。而老片描述的正是那个时代的美国。宋庆龄最喜欢的电影是《音乐之声》和《翠堤春晓》。《翠堤春晓》是一部经典的音乐片、传记片，讲述了世界著名音乐家、"圆舞曲之王"约翰·施特劳斯的爱情传奇。1975年，在短短三个多月里，这部电影宋庆龄就连看了两次。宋庆龄一生中最喜爱的歌曲之中有一首名为《当我们年轻的时候》，就是《翠堤春晓》中的插曲。此外，《魂断蓝桥》《出水芙蓉》《鸳梦重温》等也都属于这一类型。

宋庆龄还喜欢卓别林的影片。《城市之光》和《大独裁者》是卓别林的代表作，宋庆龄都在很短的时间里连看两次。1977年12月25日卓别林逝世。29日，宋庆龄即在信中伤感地告诉朋友："查理·卓别林最近也去世了。"

* 卓别林的代表作《城市之光》剧照

宋庆龄看电影的兴趣很浓。她认为看电影是高雅的享受，所以总是请大家同她一起看。秘书杜述周说："她看电影，除了我们工作人员参加以外，还有警卫排的干部、战士，还要请北京医院的大夫、护士长、院长来看。"

宋庆龄的老朋友戴爱莲记得："在北京寓所大客厅里放电影的时候，她请朋友来看。好几个电影，一个接一个。因为时间很长，我还有其他人看的时候就困了。可我们看宋庆龄的时候，她还是坐在那里看，喜欢得要命。"

看电影犯困的人不止戴爱莲一个。北京医院院长吴蔚然有着同样的记忆："宋副主席喜欢看一些原版的电影，多半是在晚上看。有时她请我来看电影。其他人都是一些年轻的或者身边工作的同志。她总让我坐在她旁边。但灯一黑屋里又暖和，我就打盹儿，有时甚至睡着了。我觉得很不好意思。宋副主席也注意到了，她说：'你做大夫，工作太累了，想睡觉了。'我只得如实相告：'我实在忍不住，打盹了。'我跟她无所谓。那时候还有米勒的儿子米德华、柯弗兰的女儿凯蒂，大家随便吃点儿点心，看看电影。有时候她看一个片子不行，得看两个，差不多三个多钟头。她也原谅我，我睡就睡，陪着她一块儿看，也不讲太多的话。"

看电影持续的时间往往都比较长，宋庆龄老朋友的后代林国才对此印象深刻："宋庆龄家里有时也放些电影，她所选择的都是品位很高尚的文艺片，我多次陪她看电影，从晚上八时直到午夜二时，连看六个小时而毫无倦容。可见她的喜好。"林国才说的"连看六个小时"对宋庆龄来说，其实真算不上时间长的。1973年1月9日，宋庆龄在给爱泼斯坦的信中写道："9月以后我必须穿上钢制背心才能站起来。12月份我还被迫举办了两次'礼节'性的晚宴，每次都长达七小时。为此，路易评论说，我不仅拥有一件钢背心，还有着钢铁的意志！显然，这个老小孩还拿人家的痛苦寻开心！家里的工作人员五个月没看电影了，他们抓住家宴的机会，选了一些太长的电影片作为饭后消遣！我真是太傻，把事情全交给他们去办！"宋庆龄在这里就像一个贪玩的

小孩，把看了长时间电影的责任都推给家里的工作人员，其实她自己才真正是乐此不疲。她看电影常常是连放五部故事片。1975年5月31日连放电影《彼德大帝》

＊《翠堤春晓》剧照

（上下集）、《她在黑夜中》《奥瑟罗》《翠堤春晓》，杜述周记录"共映九个小时"。如此长时间的"连续作战"，她竟能正襟危坐精神抖擞地从头看到尾。

老朋友马海德的儿子周幼马说："她每次看电影的时候，门口部队战士们都请上，在最后坐两大排。战士根本看不懂，简直受罪。她是想：我那么喜欢看电影，你们也应该喜欢看电影。我感觉她很关心人的，她也很喜欢这些人。"正如周幼马所说，有时她连放七八个小时，而且放的都是英文原版片，战士们根本看不懂。可是首长邀请，战士们只好硬着头皮陪看。周幼马告诉我，更可怜的是当时正赶上"文革"，战士们什么都没看懂，回去还要为看了"资产阶级毒草"专门开会学习消毒。当然，这场"苦情戏"宋庆龄是蒙在鼓里的。于是，再放电影，她还会热情地邀请警卫战士们出席，作为对他们的慰问。

然而，宋庆龄也有疲惫的时候。据保健医生顾承敏回忆："宋庆龄看电影有家庭的气氛。她把大家找来一起看，一切都准备好了后，她走进来，向大家问好。她要休息的时候，大多是自己悄悄离开，因为大家都在看电影，她怕影响到别人。"

附：
宋庆龄与电影的"互动"

看过某些影片后，宋庆龄会有自己的反应，但不是通常意义上的观感或影评。这里，我姑且称之为"互动"。从中，我们可以看到宋庆龄所坚持的原则、内心中的温暖、性格中的坚强、艺术欣赏上的高品位等等。虽然只是一些随性的小举动，却十分耐人寻味。

一、英国影片《红菱艳》

1963年4月，宋庆龄的寓所从环境嘈杂的前海西沿迁到了安静的后海北沿。她的睡眠条件大大改善了。8月17日晚，她在寓所看了几部电影，其中一部是颇负盛名的《红菱艳》。

《红菱艳》是英国在1948年拍摄的影片，第二年就获得了两项奥斯卡奖。影片讲述的是一个耐人寻味的故事。

佩吉热爱芭蕾舞，觉得自己就是为舞蹈而生。她参加了舞剧《红菱艳》的演出，扮演一位穿上红舞鞋就无法停止一直跳到死的舞女。佩吉极有天赋，演出大获成功。之后，她爱上了作曲家朱利安。为了所爱的人，佩吉放弃了自己的事业。但

* 《红菱艳》剧照

在婚后平静的生活中，她总感觉有一种魔力在召唤她重新穿上舞鞋。佩吉终于离开朱利安，回到了舞台；但她渐渐感到，自己与曾经扮演过的那个穿着红舞鞋的舞女正在慢慢重叠。经过内心的激烈斗争，佩吉决定放弃舞蹈重拾爱情；但就在她冲出剧院时，突然出现的一列火车终结了她的生命。

看了这部电影，宋庆龄一夜辗转反侧，无法入眠。这次失眠被当时的秘书黎沛华记在了自己的记事本上。宋庆龄从佩吉的遭遇中究竟想到了什么，我们不得而知。但显然，这部电影对她的触动很深。因为1974年和1978年，她又两次重看《红菱艳》。

二、国产戏曲片《红楼梦》

宋庆龄非常推崇中国的传统文化，也很愿意将其介绍给外国朋友。1973年12月2日晚，她在北京寓所会见并宴请美国友人艾米·谢菲尔，在京的外国朋友柯弗兰、柯如思、艾黎、米勒、马海德等作陪。饭后，

* 国产戏曲片《红楼梦》剧照

宋庆龄点名调来了电影《红楼梦》。谢菲尔不懂汉语，宋庆龄就请秘书张珏为她翻译。谢菲尔看时很感兴趣，问得非常详细。

当时还没有电视剧《红楼梦》，宋庆龄所看的版本是越剧戏曲片。王文娟扮演林黛玉，徐玉兰扮演贾宝玉。其中的名唱段，如"天上掉下个林妹妹"等至今仍脍炙人口。但作为翻译，要想把这个故事讲清楚难度真是不小。

宋庆龄出生在上海，越剧大体上可以算作她的家乡戏。她对越剧也是情有独钟，除《红楼梦》外，她还调看过越剧戏曲片《追鱼》和《孟丽君》。

三、美国影片《乱世佳人》

这是美国好莱坞1939年根据玛格丽特·米切尔的小说《飘》改编的一部电影，次年即获得了十项奥斯卡奖。

《乱世佳人》以美国南北战争为背景，主线是好强、任性的庄园主小姐郝思嘉纠缠在几个男人之间的爱恨情仇，与之相伴的还有社会、

* 《乱世佳人》海报

历史的重大变迁。郝思嘉爱上了另一个庄园主的儿子艾希利，但艾希利选择了郝思嘉的表妹。郝思嘉嫁给了查尔斯，不久查尔斯在战争中死去。郝思嘉结识了商人白瑞德，她拒绝了白瑞德的追求。郝思嘉再嫁暴发户弗兰克。很快弗兰克在一次集会上被北方军打死。郝思嘉终于和一直追求她的白瑞德结为夫妻，却始终无法忘怀艾希利。在家中发生了一连串的悲剧之后，郝思嘉不顾一切地选择了艾希利，但对方并不接受她。郝思嘉终于明白，她真正需要的是白瑞德。而当她再次找到白瑞德时，白瑞德已对她失去了信任。

《乱世佳人》拍摄完成后不久，宋庆龄就在香港看了这部电影。（宋庆龄于1941年12月10日离开香港。）但郝思嘉如此复杂的感情变化，使对爱情极端专一的宋庆龄很难理解。这样一部得到盛赞的影片，她硬是没有看懂。三十多年以后，宋庆龄对此仍耿耿于怀。1977年12月29日，她致信好朋友廖梦醒："如果你得到一本名为《飘》的书，请借给我看看。虽然我在香港时看过电影，但我一直没有很清楚地弄懂它的意思。现在这个女演员死了。"这部影片中的女主角郝思嘉的饰演者是费雯丽，她病逝于1967年7月7日。

此后，宋庆龄是否看过小说《飘》不得而知。但1979年4月12日，宋庆龄再次看了电影《乱世佳人》。

四、罗马尼亚影片《勇敢的米哈伊》

1973年，一位朋友向宋庆龄推荐了这部影片。

米哈伊是瓦拉几亚贵族。通过一系列战争，他于1599年首次将瓦拉几亚、特拉西瓦尼亚、摩尔达维亚三个小国组成了一个国家。虽然他的统一仅仅维持了六个月，但已奠定了今日罗马尼亚疆域的基础，因此他被称为"勇敢的米哈伊"，成为罗马尼亚最伟大的民族英雄之一。影片细致地表现了激烈的战斗过程。因为处于冷兵器时代，影片中出现了一些削断手臂、砍掉头颅的特写镜头。

秘书杜述周调来影片，试片时看到这些血腥场面，担心宋庆龄不

*《勇敢的米哈伊》海报

适应，建议不要放映。听到建议后，宋庆龄让隋永清转告杜秘书说："我不怕的，当年陈炯明叛变，炮轰总统府，为了让孙先生脱险，我连机关枪都打过，血腥场面我经历过，没关系的！"

12月30日晚，宋庆龄邀请工作人员和警卫排的战士一起观看这部影片迎接新年。隋永清注意到，宋庆龄看到这些镜头时，果然很镇静，连眉头都不皱一下。

但是隋永清告诉我，有一次看纪录片《针刺麻醉》。看到医生在不打麻药的情况下，在病人身上开刀，一刀划下去，雪白的肉翻开，随后鲜血便涌出来，宋庆龄却"啧啧"连声，露出恐惧的表情。

五、朝鲜影片《卖花姑娘》

1972年，朝鲜拍摄了《卖花姑娘》。这部电影讲述了朝鲜在日本统治时期的一个故事：花妮的父亲早亡，妈妈带着妹妹顺姬在地主家干活。顺姬被地主老婆推倒，滚烫的参汤弄瞎了她的双眼。哥哥一怒之下放火烧了地主家的柴房，被抓去坐牢。妈妈在地主家做工，得了重病。花妮每天采花在街头叫卖。当她终于攒够钱买回药时，妈妈已经死在家里。花妮跋山涉水找到监狱，却听说哥哥死了。她挣扎着回到家，又得知顺姬已经被地主狗腿子扔进了冰天雪地的大山里……

《卖花姑娘》被引进中国时，正是"八亿人民八出戏"的时期。因此，这个叙事细腻的"苦情戏"大受欢迎，一些影院二十四小时循环放映。影片中的插曲也迅速风靡全国。

1974年4月30日，为庆祝五一劳动节，宋庆龄在寓所大客厅放

*《卖花姑娘》剧照

映这部电影，邀请马海德等朋友、身边工作人员和警卫战士参加。灯光暗下来，故事随着画面渐渐展开。看到花妮的悲惨遭遇，宋庆龄流泪了。她从衣袋里掏出手绢，动作很小地擦了擦眼睛。而后，她控制住自己，扭身望了望大家，似乎很不愿意被人看到她的失态。马海德的儿子周幼马就坐在她的侧后方，整个过程看得清清楚楚。宋庆龄回头的时候，他便和别人一样，眼睛盯着银幕，装作完全没有察觉。于是，宋庆龄放心地回过头去，继续沉浸到剧情中。谈及此事时，周幼马说："宋庆龄这个人，一生太多的坎坷，也太多的灾难。陈炯明搞叛乱，这样很危险的情况，她都遇到过。国民党想要暗杀她，她都能够很坦然地来处理。她是一个很刚强的，见过很多场面的人。但是另一面，她的同情心又是很多的。"

六、莎士比亚名剧《麦克白》

1979年11月29日，宋庆龄在寓所大客厅放映了五部影片，现旅居美国的雕塑家王维力是当时被邀请的客人之一。2012年回到北京时，

* 《麦克白》剧照

他曾向我讲述自己经历的往事。王维力先生说："宋庆龄看完了莎士比亚的《麦克白》，后面准备放映的是一部武打片。工作人员换片时，宋庆龄起身道别说：'大家慢慢看吧。'自己便上楼休息了。从中可以看到她的品位。"

《麦克白》和《哈姆雷特》《奥塞罗》《李尔王》被称为莎士比亚的四大悲剧。

麦克白将军是苏格兰国王邓肯的表弟。在平定叛乱回师途中，他遇到三个女巫。在女巫的蛊惑及夫人的怂恿下，麦克白谋杀邓肯做了国王。为防止他人夺位，他又陆续害死了很多人。他自己的夫人也因精神失常而自杀。最后，众叛亲离的麦克白在邓肯之子及其请来的英格兰援军的围攻下被杀死。

正如王维力所讲，宋庆龄在艺术欣赏上很有品位。她看的电影中，由名剧、名著改编的占有相当大的比例。如，《奥赛罗》《王子复仇记》(即《哈姆雷特》)《第十二夜》《罗密欧与朱丽叶》《钦差大臣》《一仆二主》《简爱》《巴黎圣母院》《安娜·卡列尼娜》等等。

七、《纽约、巴黎及东京之夜》

请人看电影是宋庆龄为数不多的乐趣和休闲方式，但有时也会给她带来烦恼。1979年11月29日，为了给保姆李燕娥过生日，宋庆龄请医务人员和身边的工作人员看电影。她还特意邀请了老朋友王安娜的儿子王黎明夫妇。没想到放映的第一部影片就让宋庆龄尴尬不已。

12月11日，宋庆龄写信给她的朋友："这部片子……实在太坏了……叫什么'纽约、巴黎及东京之夜'……那种不像话的脱衣舞之类的玩意。我真想站起来走掉，可是我找不到扶我走路的那个人，只好坐着不动……我真懊丧得要命，居然在我家里放这种东西给[两位客人]看。"五天之后，她怀着不安的心情，写信给王安娜："最近我很忙，只有一个晚上在我们这里看电影时碰到了黎明。第一部放映了《巴黎、纽约和东京之夜》，一些镜头太黄色了，简直不堪入目。我有时只能闭上眼睛。希望黎明夫妇不会受到坏影响。为了赶上末班汽车，他们没来得及同我说话就走了。真遗憾！"语气里有着无法掩饰的歉意和担心。在杜述周的记录中，这部影片的名字是《世界之夜》，但我认为宋庆龄记述的片名应该是准确的，因为她的外文水平十分了得。

这部影片给宋庆龄造成的不安和担心持续了很久。1981年3月6日晚，重病在床的宋庆龄仍然指示杜述周在大客厅放映电影庆祝妇女节。事先她特意提醒："不要光屁股的影片！"这一天距离她逝世只有短短的八十四天。对品位不高的影片带给人们不良影响的担心，一直被她带到了另一个世界。

* 手摇蒲扇送清风 *

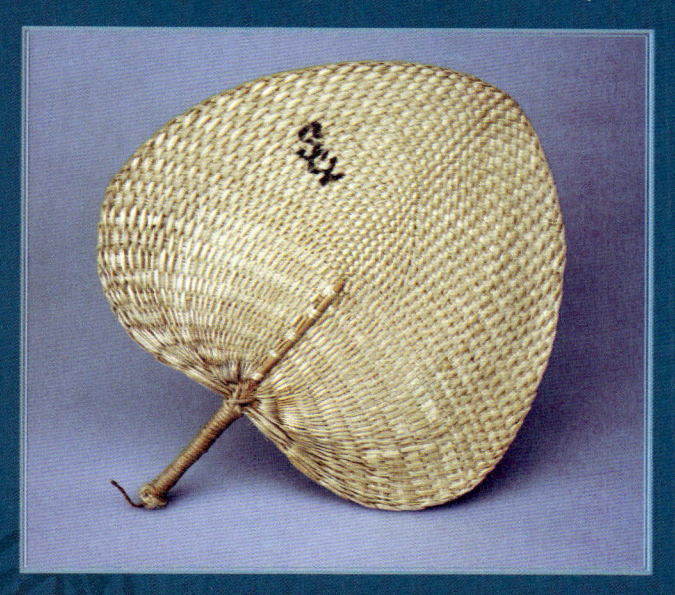

* 带有宋庆龄英文签名的蒲扇

宋庆龄 往事 续编

　　1937年底，上海沦陷，宋庆龄撤退到香港，继续为推动抗战而奔忙。为了促使孙科出面号召中、苏、英、美大同盟运动，1941年8月15日晚，宋庆龄极为难得地在自己的寓所设宴，招待了几位中外客人。香港大学教授陈君葆应邀出席作陪。在当天的日记里，他记述了晚宴中的一个细节："孙夫人的生活颇简单，她只有一台电扇，入席时要把它从客厅搬到饭厅里，饭毕又搬回来。大菜虽然做得很好，但也许是宋子文的厨子。"

＊ 1939年，宋庆龄手持蒲扇在香港

　　香港很热，宋庆龄又很怕热。身为国母，她却只有一台电扇。平时陪伴她度过漫漫长夏的是手里摇着的扇子。我们在照片中看到，她使用的是蒲草编成的桃形的扇子，这是中国民间家居妇女最惯常使用的一种扇子，价钱便宜而且耐用。

　　1955年7月5日，宋庆龄在北京方巾巷寓所与老朋友、越南民主共和国主席胡志明见面。当时留下的照片中，宋庆龄仍然手握小蒲扇。只是在桌子上多了一件"新式武器"——一条玻璃制作的大鱼。这条鱼张着嘴，肚子里盛着水。宋庆龄就用这些凉水来加湿降温。这真是最绿色环保的方式了。

　　1962年的夏天十分炎热，当时宋庆龄已从建国门附近的方巾巷迁居前海西沿十八号。在给朋友的信中，她几次提到："天气使人特别难受，又热又潮湿，尽管电扇高速运转，我还是不停地流汗。"

　　1963年，宋庆龄再次迁居至后海北沿二十八号（后改为四十六号）。对于国家的照顾，宋庆龄十分感激，但住进去以后，她发现这处住宅还是有一个缺点，那就是房子向阳，夏天很热。而且据她的体验，"楼

* 1953年，宋庆龄手持蒲扇看望中福会托儿所的三胞胎

* 1955年7月5日，宋庆龄在北京寓所手持蒲扇会见胡志明

* 宋庆龄会见胡志明时桌上摆放的玻璃鱼

* 手持蒲扇的宋庆龄与隋永清

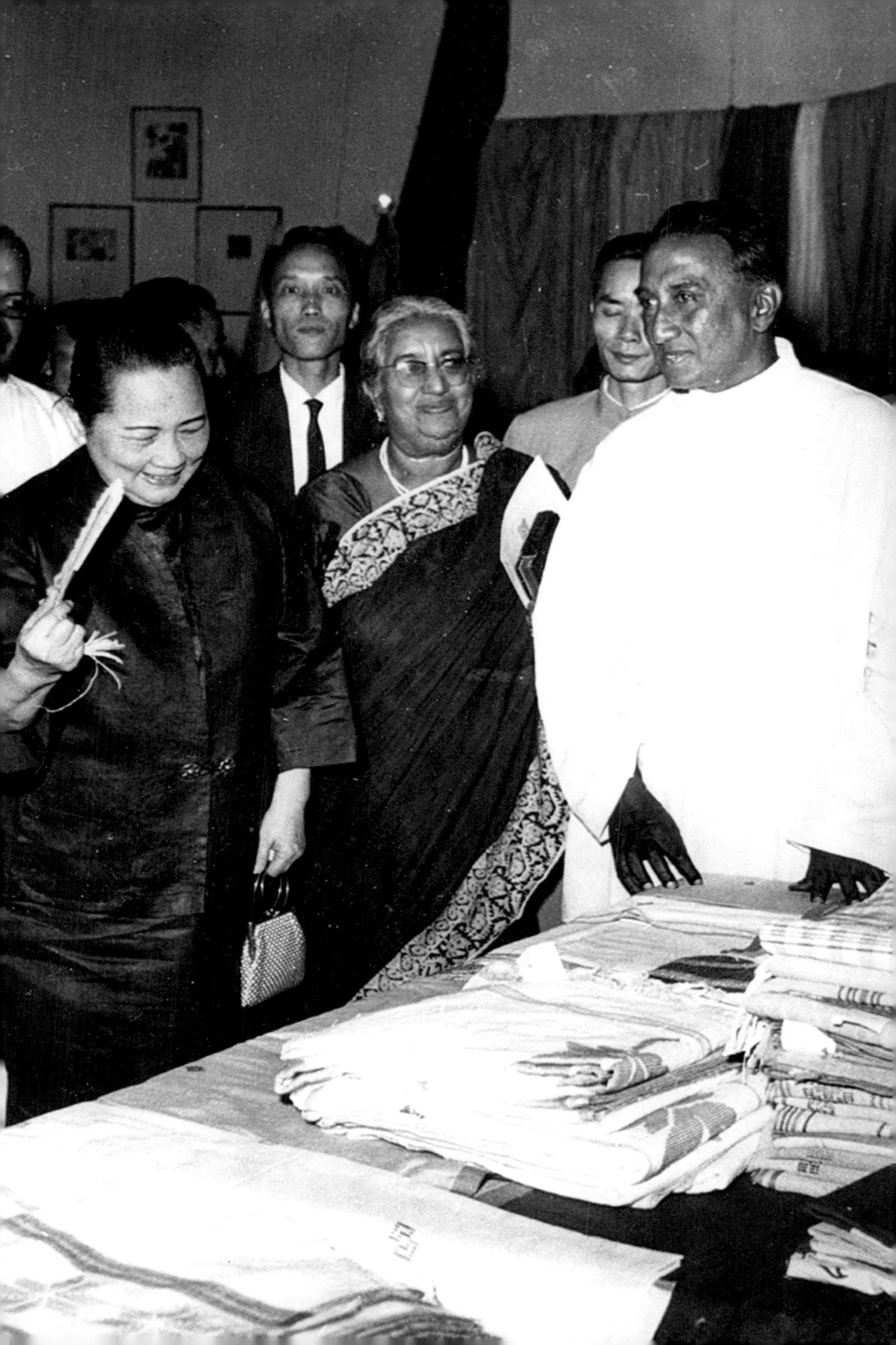

* 1972年7月28日，宋庆龄手持蒲扇在寓所会见美国女作家、历史学家巴巴拉·塔克曼和她的女儿

* 1955年12月19日，宋庆龄手持折扇，在新德里参观印度工业博览会

上比楼下要高出三度"。

1972年又是一个难熬的酷暑。6月12日，宋庆龄致信沈粹缜："这里已热到三十七度了。山上的人们吃不到水，所以我们的警卫同志也去参加挑水上山。"到了7月8日，她又致信廖梦醒："这鬼天气真是难以忍受，比去年夏天更糟糕。那些住在郊区的穷人每天只配给三两水。甚至我们的警卫同志都要轮流去挑水。"说到这里，她似乎对自己的怕热有些内疚："那么我还有什么理由去抱怨天气热呢？"

1975年刚刚进入5月，宋庆龄对北京的炎热已是忍无可忍。她致信老朋友陈翰笙："这是我在北京度过的最糟糕的一个夏天，这么热，以至于我的皮肤病不断发作。甚至现在我的身体上布满了红色疹块，似乎无药可治，日日夜夜的瘙痒使我痛苦不堪。"

1978年7月9日，她在给邓广殷的信里，提到几位要来看望她的亲戚。她写道："希望她们等天气不是那么可怕的时候过来。现在即使把电扇开到最大挡，汗水还是像瀑布一样往下淌！"

长时间使用电扇会使人感觉很不舒服。所以，宋庆龄抵御炎热，

用得最多的还是扇子。她准备了不少小蒲扇和北京居民最常用的芭蕉扇。朋友们来看她,她就拿出来给大家用。虽然这都是最便宜的易耗品,但宋庆龄仍然十分仔细地在这些简陋的扇子上,用粗笔写上自己名字的英文缩写"SCL",以免被人们无意间拿走。这些扇子就放在小客厅孙中山像下的柜子里。

* 宋庆龄北京寓所孙中山像下放蒲扇的柜子

在家可以用蒲扇,出门就显得不那么方便了。出访时,宋庆龄自带折扇。她认为折扇是中国传统文化的体现。所以,常常自费请秘书代买很多折扇,作为送给外国朋友的礼物。

宋庆龄还自己动手制作羽毛扇,并悠然自得地扇着它与老保姆李

* 1980年夏,宋庆龄手持羽毛扇与李燕娥在北京寓所

手摇蒲扇送清风

* 晚年宋庆龄手持蒲扇在寓所与朋友交谈

燕娥谈天。

  现在北京的酷暑已经不会再给宋庆龄造成困扰了。近百年前制造的老式华生牌电扇和可以降温的大玻璃鱼，仍然放在小餐厅里。她的那些手持的扇子，展现了宋庆龄与普通百姓一样的简朴生活，也成为珍贵的历史文物。

＊ 与严寒抗争 ＊

＊ 宋庆龄使用的"汤婆子"

与严寒抗争

宋庆龄与孙中山有一个共同的弱点就是怕冷。他们的家乡都在南方。孙中山是广东人，宋庆龄的父亲则出生在海南岛。所以，到了寒风袭来的时候，宋庆龄会想到她的老家。她说："也许我应该在热带生活。但是，我又不喜欢天热。生活中存在太多的矛盾。"

正如宋庆龄所说，在她的生活中矛盾很多。她怕冷，但同时又很怕国家多花钱。据上海住宅管理员周和康回忆，1966年之前，几乎每年冬天，宋庆龄都要从北京回到上海家里过冬。他一直以为宋庆龄不在北京过冬，是因为不适应北京的气候。1962年冬，周和康在检查室内温度时，宋庆龄对他说："周同志，你可晓得，在北京寓所冬天取暖要用好多的煤，一个月的用煤量，足够上海家里整个冬季用还要多，所以，我在冬天就住到上海家里来过冬，这样可以节省好多的煤。"周和康这才恍然大悟，宋庆龄是为了替国家节约煤炭开支，才返回上海家里过冬的。

* 北京的大房子

每当上海寓所开始冬季供暖时，宋庆龄都要亲自找周和康谈话，共同商讨室内温度调控问题。她说："家里的水汀不要烧得太热，只要保温就可以了。如果需要时，我自己会添加衣服的。"她还嘱咐：在运

宋庆龄往事 续编

＊ 上海的小房子

煤时要把散落在围墙旁和沿途路上的煤屑清扫起来；烧过的炉灰要过筛，把没有燃尽的煤核拣出来重新使用。

年纪越大就越怕冷，这是自然规律。七十岁之后，宋庆龄对于寒冷的承受力越来越差。这在她给朋友的信中有过多次表述。

1963年10月10日，宋庆龄在信中写道："因为国庆节期间的活动增多，我的老毛病又犯了，非常难受，加上痛苦不堪的关节炎，从来也没停止过。为了穿暖点，我已经套上了线衫和棉袄。"

1965年11月10日，她致信黎照寰："这里现在的温度是零下二度，因此从今天起我们开始开暖气了。但愿上海的天气没有这么冷。这样大一个房子的用煤真是浪费，这里一天所消耗的煤，用于我们上海的房子取暖的话，可以用一个多月，对此我很不开心。"

北京的冬天比上海来得早，也使宋庆龄早早就感到痛苦。1970年10月28日，她写信给同在北京的廖梦醒："今天这里又刮风，冷得刺骨，但我们还没有生暖气，为的是省煤。我真希望你有一个热水袋放在胳臂上，这样可以减轻疼痛。我的两脚冰凉，所以我就要穿上棉鞋了。你也穿上吧。"

1972年的冬天，宋庆龄大概是确切地知道了烧暖气需要用多少煤。她突然感到十分不安。10月28日，她写信给邓广殷："我们这里在刮

332

风，很冷。我把开暖气的时间推迟了，因为这个大房子一天需要一吨的煤！事实上是个巨大的浪费！我穿着棉衣，不到外面去。我待在办公室里，在秘书的协助下答复人民来信，有很多事情要做。"11月3日，她再次写信称："这里的天气又干又冷。我推迟了用暖气的时间，因为给整个大房子和院子里的其他房间供暖要一吨煤。这里天气令人很难受，我正要求回上海去，那里的天气更适合我。我那里的家很小，供暖一个月才需要一吨煤——真是给工厂大大地节约煤了。"

在宋庆龄的坚决要求下，中央批准她在11月11日回到上海。她如释重负。11月13日，她致信陈翰笙："目前这里的天气非常宜人，所以我们还没有烧暖气。在北京，我们每天要'消耗'一吨煤，而在这里一吨煤足够用一个月的。在北京是多么浪费啊！我对浪费深感不安，但是居住在经常刮风的地方，有必要使整个屋子保持温暖。"12月1日，她写信给邓广殷："听说柯弗兰得了肺炎，很难过。北京的天气零下八摄氏度，还刮风。无疑这个时候有很多人生病。我在那儿的时候我们一天要用掉一吨煤才能让偌大的房子暖和，而在上海一吨煤可以用整整一个月。我从来不喜欢大房子——没有家的感觉。我在给工厂节煤这一事实足以让我有理由在南方过冬。"

宋庆龄的"明智决策"使她感到很骄傲。其实在这个领域里，她遭遇了知识短板。北京的住宅由于面积大、天气冷，的确用煤很多。但是她回到上海，北京的住宅一两煤也省不下来，因为跟她去上海的只有身边的秘书和保姆。其他数十位工作人员和警卫排，仍然留守在这座大房子里。更何况当时用的是水暖，北京的气温下如果停烧暖气，就会使暖气管线冻炸。虽然"隔行如隔山"，但宋庆龄为国家节约燃料的初衷却是令人动容的。

北京的冬天使她不适应的还有一点，就是天气的干燥。宋庆龄在信中抱怨说："今年冬天这里没有下过雪，只有狂风白天黑夜不停地怒号，真让人受不了。"1975年的冬天，北京连续下雪，她非常高兴。2月6日，她致信廖梦醒："你知道前两夜都下雪了吗？我得为此感谢老天爷，因为干燥的气候使得我浑身痒痒。但愿能继续下雪！"3月7日，

* 宋庆龄住宅烧暖气的记录

* 宋庆龄住宅烧暖气的记录

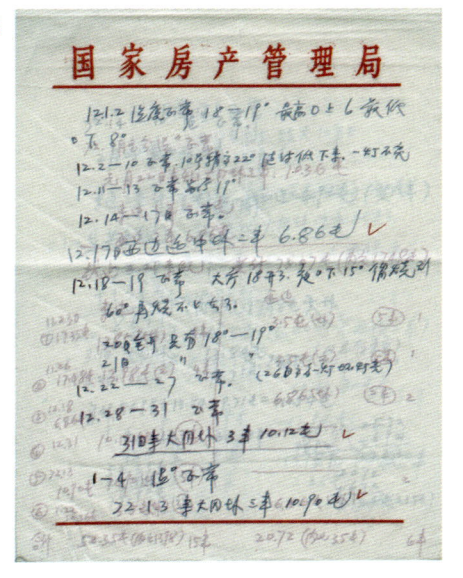

宋庆龄致信邓广殷："前天我们这里下雪了。如果不是地震的传言，我们会感到多么开心啊！这里很干燥，即使在春天嘴唇和手都会开裂。"

北京住宅的房子是比较特别的。因为建在清朝醇亲王府的花园里，宋庆龄使用的二层楼要与古建筑相连接，而古建筑都是很高大的。所以，这里的房间大，而且室内净高达到四米。其结果是供暖的效果大打折扣。花园总体面积达两万平方米，暖气管道平铺在地下，散热很快。所以，尽管煤的消耗不算少，但室内温度并不高。根据留下来的供暖记录，房间里的温度最高时曾到过二十二摄氏度，一般只能达到十七摄氏度到二十摄氏度。对于一个老人来说，这样的温度肯定低了。所以，宋庆龄说："我们为了保暖穿了一层又一层的冬衣。"她在屋里也总要穿着棉衣、棉鞋。

晚上就寝时，保姆就用"汤婆子"为宋庆龄暖被窝。那是一个用了好多年的铜制旧汤壶，已经有几处补焊。为了避免烫到人，外面有一个粉色的布套，是用旧布缝制的。有趣的是，每天晚上宋庆龄和她的保姆会轮流用这个"汤婆子"来暖被。这种平等，更是一般人难以想象，也难以做到的。

* 关于洗澡的那些事 *

* 宋庆龄在上海

北京的宋庆龄故居过去只是她的一座私人住宅，1982年改为博物馆后，二十多年间没有加建办公室，故居相关部门的办公就只好安排在一些不对公众开放的房间里。其间曾有十年光景，我的办公室就在主楼二层宋庆龄书房对面原秘书张珏的房间，所以总能听到游客参观时的议论。有人说："你瞧，书房跟卧室中间是卫生间，过去开放的，现在不让看了。卫生间特别大，宋庆龄用牛奶洗澡，要不怎么那么白呢！"这些大多是无稽之谈。为了澄清真相，我有必要就有关宋庆龄洗澡的事，向大家做一点介绍。

说起卫生习惯，宋家在中国是开风气之先的。

1892年，宋耀如退出基督教布道团，成为一位出色的企业家。有了积蓄后，他在上海虹口的东有恒路修建了自己的第一所住宅。据埃米莉·哈恩所著的《宋氏家族》描写：楼下是书房、餐厅、中式客厅、西式客厅；"楼上四间屋子为卧室，分别归父母、女孩、男孩和仆人所用。卧室后面有两间小屋和两间浴室，浴室里装有精美的苏州澡盆。盆的外表有一圈黄色的龙雕，里层是绿色的釉质。盆内装有冷水龙头，热水在楼下烧好，然后提上楼来用。"但这个被人羡慕的澡盆可能是宋家在这里居住后期的事。因为宋美龄曾在给朋友的信中说到自己曾经与家人"对那只没有好好清洁的木浴缸的疯狂争夺"。宋庆龄与宋美龄是1907年赴美国上学的。应该是在她们离开上海后，宋耀如对浴室的设备又做了改进。

1912年，宋家迁居宝昌路四百九十一号。这已经是一所完全欧式的建筑。1914年，经由日本返回上海后，宋庆龄在给一个美国朋友的信中说："上海确实是一个非常现代化、在许多方面胜过亚特兰大的城市。我们的房子又宽绰又漂亮，而且备有各种现代化的设施。我们家里有许多卧室、浴室和盥洗室。"1917年，宋美龄大学毕业从美国回到上海后，对于宝昌路的新家也赞美不已。她兴奋地说："我将拥有自己的卧室、更衣室和个人浴室。你无法想象……我是多么享受完全属于我自己的浴室。我忙着计划我自己房间的家具配备。啊，幸福啊幸福！所有房间都有壁炉。我的卧室有五个窗户，三个朝西，一个朝北，

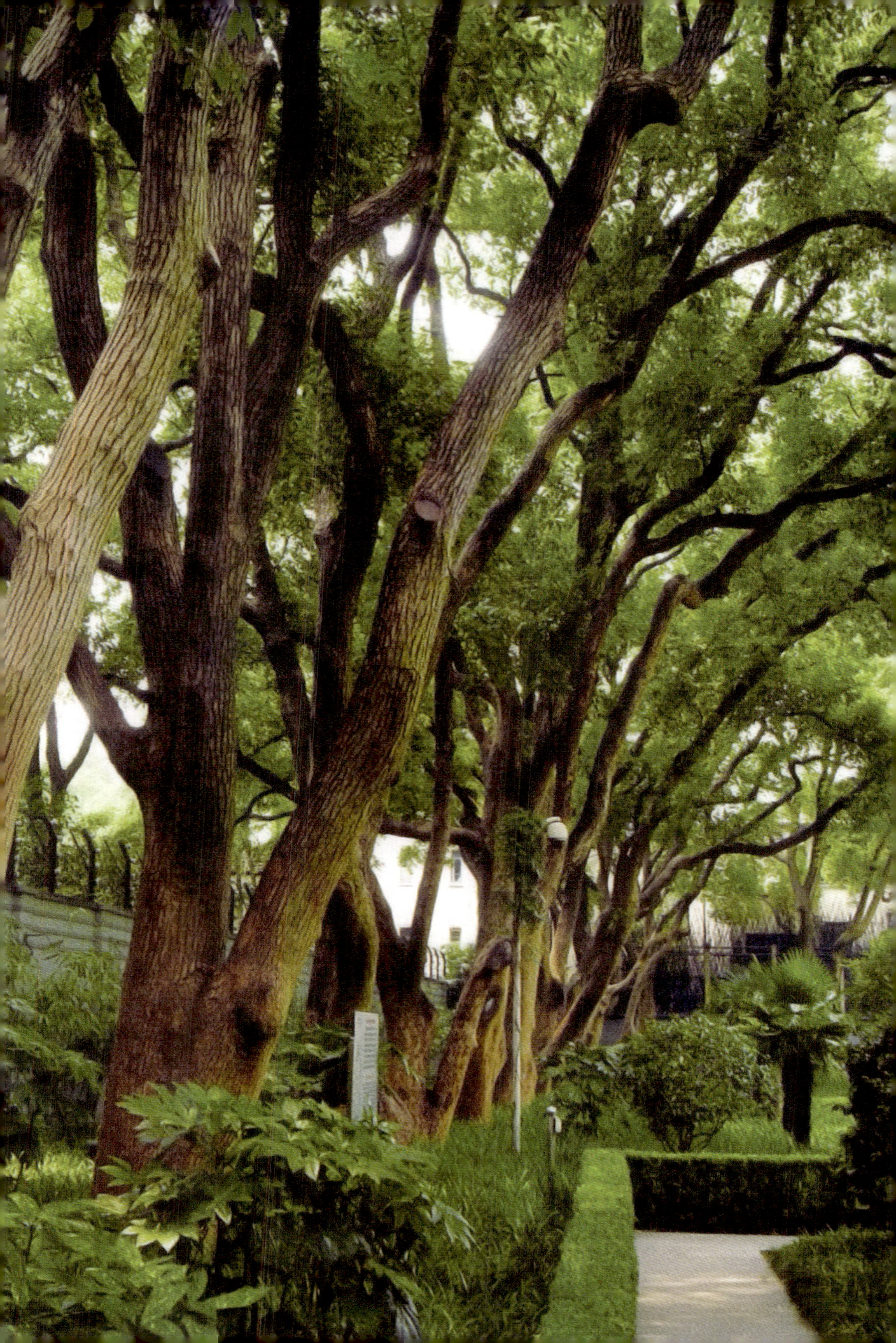

* 宋庆龄上海住宅花园中的桉树

一个朝南。我想要的卧室颜色是略带紫色的玫瑰色或者和我现在的卧室一样的浅黄色。"

上海开埠很早,在民国时期已经有不少居民养成了每天洗澡的习惯。建国初期,蒋介石曾派飞机轰炸上海。1950年2月22日,宋庆龄在致王安娜的信中写道:"这一次上海人真的要发疯了,由于轰炸,人们不能每天洗澡,供水受到了威胁,因此每家每户都得挖一口井。"

既然宋家早就有了经常洗澡的习惯,那么宋庆龄是不是用牛奶洗澡呢?

其实,宋庆龄的生活水平从来没有远离过普通百姓。在她的住宅里,每周只烧一次洗澡水。当时是每周工作六天,所以烧洗澡水就安排在周六。住宅里使用的热水锅炉并不大。(在我担任故居主任时,每周一次的澡水仍用这台锅炉烧。)周六热水烧好后,住宅的工作人员,包括秘书、司机、厨师、服务员、维护房屋水电园林的工人,以及警卫排的战士,几十号人都要洗澡。到了晚上,宋庆龄准备洗澡时,水已经不热了。澡盆里放完水,保姆用手一试发现不够热,就提着几个暖水瓶下楼,到茶炉打热水,把水兑到澡盆里,够热了宋庆龄才能洗浴。

宋庆龄的卫生间里,设备并不多,显得有些空空荡荡。墙壁和地面铺着淡绿色的瓷砖,澡盆、洗脸盆、马桶也都是同样颜色。房间大而且高,所以室温容易偏低。水不够热,室温又不够高,致使宋庆龄曾经有几次洗完澡就感冒了。作为一个长期有着洗澡习惯的人,一周一次的安排未免太少了。但宋庆龄对此从没有提过任何意见,而是严格执行这个规定。我曾经见过她的一个亲笔批条。上面写着:今天某某从美国来,她坐了很长时间的飞机,是不是能给她烧一回洗澡水。

至于牛奶,每天在早餐时,宋庆龄倒是可以保证喝到一杯。

夏季来临,宋庆龄耐不住北京干热的天气,有时还用凉水洗澡。1972年3月14日,在致格雷斯的信中,宋庆龄写道:"斯诺的不幸逝世使我的情绪低落到了极点,而且我自己的健康状况也不太好。走几步膝盖就感到疼痛,风疹也尚未痊愈。有人说,这是因为我夏天总是用冷水洗澡所致。你不能想象在北京漫长的夏季,天气有多干燥和炎

* 晚年宋庆龄

* 晚年宋庆龄

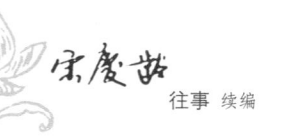

热。"她用了"总是"这个词，看来用凉水洗澡并不是偶而为之。

不过，宋庆龄的洗澡水里也不是什么都没有放过。1972年11月11日经过申请，她终于被批准在"文革"开始后第二次回到上海。宋庆龄非常高兴。27日，她致信邓广殷："北京很冷，只有八摄氏度。上海现在就很舒服。我的小花园里有很多桉树，散发的芳香非常有益健康。这个房子以前是一个德国医生建造的，她的妻子罹患了肺结核。所以他让人从澳大利亚找来桉树种在花园里。现在很多人家都在种植这种树，是从'我们'花园砍去的。我在北京的时候收到嫩枝，浸泡后煮水洗澡。就像用松木油洗澡一样舒服，不过只能暂时缓解瘙痒。"为了对付让她烦恼了一生的荨麻疹，宋庆龄在北京居住时，曾让上海家中送去自己花园里的桉树枝。

当然，这与奢侈毫无关系！

说到用树枝治疗荨麻疹，周和康有过这样一段记述：上海宋庆龄住宅花园四周，环绕着四十余棵香樟树，高大挺拔，郁郁葱葱，四季常青。周和康说："首长为什么特别喜爱香樟树？这不仅因为它青枝绿叶，纷披如盖，四季常青，更是它的气味芳香，有驱虫防腐治疗疾病的作用。掘出几根深埋地下的树根，锯成寸段，劈开数片，用水烧成汤，是治疗荨麻疹的秘方。首长因工作紧张，疲劳过度，常发荨麻疹，有时就用香樟树根，如法炮制，确有消炎止痒的特效。"看来周和康说的香樟树就是宋庆龄书信中讲的桉树。

我的植物知识几乎为零，不知道这只是同一种树的两种不同的名称，还是在翻译中出现了差错。另外，周和康说的是用树根，宋庆龄说的是用嫩枝，不知孰是孰非，暂且存疑，以待专家判定。

* 宋庆龄的绘画 *

* 宋庆龄为小朋友们亲手绘制的贺年卡

说起绘画，宋氏三姐妹中人们谈论最多的是宋美龄。

20世纪50、60年代，宋美龄最喜欢的消遣就是学画。她的国画教师是当时台湾最著名的画家黄君璧和郑曼青。所以，宋美龄所接受的美术教育是相当正规的。几乎每天下午，宋美龄都会派专车接两位大师来到士林官邸指导。据说她确有绘画天赋，学了不长时间就可以独立作画了。

宋美龄痴迷于绘画，即使在遭遇车祸腰部受伤后，她还专门让人打制了一个可以站着作画的画板。宋美龄把绘画当成消解烦闷的妙方，她曾说："我晚上难以入眠时，就画画。"

宋美龄曾为自己的作品出版过两册印制精美的大型画册。今天，台北士林官邸的客厅墙壁上依旧悬挂着宋美龄的大幅画作。她主攻山水和花卉，确能画得中规中矩。但正是由于学得过于正规，宋美龄的画作中有着较多传统国画中的程式化的东西。

其实，宋庆龄也喜欢绘画。与宋美龄不同的是，宋庆龄从没有拜师学艺，也没有经过哪怕是最基础的绘画训练。由于没有学过绘画技巧，在构图、透视关系、光线和用色上，宋庆龄完全是随心所欲。从专业角度看，她的那些"小品"几乎一无是处，但其中体现的情感却是真真切切的。与宋美龄不同的是，宋庆龄的画作主要是为了遣怀。在绘画的内容上，宋庆龄也与美龄

* 宋庆龄的画《瓶插花》

* 宋庆龄的画
《月季花》

截然不同。她所画的不是从想象和意念中构思出来的事物，而是现实生活中存在于自己身边的事物。

宋庆龄现存画作有四十余幅。其中大半是花卉。宋庆龄喜欢花，在她的卧室和客厅里经常摆放着从自己花园里采来的鲜花。由于摆的是插花，所以宋庆龄笔下的花大多是放置在花瓶里的。她所绘画的单枝花，也都没有根部。

宋庆龄画过月季花。宋庆龄北京寓所的花工安茂成回忆："有一次，我正在梨树底下忙。首长（指宋庆龄）也在院子里，想要摘月季花，保姆就过来找我。我上前问了声'首长早'。首长说：'小安同志，我能不能剪两朵花啊？'我说：'首长，这花全是您的。'她听了马上纠正说：'不，这是你劳动的成果。'于是我拿起剪子，一枝一枝地给她剪，还把花梗上的刺掰掉，以免扎手。首长亲自用盘托着，不停地说：'谢谢你，谢谢你！'"此外，宋庆龄还画过住宅草地里野生的"勿忘我"花，她还特意告诉英文秘书张珏，这花的英语名称叫"Forget-Me-Not"。

抗战中曾经帮助过中国的日裔美国朋友有吉幸治，曾被当

* 宋庆龄的画
《安多利恒》

成亲共分子受到政治迫害。晚年为了生计，他在夏威夷开了一家花店。1971年，中美关系终于出现转机。这年的最后几天里，有吉幸治来到中国。他将自己培育的夏威夷特产"鸡心花"（英文译名为"安多利恒"）作为礼物，送给宋庆龄。老朋友的情谊让宋庆龄很感动。为此，她先后画了四幅"安多利恒"。这样似乎还意犹未尽，她又取出绣花绷架，亲自在绷布上勾画鲜花的式样和线条，然后和保姆钟兴宝一起，一针一线地绣起来。直到如今，这幅刺绣还挂在北京宋庆龄故居卧室的西墙上。

* 宋庆龄的画《朝天椒》

宋庆龄绘画时常常会出现不合惯例的奇思妙想。一次，看到庭院里有盆栽的朝天椒，她就说："我想摆一盆辣椒，我很喜欢这辣椒。"安茂成挑了上面顶着七八个辣椒的很漂亮的一盆，为她端到楼上。宋庆龄随即画了三幅精气神十足的朝天椒。然而，在传统的绘画中，辣椒是很少作为素材表现的。

* 宋庆龄的画《果树》

北京寓所的院子里有许多果树，如苹果、柿子、葡萄、石榴、海棠、桑、梨、枣、杏等。宋庆龄很喜欢这些果树，常常摘下果实当作礼物送给朋友，或分给工作人员，还曾亲自动手熬制果酱。她画了一棵果树。有趣的是，这

* 宋庆龄的画
《小鸡》

棵树上的累累果实有红的、有黄的、有绿的,颇有些后现代或高科技的意味。

20世纪60年代初,宋庆龄把警卫秘书的孩子隋永清接到身边。一次,她带着隋永清到何香凝家做客。永清见何香凝院子里养了鸡,就同老太太一起用小米喂了起来。就在喂鸡时的谈笑中,宋庆龄与何香凝谈到了绘画。何香凝说,画画要有所本,所以要养些动物。何香凝是很有造诣的画家,宋庆龄听得也很上心。当时,宋庆龄住在前海西河沿,回来后就学着何香凝也在院子里养了鸡,一是为了哄永清玩儿,同时也为了便于自己随时观察。后来,她曾经画过几幅活泼可爱的小鸡。

宋庆龄的画作中,还有一些是有实际用途的。她曾经亲笔画过贺年片,送给国外的友人,也送给一些小朋友。

宋庆龄有一幅画给我留下了很深的印象。这是她很少涉及的人物画。一位母亲怀里抱着小女孩,坐在紫藤下。我给它取名为《紫藤下的母女》。实际上,这幅画画的是宋庆龄的理想。画中的母亲就是她自己。宋庆龄在北京先后住过的几处住宅,庭院中都生长着紫藤。画中的母亲围着紫色的围巾,而紫色正是宋庆龄最喜欢的颜色。宋庆龄喜欢孩子,特别是当她因陈炯明叛变在战火中失去做母亲的机会之后,这种愿望更加强烈。这也是她在晚年收养两

* 宋庆龄的画
《紫藤下的母女》

个女孩的原因。她一生在连年的战乱中、在拼死的斗争中、在繁忙的政务中度过，但她渴望和平、安谧的社会环境，渴望过一个普通母亲的生活。虽然这幅画从技法上有着许多缺憾，但其中的意味却令人回味，甚至感动。

宋庆龄的画作几乎都完成于"文革"岁月。在那个非常时代，她的活动受到了很大影响。为了保证安全，中央不再允许她回到上海。她的工作也变得不正常，除了代表国家接受国书外，其他政务基本不再参与。宋庆龄的生活范围缩小到了一个院落里。对于整个局势的发展，她难以理解更无法把控，内心十分苦闷。于是，宋庆龄开始用绘画来打发时间，纾解烦恼。

* 宋庆龄的颜料和画笔

说到宋庆龄作画的工具，不仅与宋美龄有天壤之别，就是一般学画的人也绝不会如此简陋。她使用的毛笔都是很旧的秃笔；颜料是最便宜的水彩，十二个小金属盘粘在一个长方形的纸盒里。这样的颜料，即使在当时，也只有家庭经济条件不富裕的小学生才会使用；纸是办公用的十六开白纸。虽然，这出于她一贯的俭朴；但我们今天看到这一切，仍不禁为之动容。这是一位最普通的老人在消愁解闷而已。

宋庆龄是喜欢绘画的。在她那里，并不高明的画技能起到表达情感的特殊作用。

保姆钟兴宝在苏州乡下的房子被人拆毁了，她为此闷闷不乐。一天，宋庆龄在书房里喊她。她走进书房，宋庆龄笑着说："兴宝，我给你造了一幢房子。"说着，把一张八开的纸递给她，上面画着一幢小巧

* 1997年2月28日，作者与北京宋庆龄故居主任张爱荣在上海访问张珏（中）。墙上挂着宋庆龄画的大公鸡

的楼房。这是宋庆龄根据自己在上海居住过的一所房子画出来的。宋庆龄对她说："兴宝，这幅画就送给你吧！"贴心的关怀，使钟兴宝笑逐颜开。

1972年的一天早晨，钟兴宝把宋庆龄画的一只大公鸡送到秘书张珏的手上。钟兴宝说："这是夫人画给你的。夫人说，没有样子，凭想象画的，几分钟就画成了。"宋庆龄逝世后，张珏请人装裱了这幅画，并在下面补记了这样一段文字："十年'浩劫'，宋庆龄画大公鸡，含义破晓鸡啼，天快亮了。"1997年，我们到上海拜访张珏时，宋庆龄这幅"鼓舞士气"的画还挂在张珏家的墙上。

* 宋庆龄在给林国才的信中画的"芝士"

在致友人的书信中，宋庆龄也会不时地画上几笔。例如，一次致信林国才，宋庆龄顺手画上了自己喜欢的"芝士"，请林国才带些回来。曾在宋庆龄身边工作过的其他一些同志也告诉我，他们曾收到过

* 左：陈翰笙送给宋庆龄的紫色花瓶
* 右：宋庆龄致陈翰笙的信

宋庆龄夹在信里的画。

1971年10月，在给老朋友陈翰笙的信里，宋庆龄画了一幅瓶插花。信中写道："你还记得这个浅紫色的小水晶花瓶吗？是你从卡罗维发利（捷克西部城市）带回来，回到上海后送给我的。我很珍惜这个可爱的'友谊花瓶'，把它带来带去。现在我把它放在我的梳妆台上，让我每天都想起我的好朋友。"

廖承志是廖仲恺与何香凝之子，和母亲何香凝一样，他也长于绘画。廖承志是宋庆龄看着长大的。他一直称宋庆龄为Aunty（即姑姑）。宋庆龄逝世后，廖承志在整理遗物时发现了宋庆龄留下的画作。他赞叹地说："Aunty会画！"我想，廖承志的赞扬，无非是说宋庆龄的画表达了真性情，从而体现了绘画的真谛。

＊ 晚年隔海相望的宋氏姐妹 ＊

＊ 宋庆龄北京后海寓所长廊

宋氏三姐妹间的亲情，不少文章都有过介绍。但是，讲到晚年的三姐妹，特别是她们在国共内战结束、蒋介石退踞台湾之后的情况，相关材料就很少了。

最早离开中国大陆的是大姐蔼龄。1944年7月9日，她与美龄同机前往巴西治疗荨麻疹。庆龄到机场送行。7月16日，在致杨孟东的信中，宋庆龄这样叙述："上星期天我的姐姐和妹妹乘C-54去里约热内卢。我从来没有看见过这么大的飞机，就像是一节普尔门式卧车车厢。我希望她们的荨麻疹能治好，到秋天就回来。"但她万万没有想到，这次送行竟是自己与大姐的永别。9月，蔼龄由巴西抵美，1946年便正式定居美国了。

1947年6月15日，蔼龄写信给庆龄，告诉她自己感到病情很严重，可能会有生命危险。她对庆龄说："作为妹妹，你一直是那么的和蔼和可爱，我想要你知道现在我比以前更加喜欢你了。""如果我有什么不测的话，请记住我非常爱你。"

1948年11月28日，美龄由上海乘机赴美，为正在国共内战中苦苦挣扎的蒋介石争取美援。就此，她也永远离开了中国大陆。

1949年5月19日，美龄和弟弟子良从美国写信给庆龄："最近，我们都经常想起你，考虑到目前的局势，我们知道你在中国的生活一定很艰苦，希望你能平安、顺利。……如果我们在这儿能为你做些什么的话——只要我们能办到，请告诉我们。我们俩都希望能尽我们所能帮助你，但常感到相距太远了，帮不上忙。请写信告诉我们你的近况。"这也是美龄与庆龄之间的最后一封通信。

1950年1月13日，美龄抵达台北。自此，三姐妹天各一方。

此后，庆龄和蔼龄还有过书信往来。但似乎只有过一次。1957年，蔼龄接到庆龄的信，请她尽快回国相聚。这封信很有可能是通过朋友带去的。因为蔼龄同时收到了庆龄的礼物。在2月14日回信时，她托姚太太带给庆龄两块绿色的料子、一件黑色开司米的毛衣、一副黑手套和一条开司米围巾，作为回礼。蔼龄在信写道："亲爱的妹妹，又收到你的来信，我非常高兴。早些年我一直没有给你写信，主要是失去了同你的联系。我只能从报纸上知道你的情况——有时在北京，有时到国外访问。我想我的信决不可能会到你那儿，因为前几年我给你写了几封信，但从没有收到你的回信。看到你信中所说'如果你不马上回来的话，我们都将变得太老了'，我很沮丧。在我手术后，恢复了视力，我将尽快回去看你。""尽管我不是经常给你写信，但我的心里时刻都在牵挂着你，并且希望有朝一日我们还能像以前那样在一起。"

在战争时期，每个人的精神都是紧绷着的，亲情很容易被淡化。一旦进入和平时期，思念就渐渐浮上心头。

1966年"文革"初起，一天午餐后，秘书张珏陪宋庆龄在北京后海寓所长廊中散步。宋庆龄问张珏："你有兄弟姐妹吗？"张珏说："有的。"她又问："几男几女？"张珏答道："三男三女。"宋庆龄听罢，不由轻叹一声，说道："我和你一样，也是三兄弟、三姐妹。可是，我却无法和他们通信。"说着，她目视远方，若有所思。

1969年2月底，宋家六兄妹中年纪最小的宋子安因脑溢血在香港去世。遗体运回旧金山，在恩典大教堂举行追思会，与会亲友达三百人。除了庆龄之外，宋家兄弟姐妹悉数到场。子安与庆龄一向感情最好，但正值"文化大革命"非常时期，宋庆龄根本不可能前往没有外交关系的头号帝国主义国家去参加弟弟的葬礼。

此时，中美关系也在悄悄地发生变化。双方都在寻找时机，打开国与国之间的铁幕。1970年秋天，美国政府提议与北京建立热线，尼克松总统也首次使用"中华人民共和国"来称呼中国。1971年4月6日，在日本名古屋举行的世界乒乓球锦标赛上，中美球员间的一次偶然接触，成为解决两国外交僵局的契机。四天后，九名球员、两名家属、四名职员，外加十名记者受到邀请，成为1949年以来第一批正式踏上中国大陆的美国人。

正在中美关系急剧升温的当口，4月25日，宋子文在美国旧金山突然去世。28日，宋子文的遗体运回纽约，定于5月1日在纽约市中心教堂举行丧礼。

据香港《文汇报》称，尼克松和基辛格为了进一步推动中美两国

* 1970年5月1日，宋子文的追思礼拜在纽约市第五大道的Heavenly Rest教堂举行

的外交进程，通过一位与宋子文有关系的美籍华人，同时邀请在中国大陆的宋庆龄、在台湾的宋美龄以及留居美国的宋蔼龄三姐妹前来纽约参加宋子文葬礼。北京当天便回电通知美国："宋庆龄副主席赴美参加宋子文的葬礼，由于中美尚未建交，没有直达航班，现在通过美国航空公司联系专机，经伦敦飞美国。"同时，尼克松总统也得到消息，宋蔼龄将参加胞弟的葬礼；宋美龄已经乘专机由台湾起程赴美，当晚在夏威夷休息，拟在翌日直飞纽约。看来三姐妹的团聚马上就会成为现实了。

然而，事情突然出现变故。抵达夏威夷后，美龄接到蒋介石的急电，请她暂不飞纽约。疑惑中，美龄买来当天的美国报纸，得知庆龄也准备赴美参加葬礼，于是立即通知了蔼龄。《纽约时报》报导："蒋介石夫人今天本来要到纽约参加她哥哥宋子文博士的追思礼拜。但是，昨天获悉共产中国可能派她姐姐到此之后，她取消了行程。"美龄停留在夏威夷，不肯向前再走一步。这时，宋子文夫人张乐怡也接到电话：蔼龄临时决定不参加胞弟葬礼。

就在宋子文葬礼的前一天，中国政府通知美方，由于包租不到专机，宋庆龄副主席不能应邀赴美参加葬礼了。美方立即把宋庆龄不来

* 宋蔼龄与孔祥熙在美国纽约芬克里夫墓园的室内墓柜

奔丧的消息通知孔、蒋两家，希望大姐蔼龄、小妹美龄能打消顾虑赶来参加葬礼，并指出这无论对死者还是生者都是一种安慰。但由于担心是"统战陷阱"，美龄索性掉头飞回台北。就连定居在美国的蔼龄也犹豫不决。为了等待蔼龄的到来，宋子文的葬礼由上午改在下午，但三姐妹仍然在葬礼上全体缺席。5月1日，五百余人参加了在纽约市第五大道的 Heavenly Rest 教堂为宋子文举行的追思礼拜，参加仪式的亲属只有宋子文的遗孀张乐怡、三个女儿和二弟子良。宋氏三姐妹失去了最后一次团聚的机会。

三姐妹中最早谢幕的是大姐蔼龄。1973年10月19日，她在美国纽约病逝，享年八十三岁。

庆龄的身体也一年不如一年，多种疾病的折磨，常使她痛苦不堪。然而，越到晚年，她对美龄的思念也越发强烈。由于政治的原因，当时她还不能够公开表达这种感情。她精心地收藏着蔼龄、美龄给她的每一封信，还经常拉开办公桌的抽屉，默默地看放在里面的1917年宋家拍摄的那张唯一的全家福。

* 宋庆龄的办公桌

一次，庆龄将她收养的警卫秘书的女儿隋永清叫到身边，指着照片上的美龄问："你看看这是谁啊？"永清说："不认识。"庆龄告诉她："这是我妹妹。"

宋庆龄
往事 续编

　　晚年的庆龄设法通过各种渠道与美龄取得联系，希望美龄能回来。一旦有了一线希望，宋庆龄就会非常高兴。她告诉身边的服务人员："我妹妹可能要回来了，你们在接待的时候要注意……"交代得很细。过了几天，听到新的消息了，她又沮丧地说："可能我妹妹回不来了。"

　　1977年4月17日，宋庆龄在北京寓所接待了旅美华裔钢琴家、表侄女牛恩美。宋庆龄很兴奋。她先用法语，后用英语和牛恩美交谈，然后赠送了礼物，还留她在家中共进晚餐。牛恩美说："最出乎我意料的是，她在我耳边轻轻地问我，她的三妹（宋美龄）可好，我只能说她身体还很健康。"

　　林国才一直被宋庆龄当做家里人。他称宋庆龄"婆婆"（即外祖母）。林国才曾讲过："我的家族和孙中山先生的宗族有特别密切的关系。我的外祖父郑强原在美属檀香山经营农场，孙中山的哥哥孙眉到檀香山时便在我外祖父农场工作。孙中山十二岁时是随我外祖母去檀香山的，后来孙眉和我外祖父结盟成兄弟，大家一起住在檀香山茂宜岛。郑、孙两家都按辈分称呼。我父母亲从小便和孙科（我称他为舅父）、孙婉（即

* 宋庆龄与林国才

孙中山的小女儿，我称三姨）同在一书塾读书。我父亲林介眉早年就加入同盟会，一直跟随孙中山从事革命活动。孙中山在广州成立大元帅府时，我父亲担任司库，协助廖仲恺先生管理财政事务。"因为工作需要，林国才经常往来于大陆、台湾和日本之间。一次，他从美龄的好朋友那里拿到一张宋美龄的近照，回到北京时交给"婆婆"看。庆龄仔细端详，眼睛里含着泪花，嘴里喃喃道："我和三妹（她对宋美龄在家的称呼）很久没有见过面了。"她拉住林国才的手说："真的谢谢你。"随后仔细地将照片放进衣袋。

宋庆龄的荨麻疹经常发作，看过许多名医也没有显著的效果。林国才建议她到日本一些有硫磺温泉的地方去治疗。而日本大正制药厂的会长、日本参议员上原正吉夫人上原小技也有意邀请庆龄以非官方的身份到日本去疗养一段时间，同时也希望能安排在台湾的美龄一起到日本，好让她们姐妹重逢。林国才在几个方面协调运作，据说已经很有了些眉目。然而1980年5月29日，林国才从日本过境台北回香港时，因为随身带着与宋庆龄的合影，而被台湾当局扣留，并以"协助中共四个现代化的罪名"被判入狱，拘禁在台湾绿岛政治犯监狱长达六年之久。在他被台湾当局扣留一年后，宋庆龄就病逝了。二十年后，林国才先生在北京宋庆龄故居与我谈起这件事，他扼腕叹息的神情，至今还浮现在我眼前。

1979年4月21日，宋庆龄在致美国友人杨孟东的信中询问："你有没有见过大卫或者同他谈过话？我所有亲属的地址我都没有。"这里讲的大卫指的是蔼龄的长子孔令侃。很明显，她迫切地希望通过与美龄联系紧密的孔令侃得到美龄的讯息。

1980年12月，陈香梅为宋庆龄带一封信给宋美龄。陈香梅回忆："信中写到思念之情，并望能安排在某一地点姐妹相见一面。同时也希望国民党把孙中山先生的一些文件归还孙夫人。我离开北京去台湾时，舅父廖承志对我说：'孙夫人希望蒋夫人有回信。'信是我亲自交给蒋夫人的，但没回信，再去询问时，夫人说：'告诉她，知道了。'"

陈香梅作为传信人，穿梭于宋美龄和中共之间，引起了各方的注

at Hankow 1927
with David

* 1927年，宋庆龄与孔令侃在汉口

意，被称为"陈香梅震撼"。

让宋庆龄喜出望外的是，通过孔令侃得到宋美龄联系方式的愿望，很快就有了结果。1981年2月27日，廖承志致信宋庆龄：

"随信附上的东西您也许会有兴趣。这些消息是从美国工作的同志那里得来的。我相信来自可靠的人，尽管是间接的，但他们是用了大力气，从您的亲戚和妹妹那里得到这些消息。

"有趣的是知道你妹妹是怎样看您的。而我相信这并不是不可想象的。不仅如此，在一个美国人——里根的信使，和一个中国人到过北京后，她表露了她的感情，我相信，要比家庭感情的含义更多些。

"更有趣的是，大卫·金把您妹妹的地址和电话告诉了我们。如果没有弄错的话，我想大卫是为您而这样做的。"

这封信里附送的材料，我们至今没有看到。但可以想见的是，其中有美龄对庆龄的看法，而且从语气上看，这些看法是正面的。信中提到的"大卫·金"显然是"大卫·孔"的误译。这个错误应当由廖承志去世后为他编辑文集的翻译人员负责。因为英文中"金"和"孔"的缩写字母都是"K"。大卫是孔令侃的英文名。

1981年3月3日，宋庆龄在当日的新华社编辑的内部资料《参考要闻》上，看到了台湾《美丽岛》周报2月7日刊登的一篇文章，题目是：《不要说它，但我们要说——论宋美龄的回归》。这篇文章中讲到，宋美龄"回归"的消息，最早是元月香港出版的《动向》杂志透露的。其内容是：宋美龄想要回大陆。据说她提出两个条件，一是允许蒋介石遗体移葬南京中山陵，二是中共当局必须隆重接待她回归。1月29日，美国《洛杉矶时报》也以第一版头条新闻肯定了宋美龄打算"回

* 1987年，宋美龄与孔令侃（右）、孔令伟

归"的消息。见到这份《参考要闻》，宋庆龄当然十分高兴。她一定以为姐妹见面的愿望就要实现了。

但是，天不遂人愿！1981年的宋庆龄已经病得十分沉重。在这段时间里，邹韬奋夫人沈粹缜经常守在她的身边。一次，宋庆龄对沈粹缜说："我牵记美龄，现在能来就好了。""美龄假使能来，住我这儿不方便，可以住在钓鱼台，你们认识，你帮我接待，早上接她来，晚上送她回去。"

* 1981年4月28日，沈粹缜致宋庆龄的最后一封信

沈粹缜频频答应着，并迅速向邓颖超反映了宋庆龄的心愿。这次很快就有了回音：宋美龄身居美国，当时也身体有病，不能成行。听到消息，宋庆龄叹了口气，惋惜地说："太迟了！"她似乎预感到自己已经来日无多。她叮嘱沈粹缜："国内认识美龄的人不多了，如果她来，你一定要接待她。"

宋庆龄病危之际，她的亲属聚集在北京，围拢在她身边。大家都知道，宋庆龄牵挂的是妹妹美龄，于是决定发电报到纽约，把病情的严重情况告诉宋美龄，希望她能够回到中国，在姐姐去世之前再见一面。几天之后，终于收到了一封回复电报，内容非常简单："把姐姐送到纽约治病。家"亲属们对这个反应大为吃惊，宋美龄甚至没有在电报上签署自己的姓名！

5月30日，宋庆龄治丧委员会发表公告："孙中山先生夫人、中华人民共和国名誉主席宋庆龄同志不幸于五月二十九日二十时十八分在北京逝世。"治丧委员会同时向在台湾和海外的包括宋美龄在内的亲属发出邀请，希望他们来祖国大陆参加丧礼。这一邀请使台北十分紧张。廖承志曾说："我们发电报邀请宋美龄参加葬礼，蒋经国很恼火，又派

人到美国去，又写信去，又如何如何，又通过孔令侃，怎么样怎么样。"蒋经国深怕远在纽约的宋美龄会因感情冲动做出什么举动。

当天，宋美龄就对此事作出了明确表态。5月30日，她自纽约致函在台北的蒋经国："月前廖承志倩托陈香梅函报孙夫人病危，廖得彼方最高层同意请余赴北平，陈并告令侃希得以一复音，余听后置之不理。""骨肉虽亲，大道为重，我等做人做事须对得起上帝、国家、民族及总理主义、父亲在天灵，其他均无论矣。"收到这封信，蒋经国肯定长出了一口气。

但是，从小在异国他乡相依为命的姐姐去世，不能不在她心中掀起波澜。6月7日，宋美龄又致函蒋经国："深信若大陆撤退时，余在中国而不在美国图挽回马歇尔肆意报复并一意孤行之短见，或大姨母不在美国而在上海，必可拖其（指宋庆龄）离开。"这只能说是宋美龄的美丽幻想，当时的宋庆龄岂是哪一个凡人能够拖动的！

宋美龄的话说得很强硬。在此之前，她也表现出对宋庆龄的整体忽视。她从不在任何场合提起宋庆龄的名字，似乎这个人从未存在过。1976年，宋美龄撰写了《与鲍罗廷谈话的回忆》一书。在不得不提到宋庆龄的时候，她是这样处理的："一九二六年冬，家母、长姊孔祥熙夫人和我，从上海前往汉口，去探视家兄子文和另一位家姊。"

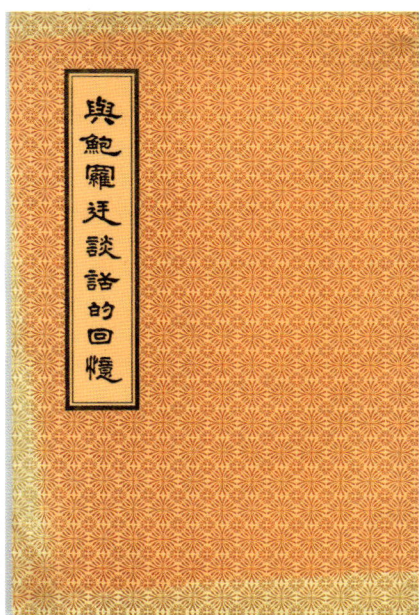

* 《与鲍罗廷谈话的回忆》

但她真的是毫无亲情吗？据香港《百姓》半月刊报道：接近宋美龄的人士透露，1981年5月下旬，她在得知宋庆龄病危及逝世的消息时，曾几次流泪，并为二姐向上帝祷告。

2011年第十四期的《读者》杂志上有一篇转载的文章，其中有宋美龄在惊闻宋庆龄逝世噩耗

* 宋美龄在美国长期居住的长岛蝗虫谷孔宅

后的一段记录：

> 我本不该惊悚若此等情形的。二姐久病，已非秘事。我之所以惊悚，与其说是因了她永去，不如说是因了这永去留给我的孤独。
>
> 好在孤独有期，而重逢是可待的。
>
> 此刻，往事愈远愈清晰地现于眼前。
>
> 二姐的性格却与我迥异。她是宁静的，我是活跃的。她是独爱深思的，我却热衷于谈笑。多少次同友人们聚谈，她总是含笑静听，有时竟退到窗下帷边去；但我说笑最忘情的那一刻，也总感觉着她的存在。她偶尔的一瞥，或如摩挲，或如指令，都在无言间传予了我。
>
> 三姐妹中，挑起些事端的，自常是我。而先或为了哪个洋囡囡，后或为了一条饰带，在我与大姐间生出争执的时刻，轻悄悄走来调停的也总是二姐。她常一手扶着我的肩，另一手挽了大姐的臂，引我们去散步；争执也就在那挽臂扶肩的一瞬间消去。
>
> 此刻，遥望故国，我竟已无泪，所余唯一颗爱心而已。这爱心，也只有在梦中奉上。

我不知这篇文章的真实性如何，但其确实在一定程度上符合宋美龄的心情。

牛恩美说："1990年至1995年，我差不多每个月都到宋美龄表姑妈家吃午饭，有时是她亲自打电话约我和家姐去。一次，她带我们到二楼睡房去看她创作的画和著名画家赠她的画。一进门，我一眼就看到柜子上摆着宋庆龄表姑妈的照片，心里很感触。我问她1977年见到宋庆龄表姑妈时，发现她有些虚胖的原因，宋美龄表姑妈告诉我这是一种病造成的。我借此机会转达了宋庆龄表姑妈对她的问候。"

2010年5月底，我第三次到台湾访问。其中妇联会安排了一次宴请。宋美龄曾长期担任妇联会的主任。我的临座是一位秦女士，她问我说："你们基金会出过一本宋庆龄的画册？"我说："对。"她说："当时朋友借给我一本。我拿到特别高兴,就赶快送去给蒋夫人看。"她说,把这本画册递到蒋夫人手里之后,蒋夫人坐在那儿,一幅一幅认认真真地看了两个多小时,一动不动,而且旁若无人。

* 2010年5月,作者与秦宪英女士在台北

看完之后蒋夫人什么话都没说,就把那个画册收起来了。秦女士想和我要一本画册,她说:"因为我得还给人家,已经好多年了。"她还告诉我:在庆龄去世的那几天里,美龄完全沉默,一言不发。这些都表现美龄跟庆龄其实感情是很深的。但是由于政治上的原因,她要有很多避讳,无法做任何表示。

1996年,宋美龄九十九岁了,她对陪在她身边的宋子安的儿子宋仲虎说:"你也晓得,我的姐姐走了,哥哥弟弟也走了。我不晓得为什么上帝还留我在人间。"宋仲虎陪了她一个星期,每天她都提起这同一个问题。最后一天,她似乎找到了答案:"我想,上帝留我下来,要我引领还不信基督的家人走向他。"宋仲虎说,他觉得她们三姐妹"彼此非常想念,在晚年时非常渴望能碰面,但是时势并不允许"。他说,宋美龄经常挂在嘴上的一句话是:"如果

* 宋美龄与宋仲虎

*　宋美龄最后居住的纽约曼哈顿公寓

我姐姐庆龄还在的话……"

过了百岁生日后，宋美龄身边的工作人员发现，她每天增添了一件事，就是浏览相册。看着宋家全家福的照片，她对工作人员说："我的父母、大姐、二姐、哥哥及两个弟弟的形象，像天上飞驰的彗星，常在我的脑海里闪现。他们一个个都到上帝那里去了。"

她指指照片上的蔼龄、庆龄、子文说："大姐蔼龄是1973年10月19日八十五岁走的。大姐小时候同我一起玩捉迷藏、丢手绢、跳房子游戏，玩得真开心。她走的那天，我在台湾没能赶上与大姐作最后的诀别，这是我终生的遗憾。二姐庆龄是1981年5月29日因白血病走的，小时候二姐一直疼爱我。有一次，我的手指头扎了一根刺，二姐掰着我的手指看了又看，拿来了一根绣花针，静气凝神小心地为我挑刺，那情景仍历历在目。我如果犯了什么错误，她很少批评我的。据从北京来的人捎信说，二姐病危时渴望见到我，发高烧时一直呼叫着我的名字。二姐走之前我未能到她身边看上一眼，这也是我终生的遗憾。我哥哥子文同我关系也很好，早年我赴美读书，他是我的保护神。遇见谁欺负我，他必定跟谁没完没了，与人争论，有时会急得手脚并用，直到别人赔礼道歉才肯罢休。我如果不小心跌倒了，他知道后，必定赶去抱住我，并帮助我揉着跌痛的地方。1971年4月，七十七岁的他在一次晚宴上因肉骨头卡住了气管，猝然而死。听说北京的姐姐要赶来美国参加他的葬礼，夫君怕上政治圈套，不让我赴美参加葬礼。其实，北京到美国纽约没有航班，也没有包机，庆龄姐没能来。大姐听说二姐要来美国，也不愿参加子文的葬礼。现在想起来，心中很是后悔。因为政治沟坎，阻碍了我们的手足之情，我没能参加子文的葬礼，也是我终生的遗憾。回想起小时候姐姐哥哥们对我的无比关照，心中充满了幸福，至今仍沉醉不已。那种感觉虽已遥远，足可以叫我回味一生。"她说着说着就流下泪来。

2003年10月24日，三姐妹中的小妹美龄，以一百零六岁高龄告别人世。她活得并不轻松。远去的亲情给她留下了美好的回忆，但更多的是悔恨和煎熬。

* 美国华文报纸关于宋美龄逝世的报道

* 宋美龄的灵柩安放在美国纽约芬克里夫墓园三楼。图为宋美龄墓碑

1940年在香港沙逊街，三姐妹在长久的分离后曾经有过一次团聚。她们用上海话聊天，开玩笑，一起回首往事，一起下厨做菜，互相换穿衣服，快乐得像三个女学生。但是，快乐的时光总是短暂的，那次的团聚仅仅是六个星期。我想，她们一定希望那是永远……

* 1940年2月，宋氏三姐妹相聚在香港沙逊街宋蔼龄寓所

* 宋庆龄在中国政坛上的定位 *

* 1949年9月30日,中国人民政治协商会议全体会议选举产生中华人民共和国中央人民政府主席和副主席。主席毛泽东,副主席朱德、刘少奇、宋庆龄、李济深、张澜、高岗

在中国近现代史上，宋庆龄有着极为特殊的地位。

推翻帝制以后，中国经历了两个历史阶段，即中华民国和中华人民共和国。民国时期，由于是孙中山的夫人，宋庆龄被尊为国母。正因如此，尽管她与蒋介石在政治立场上针锋相对，但国民党一直给她保留着中央执委等位置。

在国共的斗争中，宋庆龄坚定地站在共产党一边，为共产党夺取政权做出了无法估量的巨大贡献。

1949年初，辽沈、淮海、平津三大战役已经结束。1月19日，毛泽东、周恩来联名给宋庆龄发去电报，邀请她北上参加新政协会议："中国人民革命历尽艰辛，中山先生遗志迄今始告实现，至祈先生命驾北来，参加此一人民历史伟大的事业，并对如何建设新中国予以指导。"

当时，中共中央正在河北平山县西柏坡筹备七届二中全会，准备进入北平建立新政权。苏共派米高扬到西柏坡同中共领导人会晤，就相关问题进行沟通。2月6日，在讨论新政府的组成人员时，毛泽东提出请宋庆龄担任中央政府主席。参与会晤的任弼时和周恩来当场对此表达了不同意见，他们认为：如果毛泽东不担任政府主席，人民会不理解。虽然这一提议没有付诸实施，但它充分体现了中国共产党对宋庆龄的充分肯定和高度评价，体现了宋庆龄在全国人民心目中的崇高威望。

为促成宋庆龄赴北平参与建国，中共中央特派邓颖超和廖梦醒携毛泽东、周恩来的亲笔信到上海敦请。

1949年8月28日，宋庆龄应邀从上海来到北平。9月27日至30日，她出席了中国人民政治协商会议。在30日的全体会议上，选举产生了中华人民共和国中央人民政府的主席和副主席。主席是毛泽东，副主席为刘少奇、朱德、宋庆龄、李济深、张澜、高岗。

10月1日，中华人民共和国宣告成立，毛泽东、朱德与宋庆龄是率先登上天安门的三位领导人。同一天，已经迁往广州的"国民政府"宣布把宋庆龄从"政府顾问"中除名。10月8日，"国民政府行政院"下令逮捕宋庆龄。

* 1949年10月1日的《人民日报》

宋庆龄在中国政坛上的定位

* 1954年9月，宋庆龄在一届人大一次全会上投票

新中国成立以来，宋庆龄一直是国家的主要领导人之一。

1949年10月1日，宋庆龄任中央人民政府副主席，在党外副主席中位居第一。任期至1954年9月。

1954年9月，第一届全国人民代表大会召开。会议选举刘少奇为全国人大常委会委员长，宋庆龄当选为第一副委员长。任期至1959年4月。

1954年12月，全国政协第二届全国委员会举行第一次全体会议，周恩来当选为政协主席，宋庆龄为第一副主席。任期至1959年4月。

1959年4月，第二届全国人民代表大会第一次全体会议，选举刘少奇为中华人民共和国主席，宋庆龄、董必武为副主席。任期至1965年1月。

* 1959年4月，二届人大一次会议上，宋庆龄当选为中华人民共和国副主席

371

* 1967年9月23日,宋庆龄接受毛里塔尼亚首任驻华大使递交国书

1965年1月,第三届全国人民代表大会第一次会议召开,宋庆龄再次当选为中华人民共和国第一副主席。任期至1975年1月。

1966年"文化大革命"开始后,国家机关的工作离开了正常的轨道。国家主席刘少奇被打倒,宋庆龄作为副主席更多地承担起接受新上任的外国大使呈递国书等日常的国家礼仪活动。

1975年1月13日至17日,第四届全国人民代表大会举行第一次全体会议。朱德被选举为全国人民代表大会常务委员会委员长,董必武、宋庆龄等二十二人当选为副委员长。

不料,大会结束后仅七十五天,董必武就不幸病逝。4月6日,宋庆龄致信廖梦醒:"惊悉董老仙逝,悲痛不已!记得我因荨麻疹症和其他病痛不能履行公务时,他总是非常友善地把我的工作承担起来。当我听到这个噩耗时,我从楼梯上摔了下来,跌伤了我的左脚和踝关节,伤得很厉害,以致没有人搀扶我便不能行走。"

* 宋庆龄与刘少奇、朱德、董必武在一起

*1976年11月30日，宋庆龄主持四届人大三次全会。左为吴德

1976年7月6日，朱德委员长病逝。在给廖梦醒的信中，宋庆龄表示：朱德的逝世"使我感到好像失去了一位敬爱的亲人一样！面对'大风大浪'，他在政治上总是沉着应对，对生活和政治从不失控"。"他是我所认识的人中最不爱抛头露面的。朱德同志为中国做了这么多工作，却如此低调。他得到每一个人的爱戴。"

朱德和董必武逝世后，宋庆龄成为全国人大排名最靠前的领导人。1976年10月，"四人帮"被打倒，为使国家立法机关尽早走上轨道，宋庆龄于11月30日在北京主持了第四届全国人民代表大会常务委员会第三次会议。

1978年2月，中共中央建议召开第五届全国人民代表大会。2月25日，宋庆龄主持五届人大首次会议预备会。2月26日至3月5日，五届全国人大举行第一次会议，叶剑英被选举为全国人民代表大会常务委员会委员长，宋庆龄再次当选为第一副委员长。

从这一任职记录中可以看出，自新中国成立，宋庆龄连续担任国家主要领导人三十一年又八个月。其任职时间之长，在中华人民共和

宋庆龄在中国政坛上的定位

* 1980年9月，宋庆龄出席五届人大三次全会。左起：宋庆龄、叶剑英、彭真

国的历史上是独一无二的。整个任职期间，宋庆龄始终是党外排位最高的领导人，也是职位最高的女性领导人。

在担任国家领导人的同时，宋庆龄自1949年春起，一直被推举为全国妇联名誉主席。她还始终担任她创立的中国福利会（1950年7月前名为"中国福利基金会"）主席，致力于人民特别是少年儿童的福利事业。

* 宋庆龄病情公告第一号

中共中央全国人大常委会国务院
关于宋庆龄副委员长病情的公告

（第 一 号）

宋庆龄副委员长患冠心病及慢性淋巴性白血病，经多方治疗，未见好转。曾多次出现发热、呼吸困难、心跳加快等症状。五月十四日晚，突发寒战高热，热度达摄氏四十点二度，伴有严重心力衰竭。目前病情危急，正在积极抢救治疗。

一九八一年五月十五日（新华社）

1981年5月14日晚，宋庆龄的病情突然恶化。15日，中共中央、全国人大常委会和国务院开始通过新华社向全世界发布宋庆龄病情公告。至5月29日，共发布病情公告十一号。这种逐日发布病情公告的

* 1981年5月16日，邓颖超在全国人大常委会上宣读授予宋庆龄国家名誉主席称号的决定

*《人民日报》刊载的授予宋庆龄国家名誉主席称号的消息

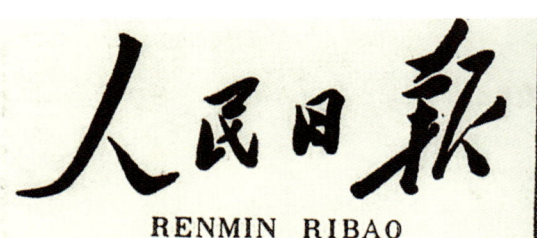

做法,在中国历史上是前所未有的,此举表达了党和国家对宋庆龄病情的极度关切。在此之前,只有苏联在列宁病危时曾经采用过这种做法。

5月16日,全国人大常委会举行会议,接受中共中央政治局的建议,授予宋庆龄中华人民共和国名誉主席称号。这一国家的最高荣誉称号,是专门为宋庆龄设立的。宋庆龄一生维护世界和平、坚持民族独立,为中国人民的幸福忘我奋斗,这是她应得的荣誉。

* 跋 *

2011年12月,《宋庆龄往事》出版。这本书受到读者关注的程度,超出了预想。于是,《宋庆龄往事·续编》又和大家见面了。

与《宋庆龄往事》一样,《宋庆龄往事·续编》中的各篇文章,题材依然有大有小,篇幅仍旧长短不一。

书中涉及一些广大读者比较关心的问题。诸如:宋庆龄与中共及一些领导人的关系、宋庆龄与家庭成员的关系、宋庆龄的宗教信仰、宋庆龄的一些生活细节等等,社会上对此都曾有过猜测和传言。

我在宋庆龄故居工作了二十年,起初在她的英文秘书张珏的办公室里办公,后来又搬到警卫秘书杜述周的办公室。虽然没有与宋庆龄一起工作过,但在这个环境里,每天接触到她的遗物,与她的朋友、同事们交谈。宋庆龄在我心中是立体的、鲜活的。我有责任、有义务对广大读者讲述宋庆龄真实的情况,否则便无法与宋庆龄面对。

即使是可信赖的"三亲"(即亲历、亲见、亲闻)史料,也会存在一些不同的,甚至相互矛盾的表述。我在选择上可能有别于其他学者,例如孙中山莫利爱路寓所的由来、孙中山遗嘱的形成、宋耀如在革命中的作用、宋庆龄母亲的姓名等等。现在大家看到的只是我个人的处理方式,并不是唯一的结论。

《宋庆龄往事》和《宋庆龄往事·续编》都不是学术著作,原因是没有标注资料的出处。但眼下的这种处理方式也是我自己的选择。我不喜欢有很多脚注的书。那些夹杂在文章中的一个个标注数字的小圆圈，在阅读的过程中，就像是米饭里的砂子，很容易干扰阅读的思绪。所以我坚持要求不加注脚。何况，我本人所写的不是学术论文，而是面向广大读者的通俗读物。当然，我必须保证这里写的所有细节，都言之有据。

最后，还是要再次感谢原全国人大常委会副委员长何鲁丽女士为本书题写书名，感谢人民文学出版社现代文学编辑室主任王一珂同志为这本书付出的努力。

特别感谢广大的读者朋友，你们的支持和鼓励是我继续写下去的最大动力。谢谢你们！

何大章

2018 年 9 月 25 日